M. Neumayr, Eduard Suess, Kaiserliche Aademie der Wissenschaften Wien

Beiträge zu einer morphologischen Einteilung der Bivalven

M. Neumayr, Eduard Suess, Kaiserliche Aademie der Wissenschaften Wien

Beiträge zu einer morphologischen Einteilung der Bivalven

ISBN/EAN: 9783744606127

Hergestellt in Europa, USA, Kanada, Australien, Japan

Cover: Foto ©Thomas Meinert / pixelio.de

Weitere Bücher finden Sie auf **www.hansebooks.com**

BEITRÄGE ZU EINER

MORPHOLOGISCHEN EINTHEILUNG DER BIVALVEN.

AUS DEN HINTERLASSENEN SCHRIFTEN DES

Prof. M. NEUMAYR,
C. M. K. AKAD.

MIT EINEM VORWORTE VON

E. SUESS,
W. M. K. AKAD.

BESONDERS ABGEDRUCKT AUS DEM LVIII. BANDE DER DENKSCHRIFTEN DER MATHEMATISCH-NATURWISSENSCHAFTLICHEN CLASSE
DER KAISERLICHEN AKADEMIE DER WISSENSCHAFTEN.

WIEN 1891.
AUS DER KAISERLICH-KÖNIGLICHEN HOF- UND STAATSDRUCKEREI.

IN COMMISSION BEI F. TEMPSKY,
BUCHHÄNDLER DER KAISERLICHEN AKADEMIE DER WISSENSCHAFTEN.

BEITRÄGE ZU EINER
MORPHOLOGISCHEN EINTHEILUNG DER BIVALVEN.

AUS DEN HINTERLASSENEN SCHRIFTEN DES

Prof. M. NEUMAYR,
C. M. K. AKAD.

MIT EINEM VORWORTE VON

E. SUESS,
W. M. K. AKAD.

(VORGELEGT IN DER SITZUNG AM 1. JUNI 1891.)

VORWORT.

Es hat eine Zeit gegeben, in welcher die fossilen Reste des dahingegangenen Theiles der Thierwelt nur als „Denkmünzen", d. i. als todte Anhaltspunkte für stratigraphische Feststellungen angesehen wurden. Die strengere Vergleichung mit den lebenden Verwandten hat schrittweise zu einer immer richtigeren Abschätzung ihrer Beziehungen zu den Wesen der Gegenwart geführt, und nachdem die Paläontologie grossen Vortheil aus den Studien des Zoologen und des Anatomen gezogen, ist die Erkenntniss der Fossilreste so weit vorgedrungen, dass der Paläontologe es wagen darf, der systematischen Zoologie einen Theil der erwiesenen Dienste zurückzuerstatten, indem er in der erloschenen Verwandtschaft die verbindenden Fäden zeigt. Diese Methode ist gegenüber den Arbeiten des Anatomen nach der Natur der Fossilien eine einseitige und unvollständige, indem sie fast immer auf die Hartheile beschränkt bleibt, aber die Fülle der ausgestorbenen Formen ist so überaus gross, dass heute schon für nicht wenige Thierclassen die lebenden Formen nur einen verhältnissmässig geringen Theil des Bekannten darstellen. Indem aber die Lücken sich füllen und die Gestalten historisch sich ordnen, erwächst vor unseren Augen der grosse Stammbaum des Lebens.

Zu solchen phylogenetischen Studien ladet unter den wirbellosen Thieren die Gruppe der Bivalven oder Pelecypoden ganz insbesondere ein. Sie umschliesst zahlreiche erloschene Gattungen, und einzelne Typen reichen fast unverändert aus sehr alter Zeit bis in die Gegenwart. Die Hartheile zeigen nicht nur im Schlosse, den Muskeln und Manteleindrücken, sowie der Schalenstructur deutliche und wichtige Merkmale, sondern es ist bei gut erhaltenen Schalen zuweilen auch möglich, die Prodissoconcha zu erkennen, das selbständige Gehäuse der jungen Brut, welches an dem Scheitel der erwachsenen Klappe haftet, und dessen classificatorischer Werth erst in jüngster Zeit insbesondere durch Jackson Würdigung erfahren hat. Endlich kommt allen Untersuchungen dieser Art die Reihe ontogenetischer Vorgänge erläuternd zu Hilfe, welche z. B. bei *Ostrea edulis* erkannt worden ist, welche in der Jugend eine regelmässig gebaute, dünnschalige, mit concentrischen Anwachsstreifen versehene Prodissoconcha besitzt, zuerst nur den vorderen Schliessmuskel entwickelt, dann

1

in der Prodissoconcha zu einem regelmässigen Dimyarier wird, hierauf nur den rückwärtigen Schliessmuskel beibehält, mit dem Rande der Schale sich anheftet und dann erst all' jene Abänderungen erleidet, welche eine Folge der Anheftung sind.

Die älteren, von den lebenden Formen ausgehenden Classificationen der Bivalven, zumeist auf die Zahl der Muskel oder die Beschaffenheit der Kiemen gestützt, konnten nur erzwungene Anwendung auf das grosse Heer fossiler Arten finden, und als M. Neumayr im Jahre 1883 der kais. Akademie einen ersten Versuch einer neuen Classification vorlegte, welche sich auf die morphologische Beschaffenheit der Schale gründete, fand dieselbe allgemeinen Beifall.[1] Steinmann legte sie in seinem bekannten Lehrbuche der Palaeontologie der Darstellung der Bivalven zu Grunde und Gioli setzte ihre Vortheile auseinander[2].

Als ein Grundzug dieser Arbeit Neumayr's ist die Ausscheidung der grossen Abtheilung der dünnschaligen, palaeozoischen *Palaeoconchae*, der Nachweis der Entwicklung von Schlosszähnen aus den Rippen bei diesen, sowie der phylogenetischen Bedeutung der *Palaeoconchae* zu bezeichnen.

Die Abstammungsverhältnisse meinte Neumayr im Jahre 1883 in folgender Weise darstellen zu können:

```
                                    Monomyarier
                                        |
                    Heterodonten   Heteromyarier
                            \       /
       Desmodonten   Trigoniden   Taxodonten
                  \       |       /
                   Palaeoconchae.
```

Ein weiterer, wichtiger Schritt wurde im Jahre 1887 durch Conrath's genauere Darstellung der Commissuren bei einigen Palaeoconchen gethan[3], und Neumayr selbst, unausgesetzt mit der Ausarbeitung seines Entwurfes beschäftigt, gelangte im Jahre 1889 zu dem wichtigen Ergebnisse, dass die Najaden terripetal entwickelte Nachkommen der Trigonien seien.[4]

Es war Neumayr nicht gegönnt, diese grosse classificatorische Arbeit zu Ende zu führen; als er am 29. Jänner 1890 verschieden war, fand sich in seinem Nachlasse das nicht ganz fertige Manuscript vor, welches ich hiemit der Öffentlichkeit übergebe, und welches manche Abänderung des ersten Entwurfes, insbesondere auch eine weit ausführlichere Besprechung der Gruppe der *Palaeoconchae* enthält.

Die Bivalven sind hier in acht Ordnungen geschieden, und zwar in die Palaeoconchen, Conocardiaceen, Desmodonten, Taxodonten, Heterodonten, Schizodonten, Pachyodonten und Anisomyarier. Für die Pachyodonten wurde nur ein veraltetes Manuscript vorgefunden, welches hier nicht abgedruckt ist; auch jenes für die Anisomyarier ist unvollständig. Für die anderen Gruppen hatte Neumayr seine Arbeit vollendet, wenn auch nachträglich in Bezug auf die weite Trennung der beiden Gattungen *Monotis* und *Pseudomonotis* Zweifel entstanden sind, deren Lösung er späteren Untersuchungen vorbehalten wollte.

An einigen Stellen greift die Darstellung über den Rahmen der Systematik hinaus. Insbesondere wird man die Ansicht vertreten finden, dass dort, wo terripetale Entwicklung am deutlichsten ist, bei den Limnocardien und den Unioniden, unter dem Einflusse veränderter äusserer Lebensverhältnisse nicht Variabilität nach einer bestimmten Richtung hervortritt, sondern dass gleichsam eine grössere Plasticität des ganzen Organismus, eine diffuse Variabilität, oder, wie Neumayr vielleicht sagen würde, ein tastendes Suchen nach dem Geeignetsten sich einstellt.

Es wird ferner die Meinung hier festgehalten, dass die Trigonien-Sculptur auf gewissen Unioniden als Rückfall aufzufassen ist. Hier läge nach meiner Ansicht für irgend einen jüngeren Forscher die dankbare Aufgabe, zu prüfen, ob die Häkchen an der veränderten Prodissoconcha (Glochidium) der Unioniden, welche

---

[1] M. Neumayr, Zur Morphologie d. Bivalvenschlosses; Sitzungsb. Akad. Wien 1883, Bd. 88, Abth. 1; S. 385—419, Taf.
[2] G. Gioli, I Lamellibranchi e la Systematica in Paleontologia; Bollet. Soc. Malacol. Ital. 1889, vol XIV, p. 101—143.
[3] P. Conrath, Üb. einige silur. Pelecypoden; Sitzungsb. Akad. Wien, 1887, Bd. 96, Abth. I, S. 10—51. Taf.
[4] M. Neumayr, Üb. die Herkunft d. Unioniden; ebendas. 1889, Bd. 98, Abth. 1, S. 5—27, Taf.

während der parasitischen Phase ihrer Entwicklung die Anheftung an Fische vermitteln, nicht etwa auf die Bildung dieser Sculptur einigen Einfluss nehmen. Dann würde man vermuthen dürfen, dass die terripetale Wanderung der Trigonien durch laichende Fische vermittelt worden sei.[1]

Die Classification der Bivalven hat seit Neumayr's erstem Versuche mehrere Beobachter beschäftigt; ich erinnere hier nur an die Schriften von Benjamin Sharpe[2] und W. H. Dall[3], welch' letzterer, wie er selbst hervorhebt, in den wesentlichsten Punkten zu ähnlichen Ergebnissen gelangt ist, wie Neumayr.[3]

Die wichtigen Arbeiten Paul Pelseneer's über die Classification der Bivalven[4] sind Neumayr erst kurz vor seinem Tode zugekommen, und ist es ihm nicht geringe Genugthuung gewesen, dass in der Hauptsache, nämlich in der völligen Verzichtleistung auf eine Classification nach der Zahl der Kiemen, dieser ausgezeichnete Beobachter durch anatomische Studien zu völlig demselben Ergebnisse gelangt ist. Auch war Neumayr die Freude beschieden, zu sehen, dass er dort, wo Pelseneer's Kritik an seiner früheren Arbeit berechtigt erschien, und zwar in Betreff der Abgrenzung der Heterodonten gegen die Desmodonten, gleichfalls selbständig denselben Weg gefunden hatte. Dagegen schienen ihm Pelseneer's Bemerkungen über die Stellung der Trigonien auf einem Missverständnisse zu beruhen.

Die nachfolgende Tabelle der Abstammung einiger der wichtigsten Familien der Pelecypoden wurde von Pelseneer ausschliesslich auf Grund der Organisation der Weichtheile entworfen. Es fehlt daher selbstverständlich gänzlich die Gruppe der *Palaeoconchae*, aber es ist bemerkenswerth zu sehen, welche phylogenetische Bedeutung auch hier den Nuculiden zufällt:[5]

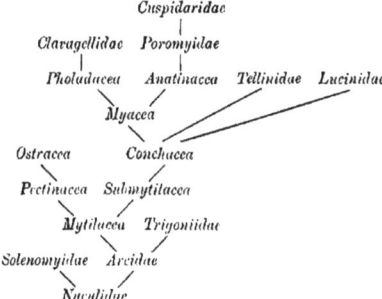

Erst nach dem Tode Neumayr's ist die sehr wichtige Abhandlung Rob. Tracey Jackson's über die Phylogenie der Pelecypoden erschienen.[6]

---

[1] Ich verweise z. B. auf C. Schlorholz, Entwicklung der Unioniden, Denkschr. Akad. Wien, 1889, Bd. 55, Taf. IV. Fig. 78a und 78b, und für die Lage des Glochidium auf dem Scheitel der Concha auf Ferd. Schmidt, Beitrag z. Kenntn. der postembryonal. Entwicklung d. Najaden; Archiv. f. Naturgesch., 1885, Bd. 51, S. 222, Taf. XII. Fig. 14. In dieser Vermuthung möchte man leicht verstärkt werden durch Latter's Beobachtung, dass der Zapfen des Glochidiums im späteren Alter eine sich wiederholende Kerbung der Anwachslinien bei glatten Arten von Unio hervorzurufen im Stande ist. Os w. H. Latter, Notes on Anodon and Unio; Proc. Zool. Soc. London, 1891, pag. 56, pl. VII, Fig. 4, 5.

[2] Benj. Sharpe, Proc. Assoc. nat. Sciences, Philadelphia, 6. March, 1888.

[3] W. H. Dall, On the Hinge of the Pelecypods and its Development, with an attempt toward a better subdivision of this group; Amer. Journ. Science, 1889, 3. Ser., vol. 38, p. 445–462.

[4] Insb. P. Pelseneer, Sur la classification phylogénétique des Pélécypodes; Communication préliminaire; Bull. scientif. de la France et de la Belg. par M. Giard, 1889, vol. XX, p. 27–52; forner Rep. on the Anatomy of the Deep Sea Mollusca, in den Challenger Reports etc., vol. XXVII, 1888.

[5] Challenger Rep. vol. XXVII, 1888, p. 39.

[6] R. Pr. Jackson, Phylogeny of the Pelecypoda. The Aviculidae and their Allies; Mem. Boston soc. nat. hist. 1890, vol IV, p. 277–400; Taf.

R. T. Jackson: Genealogische Tabelle der Aviculiden und ihrer Verwandten.
(Mem. Boston Soc. nat. Hist. IV, 1890; Phylogeny of the Pelecypoda, p. 311.)

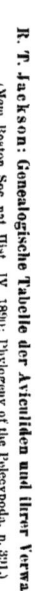

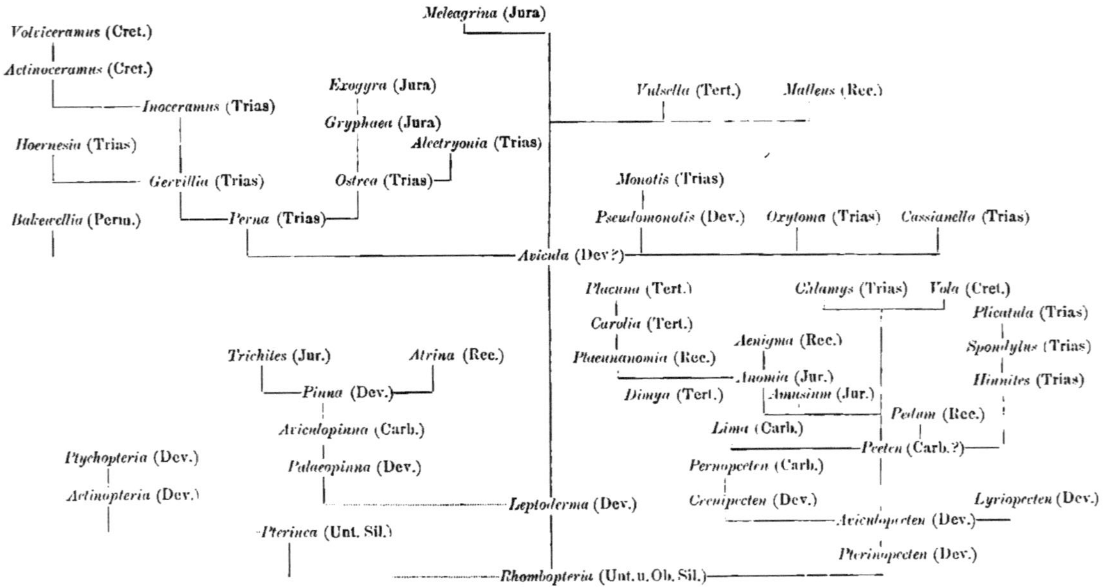

Dieser Beobachter steht auf einer breiteren Grundlage als seine Vorgänger. Zunächst geht er von einer weit vollständigeren Kenntniss der Prodissoconcha aus, als bisher zu Gebote stand. Die volle Übereinstimmung der Prodissoconcha von Pecten mit gewissen palaeozoischen und selbst mesozoischen Aviculiden ist an sich eine sehr lehrreiche und bezeichnende Thatsache. Diese gewinnt an Wichtigkeit durch die bereits mehrfach behauptete und durch Frech neuerdings hervorgehobene Beobachtung, dass im Devon zwischen Pectiniden und Aviculiden eine scharfe Trennung nicht vorhanden ist. Durch *Gosseletia* und *Myalina* ist, wie Frech weiter bemerkt, der unmerkliche Übergang von den Aviculiden zu den Mytiliden vermittelt.[1]

Jackson kennt die ontogenetische Entwicklung von *Ostrea edulis* und *Ostrea virginea* und hat selbst die Entwicklung bei mehreren Gattungen verfolgt. Die phylogenetische Bedeutung der Prodissoconcha wird richtig hervorgehoben und Jackson vergleicht sogar *Slava jibrosa* Barr.; aber Neumayr's Arbeiten, sowie auch Conrath's Schrift scheinen diesem verdienten Verfasser leider fremd geblieben zu sein. In seiner Tabelle der Verwandtschaft der Aviculiden und ihrer Verwandten gelangt Jackson auch zu einer „nuculoiden Stamm form", aber es fehlt die Gruppe der *Palaeoconchae*.

Hier nun läge die Aufgabe vor, zu untersuchen, ob die Zähnelung des Schlossrandes der Prodissoconcha, welche angeblich bei *Ostrea edulis* vorhanden ist und bei *Ostrea virginea* fehlt, wirklich schon toxodonte Merkmale an sich trägt, oder ob sie der Kerbung bei gewissen Palaeoconchen gleicht, welche dort noch mit der Sculptur der Schale in sichtlicher Verbindung steht.

Gerade in dieser Beziehung, welche für die Beurtheilung der Entwicklung des Schlosses so bedeutungsvoll ist, sollte man nach den vorliegenden Angaben vermuthen, dass wirklich schon in der Prodissoconcha grosse Verschiedenheiten bestehen. So erwähnt z. B. Hatschek an der von ihm so genau erforschten Prodissoconcha von Teredo nur den geraden Schlossrand und keinerlei Kerbung oder Bezahnung[2], während Crosse und Fischer bei *Berthelinia elegans* aus dem Grobkalk und dem Sables moyens, welche ich mit Douvillé für eine Prodissoconcha halten möchte, eine Reihe von Gruben in der Dicke des Schlossrandes verzeichnen, eher nach einem toxodonten, als einem palaeoconchen Typus.[3]

Auf diese Art streben von verschiedenen Standpunkten aus verdiente Beobachter dem gleichen Ziele, einer naturgemässen, phylogenetischen Classification der Bivalven zu, und die theilweise Übereinstimmung, welche bereits erreicht worden ist, lässt guten Erfolg hoffen. Als ein Beitrag zu diesen Bestrebungen mag die nachfolgende Studie Neumayr's dienen.

E. Suess.

Beiträge zu einer morphologischen Eintheilung der Bivalven

von

M. Neumayr.

Man hat für die Eintheilung der Muscheln sehr verschiedenartige Merkmale zu verwenden gesucht, so die Zahl der Schliessmuskeln, Gleichklappigkeit oder Ungleichklappigkeit, Vorhandensein oder Fehlen der Siphonen oder Athemröhren, Auftreten einer Mantelbucht, Zahl der Kiemen, Beschaffenheit des Schlosses. Von diesen Merkmalen wird der Gleichheit oder Ungleichheit der beiden Klappen jetzt allgemein nur mehr sehr wenig Werth beigelegt; alle anderen sind von grösserer oder geringerer Bedeutung für die verschiedenen jetzt in Gebrauch stehenden Eintheilungsarten.

---

[1] F. Frech, Üb. devonische Aviculiden u. Pectiniden; Zeitschr. deutsch. geol. Ges., 1888, vol. 40. p. 360—366.
[2] B. Hatschek, Entwicklung von Teredo: Arbeit. Zool. Inst. Univ. Wien, 1881, III.
[3] H. Crosse et P. Fischer, Observations sur le Genre Berthelinia: Journ. Conch. 1887, XXXV. p. 305—310; pl. X.

Es ist natürlich nicht möglich a priori zu entscheiden, welcher Charakter der wichtigste und beständigste ist, darüber kann nur die Erfahrung Aufschluss geben. Allerdings sind die Conchyliologen meist geneigt, den sogenannten zoologischen, d. h. den Weichtheilen entnommenen Merkmalen unbedingt den Vorrang einzuräumen und einer Gruppirung nach diesen den Vorzug zu geben. Dieser Standpunkt wäre auch gewiss ein ganz richtiger, wenn es sich darum handeln würde, aus einer erschöpfenden Kenntniss der Anatomie und Entwicklungsgeschichte die natürlichen Verwandtschaftsverhältnisse abzuleiten. Allein soweit sind wir leider noch lange nicht, sondern bei all den Versuchen, die einzelnen Gruppen durch die Beschaffenheit ihrer Weichtheile zu charakterisiren, hat man sich darauf beschränkt, einige ganz grob äusserliche, wie das Vorhandensein oder Fehlen und die Länge der Syphonen, Verwachsung der Mantelränder, Form und Grösse des Fusses zu beachten, und es ist nicht der mindeste Grund für die Annahme vorhanden, dass gerade diese Merkmale irgend grössere Bedeutung haben sollten, als etwa der Typus der Schlossbildung.

Wir wenden uns zu einigen der vorgeschlagenen Classificationsversuche, um durch Betrachtung derselben den Werth der ihnen zu Grunde liegenden Merkmale kennen zu lernen. Sehr verbreitet ist die Eintheilung der ganzen Menge der Muscheln in zwei Hauptgruppen, von denen die eine mit Siphonen ausgestattet ist (*Siphonida*), die andere nicht (*Asiphonida*). Gegen diese zuerst von Fleming vorgeschlagene und später namentlich durch Woodward vertretene Auffassung ist in erster Linie die grosse Menge von Ausnahmen anzuführen, welche in den verschiedenen Familien vorkommen. Wir kennen eine Menge von Gattungen mit Siphonen, die aber doch mit typischen Asiphoniden in allen Merkmalen aufs engste zusammenhängen, und daher von diesen nicht getrennt werden können und umgekehrt; so haben unter den Asiphoniden die Gattungen *Leda*, *Yoldia*, *Malela*, *Castalia*, *Hyria*, *Dreyssensia* und *Dreyssenomya* Siphonen, während diese bei den Siphonidensippen *Crassatella*, *Astarte* und *Cardita* fehlen.

Es ist das allerdings kein ganz entscheidender Beweis gegen die Brauchbarkeit dieser Eintheilung, denn ein Merkmal kann immerhin von grosser Bedeutung für eine Abtheilung sein, wenn es auch gelegentlich bei einer anderen Formengruppe selbständig wiederkehrt, oder auch in einem oder dem anderen Falle eine Rückbildung erleidet. Allein, wenn wir die Gruppen mit einander vergleichen, welche als Siphoniden und Asiphoniden bezeichnet werden, so sehen wir, dass dieselben durchaus nicht homogen sind und den natürlichen Verwandtschaftsverhältnissen durchaus nicht überall entsprechen; so werden die Familien der Trigoniden und Unioniden mit den Arcaceen und Nuculiden, ferner mit den Ostreen, Pectiniden, Mytiliden, Aviculiden und ihren Genossen zusammengestellt, mit denen sie jedenfalls keine hervorragende Verwandtschaft zeigen. Andererseits sind die mit Ligamentlöffeln und überlangen Siphonen versehenen Formen ohne normal entwickelte Schlosszähne, wie *Mya*, *Thracia* und ihre zahlreichen Verwandten (Desmodonten, vergl. unten) von den Siphoniden mit wohl entwickelten Schlosszähnen so vollständig verschieden, dass ihre Zusammenfassung durchaus ungerechtfertigt erscheint.

Mann kann das Urtheil in dieser Frage folgendermassen ausdrücken: Die Zusammenfassung nach einem einzelnen Charakter kann zweierlei Bedeutung haben; entweder ist derselbe von so ausschlaggebender Wichtigkeit, dass er für sich allein genügt, um die Zusammengehörigkeit zu erweisen, oder das Merkmal ist nicht von solcher Bedeutung und hat nicht symptomatischen Werth; eine Gruppe von Formen wird durch ihre gesammte Organisation als zusammengehörig bezeichnet, und man hat dann erst nachträglich für praktische Zwecke für die Diagnose nach einem leicht fassbaren allen oder den meisten Arten gemeinsamen Erkennungszeichen gesucht. Im ersteren Falle dürfen keine, am allerwenigsten zahlreiche Ausnahmen vorkommen, im letzteren stören Ausnahmen durchaus nicht, wenn nur sonst die Gruppe sich durch die Gesammtheit ihrer Eigenthümlichkeiten als einheitlich erweist. Die Abtheilungen der Siphoniden und Asiphoniden entsprechen weder der einen noch der anderen Voraussetzung, und müssen daher verworfen werden.

Noch ungünstiger stellen sich die Verhältnisse bezüglich des Auftretens einer Mantelbucht und der darauf gegründeten Abtheilungen der Integropalliaten und Sinupalliaten; auch hier sind Ausnahmen in sehr grosser Menge vorhanden, wie die mit Mantelbucht versehenen Gattungen *Yoldia*, *Leda*, *Dreyssenomya*, *Limnocardium*, *Adacna* zeigen, während andererseits bei manchen Sinupalliaten wie *Sphenia*, *Cyrtodaria*, *Mytili-*

meria, *Verticordia*, *Lyonsiella*, *Pandora*, *Anatinella* und anderen die Mantellinie ganzrandig oder so wenig und kaum merklich eingebuchtet ist, wie das gelegentlich bei verschiedenen Integropalliaten (z. B. *Cyrena*) vorkömmt. Vor allem aber kann man sich gerade in diesem Falle aufs deutlichste überzeugen, dass die Einbuchtung der Mantellinie, welche mit der Zurückziehbarkeit langer Siphonen in Zusammenhang steht, bei ganz verschiedenen Abtheilungen der Muscheln sich durchaus unabhängig entwickelt hat; so stellen die Veneriden und ihre Nachkommen und Verwandten den Sinupalliatentypus der Cypriniden dar, *Rangia* hängt mit den Cyrenen zusammen, während einen dritten Stamm der Sinupalliaten die Formen ohne Schlosszähne und mit Ligamentlöffeln darstellen. Man wird also vielleicht mit Vortheil innerhalb der verschiedensten Abtheilungen der Muscheln die Sinupalliaten als kleinere Abtheilungen ausscheiden können, aber als ein Haupteintheilungsprincip darf die Beschaffenheit der Mantellinie nicht betrachtet werden. In ihrer Ausbuchtung und in dem Vorkommen langer retractiler Siphonen haben wir es eben lediglich mit Anpassungsmerkmalen zu thun, welche mit der Lebensweise, mit dem Aufenthalte in tiefen Löchern im Sande oder Schlamme zusammenhängen, und daher in den verschiedensten Abtheilungen wiederkehren.

Von viel grösserem Werthe sind die durch Zahl und Beschaffenheit der Schliessmuskel gelieferten Charaktere; Lamarck unterschied Monomyarier mit einem einzigen central oder subcentral gelegenen Muskel, und Dimyarier (Homomyarier) mit zwei gleichen, den Rändern genäherten Muskeln; Bronn fügte dazu noch eine dritte Abtheilung, die Heteromyarier, bei welchen der hintere Muskel sehr gross und in die Nähe der Schalenmitte gerückt, der vordere dagegen sehr klein und ganz nach vorne geschoben ist. Allerdings erhalten wir auf diese Weise keine scharf von einander verschiedenen Gruppen; schon in der Jetztwelt hängen Monomyarier und Heteromyarier äusserst innig zusammen und man kann sie beide unter dem Namen der Anisomyarier, begreifen, und den Formen mit zwei gleichen Muskeln, den Homomyariern oder Dimyariern, gegenüberstellen. Nimmt man aber auch die geologisch alten, namentlich die palaeozoischen Sippen hinzu, so zeigen sich auch zwischen diesen Abtheilungen vollständige Übergänge und wir erhalten eine fortlaufende Reihe von einem Extrem bis zum anderen. Allein wenn auch Übergänge vorhanden sind, so sind die Gruppen, die unterschieden werden, durchaus natürliche. Die Anisomyarier bilden eine geschlossene Abtheilung, deren Mitglieder auch in allen anderen Merkmalen mit einander übereinstimmen, während allerdings unter den Formen mit zwei gleichen Schliessmuskeln, den Homomyariern, mehrere grosse selbständige Gruppen neben einander unterschieden werden können. Auch sogenannte Ausnahmen, abnorme Typen, welche gerade in diesem Merkmale von ihren nächsten Verwandten sich entfernen, kommen in dieser Hinsicht nur sehr spärlich vor; als wirkliche Ausnahme kann nur die Gattung *Mülleria*, eine Süsswassermuschel aus Südamerika, genannt werden, welche mit den gewöhnlichen Flussmuscheln nahe verwandt, doch nur einen Schliessmuskel zeigt; allein auch hier sind in der Jugend beide Muskel vorhanden und der vordere unter ihnen geht erst bei etwas zunehmender Grösse und offenbar im Zusammenhange mit der stattfindenden Festwachsung und Verzerrung verloren. Von anderen Formen werden in der Regel die Gattungen *Tridacna* und *Hippopus* erwähnt, welche obwohl mit den Homomyariern in ihrem Baue nahe verwandt, doch nur einen Muskel haben sollen. Allein schon die Betrachtung der Schalen mancher Tridacnen zeigt, dass zwei Muskeleindrücke vorhanden sind, welche allerdings ganz abnorm stehen, indem sie beide dicht nebeneinander, ungefähr im Centrum der Schale, angebracht sind. Sonderbarerweise hat sich die Angabe in der Literatur eingeschlichen, dass der vordere der beiden Eindrücke bei *Tridacna* nur dem Fussmuskel entspreche, so dass also in Wirklichkeit nur ein Schliessmuskel vorhanden wäre. Allein schon von vornherein ist es im höchsten Grade unwahrscheinlich, dass die gewaltige Muskelmasse, welche diesem Eindrucke entspricht, nur dem sehr wenig entwickelten Fusse diene; in der That genügt schon die oberflächlichste Untersuchung des Thieres von *Tridacna*, um zu zeigen, dass auch der vordere Eindruck einem Schliessmuskel entspricht, dessen Fasern direct von einer Klappe zur anderen verlaufen.[1] Bei *Hippopus* scheint in der That nur ein Adductor vorhanden, der aber dann nach der Analogie mit *Tridacna* nur aus der Verschmelzung der beiden nebeneinander stehenden Muskel hervorgegangen sein kann; derselbe ist

---

[1] Herr Professor Brauer hatte die Güte, mir Spiritusexemplare von Tridacna zu zeigen.

daher dem einen Schliessmuskel der Monomyarier nicht homolog, da dieser nur dem hinteren Adductor der Homomyarier entspricht.[1]

Die Anordnung der Muscheln nach Schliessmuskulatur ergibt demnach keine unnatürliche Zusammenstellung ungleichartiger, und keine Auseinanderreissung homogener Formen; trotzdem aber würde eine Eintheilung lediglich nach diesem Merkmale zu keinem befriedigenden Ergebnisse führen, weil die Abtheilung der Gleichmuskler oder Homomyarier (Dimyarier) sehr viel umfangreicher und wichtiger ist, als die der Anisomyarier; erstere umfassen die ganze Hauptmasse, letztere nur einen einzelnen Seitenzweig der Muscheln.

Die Schwierigkeit oder Unmöglichkeit, nach einem einzelnen Merkmale die Hauptgruppen zu bilden, hat manche Forscher veranlasst, überhaupt kein Merkmal als entscheidend an die Spitze zu stellen, ja sie sind stellenweise in das entgegengesetzte Extrem verfallen und vernachlässigen zuweilen als entscheidend angesehene Charaktere in auffallender Weise. Von derartigen Systemen ist wohl nur eines heute noch einigermassen verbreitet, dasjenige, welches in dem grossen Conchylienwerke von Adams gegeben ist. Ich glaube aber wohl behaupten zu dürfen, dass es nicht die Trefflichkeit dieses Systems in seinen grossen Hauptzügen, sondern die anderen ausgezeichneten Eigenschaften des genannten Werkes sind, welche dieser Eintheilung vielfach Eingang verschafft haben, wenigstens bei vielen Conchyliologen, nicht bei Palaeontologen. H. und A. Adams fassen alle Muscheln in vier Gruppen zusammen, die sie nach der Gesammtheit aller Charaktere zu bestimmen suchen; sie unterscheiden: *Pholadacea*, *Veneracea*, *Lucinacea* und *Pectinacea*. Allein in diesen Abtheilungen sind die Diagnosen ganz unzulänglich und die Familien in so bunter Weise zusammengeworfen, dass man kaum eine unnatürlichere Eintheilung finden kann. Die Mactriden sind den *Venus*-artigen Muscheln zugerechnet und von *Mya*, *Corbula* und *Anatina* getrennt: *Cardium*, *Chama* und *Tridacna* sind ebenfalls zu den Veneraceen gestellt und von *Lucina*, *Astarte* und *Cardita* geschieden; *Unio* wird mit *Mytilus* und *Avicula*

---

[1] Als eine andere Ausnahme wird die im Tertiär und in der Jetztzeit auftretende Gattung *Dimya* angeführt, welcher der doppelte Schliessmuskel der Homomyarier dabei aber die Organisation zugeschrieben wird, welche mit derjenigen der Anisomyarier übereinstimmt; demgemäss werden die Verhältnisse dieser Gattung geradezu als ein entscheidender Beweis gegen die Anwendbarkeit einer Eintheilung nach der Muskulatur betrachtet, eine Auffassung, die ich nicht theilen kann. Was zunächst die Organisation des Thieres anlangt, so kann nach der genauen Beschreibung des Thieres durch Dall kein Zweifel herrschen, dass dieselbe sich am meisten derjenigen der Anisomyarier nähert, und dass demnach die Vermuthung von Stoliczka nicht haltbar ist, dass *Dimya* neben *Mynchaum* zu den Desmodonten zu stellen sei; ausser den von Dall hiefür vorgebrachten Belegen ist noch die amphidete Lagerung des Ligamentes hervorzuheben, wie sie in typischer Entwicklung den Anisomyariern und Taxodonten eigen ist, bei Desmodonten aber nie vorkömmt. Auch die weitere Ansicht von Dall, dass *Dimya* von allen anderen bekannten Muscheln vollständig abweicht und daher in keine der bekannten Abtheilungen eingereiht werden kann, ist eine durchaus richtige. Ich kann hier nicht auf die Einzelheiten des merkwürdigen Baues von *Dimya* eingehen, und hebe daher als ganz aberrante Merkmale hier nur die gleich zu besprechende Einrichtung der Muskulatur, sowie den Umstand hervor, dass bei der in Rede stehenden Form die äussere Schalenlage aus Perlmuttersubstanz besteht, während die innere Schalenlage porcellanartig ist. Auch die Vermuthung, dass *Dimya* ein vereinzeltes Überbleibsel irgend eines uralten Stammes darstellt, ist gewiss richtig, und wird unten weitere Bestätigung finden. Dagegen kann ich in keiner Weise die Ansicht theilen, dass *Dimya* in der Anordnung der Adductoren den Homomyariertypus zeigt, und demnach die Muskulatur mit der übrigen Organisation des Thieres nicht in Einklang steht. In erster Linie weicht die Muskulatur von *Dimya* nicht nur von derjenigen der Homomyarier, sondern überhaupt aller bisher bekannten oder wenigstens in Beziehung auf dieses Merkmal näher untersuchten Muscheln in der auffallendsten Weise dadurch ab, dass der hintere Adductor verdoppelt, dass also drei Schliessmuskel vorhanden sind. Wenn wir uns aber auch über diesen Umstand für den Augenblick hinwegsetzen, und annehmen, es wäre statt der zwei hinteren Adductoren deren nur einer vorhanden, so stark wie die beiden vereinigt, so würde dadurch noch lange keine Übereinstimmung mit dem Homomyariertypus hergestellt, da die hintere Muskelmasse etwa sechsmal so stark ist als die vordere und nicht randlich, sondern subcentral liegt. Der Vergleich mit dem Homomyariertypus ist demnach absolut falsch und unzulässig; die Muskulatur von *Dimya* findet, immer abgesehen von der Zweitheilung des hinteren Adductors, nur in den geologisch alten Heteromyariern, welche noch Anklänge an Homomyarier zeigen, eine Parallele, und mit einer solchen Stellung steht auch die übrige Organisation ganz gut in Einklang. Allerdings ist unter den ältesten Aviculiden und verwandten Formen keine mit gedoppelten hinteren Schliessmuskeln bekannt, nur bei *Pterinea flabella* (Hall, Pal. of New-York, vol. V, Tab. XIV, Fig. 15, 16) ist der Beginn einer Zweitheilung angedeutet. (Vgl. für *Dimya* folgende Literatur: Ronault in Mém. Soc. Géol. France, 1848., Ser. 2, vol. III, S. 471. — Stoliczka, Cretac. Fauna of Southern India, III, Pelecypoda, Palaeontologia Indica, 1871, S. 397. — Fischer, Manuel, S. 936. — Dall, Report on the Mollusca dredged by the U. S. Steamer Blake, Bull. Mus. Compar. Zool. Cambridge 1886, vol. XII, S. 227). Die Stellung von *Dimyodon Munier* zu *Dimya* und die Bedeutung ersterer Gattung für die ganze Frage wird später besprochen werden.

zusammengeworfen; endlich sind *Pecten*, *Lima*, *Spondylus* und *Ostrea* mit *Trigonia*, *Area* und *Nucula* zusammengestellt. Hier sind die natürlichen Verwandtschaftsverhältnisse durchaus verkannt und die Anordnung in grosse Hauptabtheilungen durchaus unbrauchbar, so nützlich das Werk von Adams nach anderer Richtung sein mag.[1]

In neuerer Zeit ist von P. Fischer in seinem mit grösster Detailkenntniss abgefassten Handbuche der Conchyliologie eine neue Gruppirung nach der Zahl der Kiemen vorgeschlagen worden. Es werden zwei Hauptabtheilungen unterschieden, die Tetrabranchiaten mit vier nach vorne und unten flottirenden Kiemen und die Dibranchiaten, bei welchen nur zwei solche Kiemen vorhanden sind. Es dürfte wohl die Analogie mit den Cephalopoden zu dieser Eintheilung wenigstens den ersten Anstoss gegeben haben, und es lässt sich nicht verkennen, dass die Idee, Muscheln und Cephalopoden nach demselben Principe zu gliedern, ziemlich bestechend ist. Allein solche Analogieschlüsse sind gefährlich. Es ist durchaus nicht richtig, dass in den verschiedenen Classen eines Typus dieselben Merkmale für die Eintheilung verwendbar sind, und schon der Vergleich mit den Gastropoden, bei welchen ja auch die Kiemen eine grosse Rolle in der Classification spielen, zeigt uns, dass nicht nur die Zahl, sondern auch Lage, Form und Structur dieser Organe berücksichtigenswerthe Factoren sind. Gerade in dieser letzteren Beziehung zeigen sich an den Kiemen der Muscheln so gewichtige Unterschiede, dass wir sie geradezu für wichtiger als die blosse Zahl erklären müssen; so ist es denn schon von vorne herein wenig wahrscheinlich, dass eine auf die Kiemen gegründete Eintheilung, die nur die Zahl berücksichtigt, zu richtigen Ergebnissen führen könne.

Diese Vermuthung wird durch eine nähere Untersuchung bestätigt; will man die Brauchbarkeit eines nach einem einzelnen Merkmale aufgestellten Systems prüfen, so wird man wohl zunächst fragen, ob die nach diesem einzigen Kennzeichen zusammengefassten Gruppen einigermassen homogen sind, ob ihre Glieder auch in anderen Merkmalen mit einander übereinstimmen. Die Tetrabranchiaten von Fischer umfassen die grosse Hauptmasse aller Gattungen; zu den Dibranchiaten werden nur wenige Typen gestellt. Unter den letzteren kann man drei grössere Formencomplexe unterscheiden, jeder aus einigen Gattungen zusammengesetzt; als deren Typen können die vier Gattungen *Lucina*, *Tellina*, *Solenomya* und *Anatina* angeführt werden. Es sind das Typen, die so viel wie gar nichts mit einander gemein haben, die abgesehen von der Kiemenzahl nicht die Spur einer Verwandtschaft zeigen, und durch keinerlei mit zwei Kiemen versehene Bindeglieder aneinander geknüpft werden; auch wenn wir die palaeontologische Entwicklung zu Hilfe nehmen, finden wir keine Annäherung dieser Typen aneinander. Wohl aber finden wir umgekehrt für eine bedeutende Anzahl ausserordentlich nahe Beziehungen bei den Tetrabranchiaten, so dass es in vielen Fällen nöthig würde, Formen, die man bisher als die allernächsten Verwandten betrachtet und vielfach in eine und dieselbe Familie gestellt hatte, ganz von einander zu trennen und in verschiedene Unterclassen zu stellen, wie das einzelne Beispiele zeigen mögen:

Tetrabranchiaten.	Dibranchiaten.
Diplodonta, *Ungulina*	*Lucina*.
Psammobia	*Tellina*.
Ercilia	*Syndosmya*.
Mya, *Tugonia*	*Thracia*.
Corbula	*Neaera* u. s. w.

Es sind das nur die auffallendsten Beispiele dieser Art, und natürlich sind diese angenfälligen Erscheinungen einem so geübten Conchyliologen, wie P. Fischer nicht entgangen, ja er zählt eine weit grössere Zahl solcher Fälle auf, bei denen es sich allerdings stellenweise um etwas entfernte und gesuchte äussere Schalenähnlichkeiten handelt. Er sucht derartige Übereinstimmungen in der Weise zu erklären, dass Dibran-

---

[1] Den herrschenden Übelständen gegenüber hat Stoliczka in seinem wichtigen Werke auf alle grösseren Gruppen verzichtet und einfach Familie an Familie gereiht. Stoliczka, Cretaceous Fauna of Southern India, Vol. III. Memoirs of the Geological Survey of India 1871.

chiaten und Tetrabranchiaten zwei Parallelreihen bilden, in welchen sich vielfach analoge Glieder wiederholen. Wir haben uns allerdings überzeugt, dass unter Umständen ähnliche Sebalen in ganz verschiedenen Abtheilungen vorkommen können; allein hier handelt es sich nicht nur darum, sondern es tritt dazu noch eine merkwürdige Übereinstimmung in der Beschaffenheit der Weichtheile, so dass die Vermuthung, es handle sich nur um eine zufällige äussere Analogie, ganz haltlos ist. So ist z. B. zwischen Psammobien und Tellinen nicht nur die grösste Übereinstimmung im Schalenbau, sondern auch in der Bildung der sehr langen, divergirenden Siphonen, des vorne weit offenen, papillösen Mantels, des comprimirten Fusses, der rudimentären Byssusdrüse, der grossen dreieckigen Mundpalpen, ja selbst der Bau der appendiculirten Kiemen zeigt Verwandtschaft; da nun überdies bei *Psammobia* die äussere Kieme erheblich kleiner ist, als die innere, so sehen wir, dass dieselbe sogar schon einen Schritt in der Reduction des einen Kiemenpaares gethan hat und dass sie uns in der handgreiflichsten Weise den Weg zeigt, wie sich dibranchiate Formen durch Verlust einer Kieme aus tetrabranchiaten herausgebildet haben.

In den anderen genannten Fällen sind die Verhältnisse nicht ganz so schlagend wie hier, sie genügen aber immerhin, um denselben Schluss abzuleiten, und solchen Thatsachen gegenüber ist die Eintheilung in Dibranchiaten und Tetrabranchiaten unhaltbar; besonders aber ist hervorzuheben, dass alle Formen der Tetrabranchiaten, welche Ähnlichkeit mit gewissen Dibranchiaten zeigen, mit ungleichen Kiemen ausgestattet sind. Wir müssen hier überhaupt auf die Entwicklung der Kiemen etwas näher eingehen, um die Frage zu prüfen, welches die ursprüngliche Entwicklung dieser Organe darstellt. Vier gleiche Kiemen sind bei allen Anisomyariern vorhanden; unter den Formen mit zwei gleichen Adductoren, den Homomyariern, kommen vier gleiche Kiemen nur bei den überaus alterthümlichen Abtheilungen der Arciden und Nuculiden, aber auch hier nicht überall vor. Bei den anderen Homomyariern, also namentlich bei den Heterodonten, Schizodonten und Desmodonten, sind entweder vier ungleiche oder nur zwei Kiemen vorhanden. Dabei zeigt sich aber die Erscheinung, dass z. B. bei einer verhältnissmässig alterthümlichen Gruppe, wie sie die Familie der Cypriniden darstellt, die Ungleichheit der Kiemen nur sehr wenig ausgesprochen ist; bei den Veneriden, die von diesen hergeleitet werden können, ist das schon mehr der Fall; bei Abkömmlingen dieser, wie die Donaciden und Psammobien, ist die Ungleichkeit eine sehr starke, und bei den Tellinen endlich ist jederseits die äussere Kieme verschwunden. Wir sehen also hier den schon oben angedeuteten Weg weit deutlicher vor uns, und erkennen die Dibranchiaten, wie das schon von vorne herein erwartet werden konnte, als Reductionsformen.

Dass der zweikiemige Zustand nicht der ursprüngliche ist, wie von Fischer angenommen wurde, geht übrigens schon aus der geologischen Verbreitung der Genera hervor; unter allen Dibranchiaten Gattungen, deren Dibranchiatennatur nachweisbar ist, lässt sich keine mit Sicherheit auch nur bis in die Kohlenformation zurückverfolgen [1]; die meisten sind geologisch sehr junge und hoch modificirte Typen. Dagegen sind uralte Gattungen, wie *Arca, Nucula, Leda, Macrodon, Pecten, Avicula*, unter den Formen mit vier Kiemen vorhanden.

Fassen wir die Ergebnisse dieser Auseinandersetzung zusammen, so finden wir, dass bei den Muscheln der vierkiemige Zustand der ursprüngliche, der zweikiemige der derivirte ist, und dass der Unterschied in der Kiemenzahl durchaus ungeeignet ist für die Charakterisirung grösserer Gruppen. Nur dass alle Anisomyarier vier gleiche Kiemen haben, kann als ein durchgreifendes Merkmal gelten.

Zu einer richtigeren Gruppirung der Muscheln kann man gelangen, wenn man einige Merkmale berücksichtigt, welche in den bisher aufgestellten Systemen nur zur Charakterisirung kleinerer Gruppen verwendet worden sind; es ist das die Bildung des Schlosses und die Lage des Ligamentes.

---

[1] *Lucina* wird allerdings in der Regel aus Silur und Devon angeführt; was wir aber über die Beschaffenheit dieser Formen wissen, ist durchaus unzureichend um zu entscheiden, ob wir es mit *Lucina* selbst oder einer der überans nahe verwandten vierkiemigen Sippen zu thun haben. Dass für die Zweikiemigkeit von *Grammysia, Procardium* und verschiedener anderer äusserst wenig bekannter palaeozoischer Formen nicht der Schatten eines Beweises vorliegt, braucht wohl kaum hervorgehoben zu werden. Der einzige Grund, der etwa für die Dibranchialnatur der ursprünglichsten Muscheln angeführt werden könnte, ist die Zweikiemigkeit von *Solenomya*, welche in der That in den Schalencharakteren mit den palaeozoischen Palaeoconchen Analogie zu haben scheint. Aber eben nur in den Schalenmerkmalen; dass sie auch in der Kiemenbildung einen conservativen Typus darstellt, haben wir keinen Grund anzunehmen.

Das Ligament oder Schalenband ist bald äusserlich, bald innerlich gelegen, bald ist ein Theil desselben zwischen dem Oberrande der Schalen eingeschlossen, während ein anderer frei hervortritt. Diese Verschiedenheiten geben keinen Anhaltspunkt zur Eintheilung in grosse Hauptabtheilungen; inneres wie äusseres Ligament tritt in den verschiedensten Abtheilungen auf, und es genügt die Gattungen *Spondylus*, *Nucula*, *Crassatella*, *Radiolites* und *Mya* als Träger inneren Ligamentes nebeneinander zu stellen, um zu sehen, dass es sich hier um die heterogensten Elemente handelt, welche überhaupt im ganzen Gebiete der Zweischaler auftreten.

Anders verhält es sich mit der Lage des Bandes zum Wirbel; bei der Mehrzahl der Muscheln ist dasselbe ganz hinter den Wirbeln gelegen, keine Spur desselben greift weiter nach vorne, und wenn das Ligament innerlich unter den Wirbeln angebracht ist, so liegt es hinter den Hauptzähnen oder Cardinalzähnen des Schlosses, oder wo diese fehlen ist der kleine, compacte Bandknorpel schräg nach hinten gerichtet. Diese Lage, welche wir die opisthodete nennen wollen, finden wir streng gesetzmässig bei allen Homomyariern, mit Ausnahme der Arcaceen, der Nueuliden, der Najaden und vielleicht der Trigoniden. Bei einer zweiten, etwas kleineren Abtheilung der Muscheln sehen wir, dass das Ligament häufig über die Wirbel nach vorne greift; zwar kömmt es nie so weit, dass die Hauptmasse des Bandes nach vorne gerückt ist, dagegen findet sich in vielen Fällen genau symmetrische Stellung. Ist das Band ganz oder theilweise äusserlich, so breitet sich dasselbe längs der ganzen Schlosslinie oder des grössten Theiles derselben aus, und eine vollständige Beschränkung auf die Hinterseite ist nur bei solchen Formen möglich, bei welchen der Wirbel vollständig excentrisch gelegen ist und die Schlosslinie nicht über denselben nach vorne vorspringt (z. B. *Mytilus*, *Pinna*, *Perna* u. s. w.). Ist dagegen das Ligament als ein kleiner, compacter Bandknorpel innerlich gelegen, so ist dasselbe symmetrisch zwischen zwei ganz oder annähernd gleichen Hälften des Schlosszahnapparates gelegen (*Spondylus*, *Picatula*, *Nucula* und Verwandte), oder wenn keine Zähne vorhanden sind, ist das Ligament mittelständig angebracht (z. B. *Pecten*, *Ostrea* u. s. w.). Diesen Typus der Ligamentlage, welchen wir als den amphideten bezeichnen, finden wir bei allen Anisomyariern und unter den Homomyariern bei den Arcaceen und Nueuliden. Die Unioniden oder Najaden stehen auf der Grenze zwischen amphideter und opisthodeter Entwicklung, indem bei den meisten die äussere Epidermislage des Bandes vor die Wirbel vorgreift; bisweilen ist dieser vordere Theil sehr schwach entwickelt, bei einzelnen scheint derselbe ganz zu fehlen. Bezüglich der Trigoniden konnte ich zu keinem bestimmten Ergebnisse gelangen. Wenn ein vor die Wirbel vorgreifender Ligamenttheil überhaupt vorhanden ist, so ist er so schwach, dass bei fossilen Exemplaren gar nichts zu sehen ist; bei den lebenden Exemplaren, die ich untersuchen konnte, schien eine sehr schwache Bandpartie vor die Wirbel zu treten, doch konnte ich nach den wenigen Exemplaren, die mir vorlagen, kein ganz sicheres Urtheil fällen.

Wir wenden uns zur Betrachtung des Schlosses, jenes Apparates von Zähnen, durch welchen die beiden Klappen der Muscheln gegenseitig verankert sind, und wir besprechen gleichzeitig jene häufig mit dem Schlosse in Verbindung stehenden Kalktheile, welche dem Ligamente zur Stütze dienen.[1] Allerdings sind nicht alle

---

[1] Morph. Bivalv. Schlosses. 1883. Mit den verschiedenen Schlosstypen, die hier nachgewiesen wurden, haben sich seither namentlich P. Fischer in seinem Manuel de Conchyliologie und in einem selbständigen Aufsatz (Une nouvelle classification des Bivalves. Journal de Conchyliologie 1881. Bd. XXXII, S. 113), ferner Steinmann in seinem Lehrbuche der Palaeontologie beschäftigt. P. Fischer hat für den symmetrischen Schlosstypus, wie er bei *Spondylus* und *Picatula* vorkömmt, den Namen „isodont" vorgeschlagen, welcher wohl beibehalten werden kann; der Verfasser erkennt die Berechtigung der Unterscheidung der einzelnen Schlosstypen an, spricht sich aber gegen deren weitgehende Berücksichtigung bei der Classification aus, und führt einige Gründe für diese Anschauung an. Der eine Einwand, dass es unnatürlich ist, *Scrobicularia* und ihre Verwandten von den Tellinen zu trennen, ist durchaus berechtigt, indem in meiner oben genannten Arbeit der Schlossbau der Mesodesmiden und Scrobiculariden unrichtig aufgefasst ist; sie sind, wie unten ausführlich gezeigt werden wird, keine Desmodonten, sondern Heterodonten mit innerem Ligament. Die übrigen Einwürfe sind unbegründet; so verhält es sich mit der Angabe, dass nach meiner Auffassung *Crassatella* von den nahe verwandten Heterodonten getrennt werden müsste; ich führe *Crassatella* ausdrücklich als Heterodonten an, und dass es Heterodonten mit innerem Ligamente geben könne, erkennt Fischer dadurch an, dass er, meinem Vorschlage folgend, *Rangia* von den Mactriden trennt und wegen des heterodonten Schlosses neben die Cyrenen stellt. Dass bei sehr dünnwandender Schale eine Rückbildung des Schlosses bis zum Verschwinden der Zähne eintritt, hätte von einem mit der Morphologie vertrauten Manne, wie P. Fischer es ist, nicht als Beweis angeführt werden sollen; es ist allgemein bekannt, dass in den verschiedensten Abtheilungen des Thierreiches Reductionsformen auftreten, bei welchen die Ordnungscharaktere unter Umständen verschwinden; daraus ein Argument gegen die Verwendbarkeit des Schlosses bei der

Muscheln mit Schlossz ähnen versehen; *Ostrea, Pecten, Mytilus* und ihre nächsten Verwandten, ferner *Anodonta, Aducna, Pholadomya* sind einige Beispiele aus der jetzt lebenden Fauna, bei welchen der Angelrand vollständig unbewehrt erscheint; wenn wir aber die Beziehungen dieser Formen zu anderen Verwandten untersuchen, so finden wir, dass es sich bei der übergrossen Mehrzahl dieser Typen nicht um eine ursprüngliche Bildung handelt, sondern, wie unten eingehend gezeigt werden wird, um Reductionserscheinungen. Es sind meist Nachkommen von Formen mit bewehrtem Schlosse, welche die Zähne im Laufe der Zeit verloren haben; es gilt das von allen den oben genannten Sippen, mit Ausnahme von *Pholadomya*, bei welcher die Zahnlosigkeit eine ursprüngliche zu sein scheint. Ähnlich wie bei den lebenden verhält es sich bei den tertiären und mezozoischen Muscheln, wenn auch unter den letzteren die Verhältnisse sich zu ändern beginnen; sehr wesentlich verschieden sind dieselben in der palaeozoischen Zeit und namentlich im ersten Abschnitte derselben. Hier kommen in ganz ausserordentlicher Menge und Verschiedenheit überaus dünnschalige Muscheln vor, an welchen in der Regel echte Schlosszähne fehlen, und auch Muskeleindrücke, Mantellinie und Ligamentansätze nicht zu sehen sind. Die Zahl dieser Formen ist eine so auffallend grosse, dass man die Dünnschaligkeit ganz allgemein als ein Merkmal der alten Bivalven betrachten zu können glaubte; diese Ansicht ist allerdings, wie mehrfach betont wurde, in ihrer Allgemeinheit bei dem Vorkommen so massiger Formen, wie z. B. *Megalodus* und *Megalomus*[1], nicht haltbar, aber das ändert nichts an der Thatsache, dass die Mehrzahl der alten Muscheln dem geschilderten Typus anzehört, und dass man dieselben nicht als Reductionsformen auf andere Vorkommnisse zurückführen kann; im Gegentheil stehen mehrere Gruppen mit verwickelter Schalenbildung, wie wir sehen werden, unter Umständen mit diesen dünnschaligen alten Formen in Verbindung, welche die Abstammung der ersteren von den letzteren wahrscheinlich machen. Wie dem auch sei, jedenfalls haben wir, namentlich in sehr alten Ablagerungen eine sehr grosse Anzahl von Muscheln, bei welchen keine oder nur sehr unvollkommen entwickelte Zähne im Schlosse vorhanden sind, ohne dass man dies durch Reduction erklären könnte, und wir bezeichnen diesen Typus als den „cryptodonten".

Ein anderer Typus, den wir auch schon in sehr alten Ablagerungen treffen, und der sich in reicher Anzahl durch alle Formationen bis in die Jetztzeit wiederfindet, ist der Typus des Reihenschlosses oder des Taxodontenschlosses; hier sind Schlosszähne in bedeutender Zahl vorhanden, welche keine Gliederung in unter dem Wirbel gelegene Cardinal- oder Hauptzähne und in zur Seite gerückte Nebenzähne erkennen lassen, sondern eine zusammenhängende Reihe bilden, innerhalb deren allerdings häufig eine allmälige Zu- oder Abnahme in der Grösse beobachtet werden kann; wo solche Grössenverschiedenheiten auftreten, ist das Verhältniss in der Regel ein derartiges, dass die Zähne unter dem Wirbel am schwächsten sind und gegen die Seiten an Stärke zunehmen.[2] Es is das aber durchaus keine allgemeine giltige Regel, sondern es kommen auch Formen vor, bei welchen eine Abschwächung der Zähne in der Wirbelregion nicht eintritt.

Eintheilung machen zu wollen, ist genau eben so unrichtig, als wenn ein Entomologe sich bei den Insecten gegen die Verwendung der Flügelmerkmale aussprechen wollte, weil in mehreren Ordnungen flügellose Formen auftreten. Etwas verwickelter sind die Verhältnisse bezüglich des Auftretens eines Reihenschlosses bei *Thiodon*, das ebenfalls von Fischer als Argument angeführt wird; ich verweise in dieser Hinsicht auf die unten bei Besprechung der Najaden gegebenen Auseinandersetzungen, da es zu weit führen würde, hier den Gegenstand erschöpfend zu behandeln. Wenn Fischer ferner als Beweis anführt, dass Ligamentlöffel in verschiedenen Gruppen bei dem Vorkommen von Muscheln auftreten, und oft innerhalb einer und derselben Gruppe nicht constant sind, so geht daraus nur hervor, dass er meine Definition der Desmodonten nicht verstanden hat. Innere Ligamentgruben treten nach meiner eigenen Auffassung bei Monomyariern. Taxodonten, Heterodonten und Desmodonten auf und kommen innerhalb der letzteren Abtheilung nur einem Theile der Formen zu.

Steinmann schlägt für den bei den Trigonien auftretenden Zahntypus den Namen „schizodont" vor, und fasst die Trigoniden, die ich nur als eine Unterordnung von selbständigem Zahnbau betrachtet hatte, als eine Ordnung der Schizodonten auf; ich folge Steinmann um so mehr, als ich nachweisen zu können glaube, dass auch die grosse Familie der Najaden sich hier anschliesst. Für die Auffassung der verschiedenen Schlosstypen vergl. auch Haug, Annuaire géologique universel, Vol. III, 1887, pag. 148 ff.

[1] P. Fischer hat aus etymologischen Gründen den Namen *Megalodus* in *Megalomys* umgeändert, was jedoch wegen des Vorhandenseins einer Säugethiergattung *Megalomys* unzulässig ist.

[2] Vergl. P. Conrath, Über einige silurische Pelecypoden; Sitzungsber. der Wiener Akademie, 1887, Bd. 96, Abth. I, S. 42.

Eintheilung der Bivalven.

Die Taxodonten bilden eine sehr wohl begründete natürliche Gruppe, welche die zwei grossen Familien der Arciden und Nuculiden umfasst; sie sind ausser durch ihr Schloss noch ausgezeichnet durch zwei gleichgrosse Schliessmuskeln, das fast stete Fehlen von Mantelbucht und Syphonen und durch amphidete Anordnung des Ligamentes.

Eine ganz andere Entwicklung des Schlosses zeigt der Heterodontentypus, welcher unter allen die grösste Verbreitung bei den Muscheln zeigt; er stellt das Normalschloss der Muscheln dar. Bei typischer Entwicklung finden wir hier gerade unter dem Wirbel eine beschränkte, nicht über drei steigende Zahl von „Cardinalzähnen" in jeder Klappe, welche in entsprechende Gruben in der entgegengesetzten Klappe eingreifen; ausserdem tritt in der Regel noch seitwärts vorne und hinten oder nur auf einer der beiden Seiten je ein Lateralzahn auf. Allerdings können auch hier Reductionserscheinungen verschiedenster Art eintreten, die lateralen oder die cardinalen Zähne, oder beide Kategorien können zurücktreten, aber wir können all diese Abweichungen leicht auf den ursprünglichen Typus zurückführen.

Vor allem ist es nothwendig, hier die unterscheidenden Merkmale von cardinalen und lateralen Zähnen genau festzustellen, da die Unterscheidung dieser beiden Kategorien bisher in unconsequenter und theilweise unrichtiger Weise vorgenommen wird.[1]) Betrachten wir einen durchaus normalen Heterodonten, z. B. ein *Cardium*, so finden wir die lateralen Zähne von den cardinalen durch einen ziemlich weiten Zwischenraum getrennt, und namentlich liegt der hintere Cardinalzahn erst hinter dem Ligament und genau ebenso verhält es sich bei *Lucina, Fimbria, Sphaerium, Isocardia, Tridacna, Cyrena, Corbicula, Cyprieardia, Cyprina, Donax, Mesodesma* und vielen anderen; eine leichte Abänderung erleidet die Regel bei der Cyrenidengattung *Batissa* und bei einzelnen Arten der Tellinidengattung *Arcopagia*, bei welchen das vordere Ende des hinteren Lateralzahnes etwas weiter vorragt, so dass es mit dem hintersten Theile des Ligamentes in gleicher Linie steht, doch ist das eine sehr geringfügige Abweichung. Diese Lage des hinteren Lateralzahnes am hinteren Ende des Ligaments ist in hohem Grade charakteristisch, und nur Zahngebilde, welche an dieser Stelle stehen, dürfen mit diesem Namen bezeichnet werden; jede Abweichung von dieser Regel führt dazu, Organe miteinander zu verwechseln, welche nicht übereinstimmen und nicht homolog sind. So verhält es sich z. B. mit dem fast allgemein verbreiteten Gebrauche, den vom Wirbel weit nach hinten ziehenden Zahn von *Cardita* als hinteren Lateralzahn anzuführen, eine Auffassung, deren Unrichtigkeit Fischer hervorgehoben hat. Aus einer präcisen Auffassung des Begriffes geht ferner hervor, dass die langen, leistenförmigen Zähne, die bei *Unio* vom Wirbel nach hinten ziehen, mit hinteren Lateralzähnen gar nichts gemein haben, sondern einen ganz anderen Charakter an sich tragen.

Weit schwieriger verhält es sich mit den vorderen Lateralzähnen, da hier ein Fixpunkt, wie ihn die Lage des Ligamentes auf der Hinterseite bildet, nicht vorhanden ist, und in Folge dessen gibt es eine Anzahl von Fällen, in denen es noch zweifelhaft ist, ob man es mit einem vordersten Cardinalzahn oder mit einem vorderen Lateralzahn zu thun hat, ja es lässt sich heute noch kaum feststellen, ob beiderlei Gebilde nicht wirklich in einander übergehen. In vielen Fällen, z. B. bei *Cardium, Cyprina* und manchen anderen ist allerdings der vordere Lateralzahn so weit nach vorne geschoben, so weit von den Cardinalen getrennt und bildet ein so deutlich symmetrisches Äquivalent zu dem hinteren Lateralzahn, dass über die Bedeutung kein Zweifel sein kann. Dagegen ist die Entwicklung des Schlosses bei den Veneriden und Cypriniden eine derartige, dass man keine bestimmte Regel aufstellen kann, was bei diesen als vorderer Lateral, was als vorderster Cardinal betrachtet werden soll.

Die Gliederung in Cardinal- und Lateralzähne und die geringe Anzahl derselben bildet zwar einen sehr wesentlichen Charakter des Heterodontenschlosses, aber nicht den einzigen, und derselbe genügt nicht für sich allein, um die Heterodonten unter allen Umständen von anderen Muscheln zu unterscheiden; wir finden nämlich bei Formen mit ganz verschiedener Grundanlage des Schlosses, bei den sogenannten Desmodonten, bisweilen

---

[1] Auf die in dieser Hinsicht vorliegenden Schwierigkeiten hat P. Fischer in treffender Weise hingewiesen. Vergl. Manuel de Conchyliologie, pag. 902.

eine Gruppirung zahnartiger Elemente, welche äusserlich sehr an die Heterodonten erinnert. Um auch in diesen Fällen ganz sicher zu gehen, müssen wir die gegenseitige Stellung der Cardinalzähne etwas näher ins Auge fassen; dieselben sind nämlich wechselständig und genau in einander greifend (ausfüllend). Mit anderen Worten, es entspricht jeder Zahn einer Klappe genau dem Zwischenraum zwischen zwei Zähnen, einer sogenannten Zahngrube in der anderen Klappe, und zwar in der Weise, dass, wenn die beiden Schalen in einander gepasst sind, die Zähne die Zahngruben vollständig ausfüllen und die Cardinalzähne der beiden Klappen zusammen eine vollständig geschlossene Masse ohne irgend welche klaffende Lücke bilden.[1] Um ein solches Ineinandergreifen zu ermöglichen, müssen natürlich die Zähne wechselständig sein, d. h. es muss auf jeden Zahn immer eine Zahngrube folgen und dieselben sich in beiden Klappen umgekehrt entsprechen. Diesen Schlossbau der Heterodonten hat Steinmann zweckmässig durch eine Zahnformel ausgedrückt, indem er die Zähne mit 1, die Zahngruben mit 0 bezeichnet, und die Aufeinanderfolge in beiden Klappen (L = linke, R = rechte) durch einen Bruchstrich einander gegenübergestellt; danach wäre, um bei Steinmann's Beispiel zu bleiben, die Schlossformel für *Cyprina* mit drei Cardinalen in der linken und zwei in der rechten Klappe die folgende: $\frac{L. \ 1\ 0\ 1\ 0\ 1}{R. \ 0\ 1\ 0\ 1\ 0}$. Um den charakteristischen Unterschied recht scharf hervortreten zu lassen, setzen wir dem gegenüber die Zahnformel der Gattung *Mactra*, welche einem anderen Typus angehörig scheinbar grosse Übereinstimmung mit den Heterodonten zeigt; hier ist die Formel nach Steinmann: $\frac{L. \ 0\ 1\ 0\ 1\ 0}{R. \ 1.\ 0.\ 1}$. Der Gegensatz ist sehr augenfällig; zwei Zähnen und der zwischen ihnen liegenden Lücke der linken Klappe steht in der rechten Klappe nur eine Lücke gegenüber, ein geschlossenes Ineinandergreifen findet also bei *Mactra* nicht statt.

Der heterodonte Schlosstypus kömmt nur bei Formen mit zwei gleichen Schliessmuskeln (Homomyarier) und mit opisthodeter Ligamententwicklung vor; die meisten Heterodonten haben Syphonen, viele unter ihnen auch eine Mantelbucht; jederseits sind zwei ungleiche oder nur eine Kieme vorhanden: alle nicht durch Festwachsung verzerrten Formen sind gleichklappig; Perlmutterschale kömmt bei ihnen nie vor.

Ein weiterer Typus, welcher ebenfalls demjenigen der Heterodonten ähnlich werden kann, ist derjenige der Schizodonten, wie er in seiner Entwicklung bei den Trigonien und ihren Verwandten auftritt; hier finden wir in der rechten Klappe zwei gestreckte lamellenförmige Zähne, welche in der Wirbelregion niedrig beginnen und von da schräg und den Rändern der Schale parallel, der eine nach vorne, der andere nach hinten sich ausdehnen; man kann sie nach dieser Beschaffenheit weder als echte Cardinale, noch als echte Laterale bezeichnen. In der linken Klappe steht ein tief gespaltener ∧-förmiger Dreieckzahn, welcher in den Raum zwischen den ungefähr unter 90° divergirenden Zähnen der rechten Klappe eingreift; diese letzteren werden von aussen von zwei zahnartigen Leisten umfasst, welche von den Schalenrändern der linken Klappe sich erheben. Bei den geologisch jüngeren Formen sind alle diese Zähne und Leisten kräftig gestreift und durch Ineinandergreifen der einzelnen Riefen wird eine ausserordentlich feste Scharnierverbindung hergestellt.

Es ist klar, dass dieses eigenthümlich zusammengesetzte Schloss von dem Heterodontentypus in wichtigen Beziehungen abweicht; der tief eindringenden Grube, welche durch den mächtigen Spalt des Dreieckzahnes in der linken Klappe gebildet wird, entspricht kein Zahn in der rechten Klappe: die Zahnformel würde daher lauten: $\frac{L. \ 1\ 0\ 1\ 0\ 1\ 0\ 1}{R. \ 0\ 1\ \ 0\ \ 1\ 0}$. Ausserdem sind die Zähne vom Wirbel nach den Seiten gerichtet, und gerade unter dem Wirbel, wo sonst der Schwerpunkt der Schlossverbindung liegt, befindet sich hier der todte Winkel des Dreieckzahnes. Ob diese Schizodonten sich aus den Heterodonten entwickelt oder als selbständiger Stamm sich ausgebildet haben, ist eine Frage, die wir für den Augenblick nicht weiter verfolgen wollen; die typischen Träger des Schizodontenschlosses sind die Trigoniden mit den Gattungen *Schizodus*, *Myophoria* und *Trigonia*; wie unten nachgewiesen werden soll, lassen sich aber auch die Schlösser der grossen und wichtigen, im Süsswasser wohnenden Familie der Najaden und Unioniden nur auf den Schizodontentypus zurückführen; manche

---

[1] Eine scheinbare Ausnahme tritt nur da ein, wo das Ligament innerlich ist, allein auch hier steht das Ligament erst hinter den Cardinalzähnen.

unter ihnen sind zwar, wie das bei Süsswassermuscheln so oft der Fall ist, im Schlossbaue von einer ganz abnormen Variabilität, aber die normalen Formen lassen mit voller Klarheit den ursprünglichen Bau erkennen, wenn sie sich auch der Entwicklung der Heterodonten oder der Taxodonten nähern. Abgesehen von dem Schlossbaue sind die Schizodonten (Trigoniden und Unioniden) ausgezeichnet durch auffallende Entwicklung der Perlmutterschale, zwei annähernd gleiche Schliessmuskeln, durch wenig oder gar nicht verwachsene Mantelränder, fast steten Mangel ausgebildeter Siphonen und ganzrandige Mantellinie; das Ligament ist äusserlich, bald opisthodet, bald amphidet entwickelt.

Ein sehr eigenthümlicher Typus der Schlossbildung ist derjenige, welchen P. Fischer als den isodonten bezeichnet, und der nur bei den Gattungen *Plicatula* und *Spondylus* hervortritt; diese Ausbildung tritt nur bei innerem, amphidet gelegenem Schalenligament auf und ist dadurch charakterisirt, dass in der einen Klappe zu jeder Seite der Ligamentgrube ein kräftiger Zahn, und von da gegen aussen jederseits eine Zahngrube liegt, während in der anderen Klappe sich an die Ligamentgrube zunächst beiderseits die Zahngruben und gegen aussen die Zähne anschliessen. Man kann also hier die Schlossformel folgendermassen anschreiben: $\begin{smallmatrix}0&1&1&0\\1&0&0&1\end{smallmatrix}$. Von jenem der Heterodonten unterscheidet sich dieses Schloss sofort dadurch, dass seine Zähne nicht wechselständig sind, dass das Ligament nicht hinter, sondern zwischen Zähnen liegt, und dass die Zahngruben in die Masse der Schlossplatte eingesenkt, nicht durch Zwischenräume zwischen den Zähnen gebildet sind. Es sind das ganz fundamentale Unterschiede, ja man kann das Schloss eines *Spondylus* eher mit dem eines Brachiopoden als mit demjenigen einer *Venus* oder eines *Cardium* vergleichen, wie das zuerst von Bronn hervorgehoben worden ist.

Eine letzte Entwicklung des Schlosses bezeichnen wir als diejenige der Desmodonten; wir stellen hierher zweimuskelige, mit Mantelbucht versehene Formen, bei welchen keine selbständige Entwicklung von Schlosszähnen stattfindet, sondern schlossähnliche Gebilde nur in Verbindung mit dem Ligamente und durch Modificationen seiner Lage und seiner Ansatzstellen auftreten. Einen einfachen Fall bieten Muscheln dar, bei welchen das Ligament hinter dem Wirbel ganz oder theilweise ins Innere eintritt und hier auf einem löffelförmigen, mehr oder weniger vorspringenden Fortsatze ruht; die Ränder dieses Ligamentlöffels oder die Mittellinie desselben können weiterhin zu Zahnlamellen oder Zähnen umgestaltet werden, so dass unter Umständen, z. B. bei der Gattung *Mactra*, eine Verankerung eintritt, welche denjenigen bei den Heterodonten sehr ähnlich wird, und in der That hat man beiderlei Entwicklungsformen vielfach verwechselt und nicht unterschieden; eine genaue Prüfung zeigt aber, dass die Desmodontenzähne nicht wechselständig sind und die Zwischenräume zwischen den Zähnen der gegenüberliegenden Klappe nicht ausfüllen. In Wirklichkeit gibt es nur wenige Heterodontenformen mit innerem Ligament, bei welchen die Unterscheidung von den Desmodonten einige Schwierigkeiten bietet. Nach einer anderen Richtung hin stehen die Desmodonten mit complicirteren, inneren Ligamentträgern in innigstem Zusammenhange mit Formen, bei welchen die Schlossregion ganz einfach und zahnlos gebildet ist und das Band ganz einfach äusserlich angebracht ist; die Verbindung ist hier eine so überaus innige, dass eine Trennung der beiderlei Typen nicht möglich ist, und diese Typen mit einfachem Schlosse unterscheiden sich wieder von manchen Palaeoconchen der ältesten Formationen nur durch das Vorhandensein einer Mantelbucht, ein Merkmal, welches aber gerade bei sehr dünnschaligen fossilen Muscheln sehr schwer zu beobachten ist, und so scheinen hier zwei Abtheilungen wirklich in einander zu verschwimmen. —

Es wurde versucht, die Haupttypen des Muschelschlosses kurz zu schildern und zu zeigen, wie gewisse Hauptabtheilungen der Classe durch die Entwicklung des Schlosses gekennzeichnet werden; wir werden diese Verhältnisse weiterhin ins Einzelne verfolgen und dabei der Stammesverwandtschaft der verschiedenen Gruppen besondere Aufmerksamkeit schenken müssen. Leider stellt sich uns dabei eine sehr grosse Schwierigkeit entgegen in unserer sehr ungenügenden Bekanntschaft mit dem Schlossbaue der geologisch alten Muscheln; die historische Verfolgung der einzelnen Stämme wird dadurch ganz ausserordentlich erschwert, und bei der Benützung der Literatur ist die grösste Vorsicht, ja zuweilen entschiedenes Mistrauen nothwendig. Einzelne Schriftsteller, welche palaeozoische Formen geschildert haben, suchten sich über die Schwierigkeit der Gattungsbestimmung, welche aus der Unbekanntschaft mit dem Schlosse und anderen entscheidenden Theilen hervorgehen, in einfacher Weise dadurch hinwegzuhelfen, dass die fraglichen Formen in irgend einer bekannten Gattung nach irgend welchen flüchtigen Ähnlichkeiten untergebracht wurden, ohne dass von den entscheidenden Merkmalen irgend etwas bekannt war. So findet man Gattungen, wie *Lucina, Astarte, Cardium, Corbula, Pholadomya, Isocardia, Hemicardium, Unio, Anodonta, Venus, Donax, Sanguinolaria, Amphidesma* und manche andere noch jetzt lebende Sippen aus den ältesten Formationen erwähnt, für deren Vorkommen nicht der geringste Beweis vorliegt. Allerdings ist schon oft auf die Unverlässigkeit der meisten dieser Bestimmungen hingewiesen worden, namentlich auch in Zittel's Handbuch der Palaeontologie, aber noch immer begegnet man denselben Angaben, und wer hier die Literatur ohne die schärfste Kritik benützen wollte, würde zu den unrichtigsten Schlüssen über das geologische Alter der einzelnen Abtheilungen der Muscheln gelangen. Von all' den jetzt lebenden Gattungen, welche aus vorpermischen Ablagerungen citirt werden, können wohl nur *Nucula, Leda, Arca, Macrodon, Avicula* und *Pecten* als sicher richtig bestimmt angesehen werden. Noch schwerer ist eine andere Fehlerquelle zu beseitigen; für eine Anzahl palaeozoischer Arten sind die Schlösser bekannt geworden, und man hat danach wohlbegründete Gattungen aufstellen können; dann aber wurden in diese eine Menge anderer Formen, deren wahre Beschaffenheit nicht bekannt ist, nach einer oft nur sehr oberflächlichen Ähnlichkeit eingereiht.

Die Palaeoconchen.

Die ersten Vertreter der Muscheln finden sich, allerdings noch überaus spärlich, in der cambrischen Formation;[1] wohl war das Vorkommen der ganzen Classe in so alten Ablagerungen, namentlich von Barrande, bestritten worden, doch kann an demselben heute nicht mehr gezweifelt werden. Zuerst beschrieb Ford eine in kalkigen Lagen des obercambrischen Potsdamsandsteines von Troy im Staate New York ziemlich häufig vorkommende kleine Muschel, ohne derselben aber einen Namen zu geben; Barrande bezeichnete dieses Fossil als *Fordilla Troyensis*, fand jedoch, dass zwar dessen äussere Schalencharaktere von demjenigen anderer Muscheln in keiner Weise abweichen, dass aber gewisse auf dem Steinkerne auftretende Merkmale durchaus von all' dem abweichen, was man bei dieser Classe zu sehen gewohnt ist; er folgert daher, dass *Fordilla Troyensis* zu den Crustaceen zu stellen sei. Dieser Schluss ist ungenügend begründet, ganz abgesehen davon, dass unter den Krebsthieren keine Form bekannt ist, welche Ähnlichkeit mit *Fordilla* zeigt, sind die gegen die Bivalvennatur vorgebrachten Gründe unzureichend. Das gilt in erster Linie von dem Einwande, dass weder Schlosszähne, noch Muskeleindrücke vorhanden sind, denn diese Merkmale sind unter den geologisch sehr alten Bivalven überhaupt nur selten erhalten, und waren offenbar bei der Mehrzahl derselben gar nicht deutlich ausgeprägt. Es sind demnach als etwas abweichende Merkmale nur gewisse unregelmässige und bei den einzelnen Exemplaren sich durchaus nicht gleich bleibende Linien auf den winzigen Steinkernen übrig; die eine dieser Linien (Barrande, a. a. O. Taf. 361, Fig. 1) kann möglicherweise die Spur einer Mantellinie darstellen[2]; die von hinten und unten gegen den Wirbel ziehende Vertiefung lässt sich nicht deuten, aber sie stellt keine unter den Muscheln isolirte Erscheinung dar, sondern es kommen ähnliche Eindrücke auch bei silurischen Muscheln vor, z. B. bei *Antipleura bohemica* (Barrande, a. a. O. Taf. 15, Fig. 3, 11) und bei *Cypricardia? contermina* (ebenda Taf. 99) vor.

---

[1] S. W. Ford, Remarks on the Distribution of the Fossils in the Lower Potsdam Rocks at Troy, New York, with descriptions of a few new fossils; American Journal of Science. 1873. Bd. VI, S. 134. — Loretz, Über Auffindung untercambrischer Versteinerungen im thüringischen Schiefergebirge. Zeitschr. d. deutsch. geolog. Gesellsch. 1880. Bd. XXXII, p. 632. — Vergl. ferner das Referat über den letzten Aufsatz von Kayser in Neuen Jahrbuch für Mineralogie u. s. w. 1881. Bd. I. S. 431. — Barrande. Système Silurien du Centre de la Bohême. Bd. VI, S. 252, 261. Taf. 361. Walcott, Classification of the Cambrian System of North America; Am. Journ. Science. 1886. Bd. XXXII, S. 138. — Walcott, Second contribution to the studies of the Cambrian Faunas of North America; Bullet. Un. States Geol. Surv. 1886, Nr. 33. — Walcott, Fauna of the Upper Taconic of Emmons in Washington County, N. Y. Am. Journ. of Sc. 1887. Bd. XXIV, S. 187. — Shaler, On the Geology of the Cambrian District of Bristol County, Massachussets; Bullet. Mus. of Compar. Zeology. Cambridge N. 5. 1888, Bd. XVI Nro. 2.

[2] Vergl. damit z. B. die Mantellinie von *Modiolopsis lutens* Barrande, a. a. O. Taf. 260, III. 2.

Etwas später wurden von Loretz in den überaus fossilarmen untercambrischen Schiefern von Thüringen einige Versteinerungen, allerdings in schlechtem Erhaltungszustande gefunden, und ein Theil derselben wurde von E. Kayser zu den Bivalven gestellt, eine Deutung, welche in der allgemeinen Erscheinung und den Umrissen der Stücke eine erhebliche Stütze findet, wenn auch die mangelhafte Erhaltung ein ganz sicheres Urtheil kaum gestatten dürfte.

Neuerdings sind durch Walcott und Shaler aus cambrischen Bildungen von Nordamerika wieder von mehreren Punkten Muscheln angeführt worden, und zwar nicht aus dem obercambrischen Potsdamsandstein, sondern auch aus weit älteren Schichten, bis hinunter in die *Olenellus*-Zone, welche jetzt als der älteste cambrische Horizont Amerika's betrachtet wird. Die kleine *Fordilla Troyensis* ist an mehreren Punkten wieder gefunden worden, und zwar in mehrfachen Abänderungen, welche von den amerikanischen Forschern unbedenklich den Muscheln zugerechnet werden; ausserdem führt Walcott noch eine Art als *Cypricardites* an, während eine dritte Form, welche von Shaler zu den Bivalven gerechnet wird (a. a. O. Taf. I, Fig. 5), wenigstens nach der Abbildung, wohl ebensogut einen Brachiopoden darstellen könnte.

Etwas reicher an Bivalven sind jene in der Regel noch zur cambrischen Formation gerechneten Ablagerungen, in welchen Fossilien von cambrischem sich mit solchen von silurischem Typus vermischen, und namentlich in den hieher gehörigen Tremadocschiefern von St. Davids in Wales hat Hicks eine Anzahl von Arten gefunden, welche sich auf die Gattungen *Glyptarca*, *Palaearca*, *Davidia*, *Modiolopsis* und *Ctenodonta* vertheilen.[1] Auch aus dem ungefähr gleichaltrigen Calciferous Sandstone von Nordamerika werden einzelne Arten citirt. Aber erst mit dem Eintritt in das Silur treten die Muscheln in Menge auf, und aus dem Verlaufe der palaeozoischen Periode sind heute schon einige tausend Arten beschrieben. Die Zahl der bekannten Formen könnte noch erheblich grösser sein, wenn nicht manche Palaeontologen diese Classe bei ihren Arbeiten auffallend vernachlässigten.

Eine Beurtheilung dieser geologisch alten Formen bietet Schwierigkeiten; wie schon früher erwähnt, sind die Schlösser palaeozoischer Muscheln ziemlich wenig bekannt, und die Identificationen mit geologisch jüngeren Gattungen zum grössten Theile unrichtig. Auch in der Beurtheilung der einzelnen ausschliesslich für palaeozoische Formen aufgestellten Genera herrscht grosse Verwirrung, so dass übereinstimmende Typen unter den verschiedensten Namen auftreten. Wohl ist in einigen grossen Monographieen von Geinitz, Hall, King, M'Coy, de Koninck, Salter, Sandberger, Waagen und Anderen viel geschehen, um der herrschenden Verwirrung zu steuern, aber doch bleibt noch ausserordentlich viel zu thun übrig. Namentlich die silurischen Bivalven sind es, über die es überaus schwer ist ein Urtheil zu fällen, und das gewaltige Werk von Barrande über die Muscheln des böhmischen Silur hat die Schwierigkeiten eher vermehrt als vermindert. Es ist zu bedauern, dass die Sehkraft des ausgezeichneten Palaeontologen, dem wir treffliche Arbeiten über Crustaceen und Cephalopoden verdanken, in der Zeit als er sich mit den Muscheln beschäftigte, in hohem Grade gelitten hatte. Wir hätten sonst wohl ein classisches Werk über den Gegenstand erhalten.

Der grösste Theil der silurischen Muschelfauna Böhmens bedarf wohl einer neuen Bearbeitung. Neuerdings hat allerdings Conrath einige interessante Beobachtungen über die Schlossentwicklung einiger silurischen Muscheln veröffentlicht[2], und auch sonst einige wichtige Angaben über die Beziehungen verschiedener Gruppen

---

[1] Hicks. On the Tremadoc Rocks in the neighbourhood of St. Davids, South Wales and their fossil contents. Quart. Journ. Geol. Soc. 1872. Vol. 29. S. 39. Die Zusammensetzung dieser Fauna ist von P. Fischer Une nouvelle classification des Bivalves; Journ. de Conchyliol. 1884. Vol. 32. pag. 119; als Argument gegen die von mir geäusserte Ansicht benützt worden, dass die Palaeoconchen die Grundformen umfassen, aus welchen sich die übrigen Muscheln entwickelt haben. Er führt nämlich an, dass die von Hicks angeführte Liste der Bivalven von St. Davids, der ältesten, welche damals bekannt waren, keine einzige Palaeoconchenform enthält, diese somit jünger seien als ihre angeblichen Nachkommen. Es ist das ein Irrthum, indem die als *Davidia* und *Modiolopsis* angeführten Formen Palaeoconchen der bezeichnendsten Art sind. In der Zwischenzeit sind, wie oben erwähnt, weit ältere Bivalven bis hinab ins untere Cambrium gefunden worden, die allerdings für ein sicheres Urtheil zu schlecht erhalten sind, den Palaeoconchen aber doch ähnlicher sind als irgend welchen anderen Muscheln.

[2] A. a. O.

zu einander gegeben, allein es stand ihm doch nicht das ausreichende Material zu einer durchgreifenden Umgestaltung zur Verfügung [1].

Viele palaeozoische Muscheln lassen sich ohne Schwierigkeiten in dieselben grossen Hauptabtheilungen einreihen, welche wir unter den geologisch jüngeren Typen unterscheiden, und wenn auch manche Abweichungen vorkommen, so lässt sich doch nahe Verwandtschaft nicht verkennen. Daneben aber tritt eine nicht viel geringere Zahl anderer Formen auf, deren Einreihung grosse Schwierigkeit macht; es sind das fast ausschliesslich sehr dünnschalige Arten, bei welchen Muskeleindrücke und Mantellinie in Folge der Zartheit des Gehäuses nur selten sichtbar sind, wo sie aber beobachtet werden können, zeigen sich zwei annähernd gleiche Adductoren und ganzrandige Mantellinie ohne Bucht. Schlosszähne fehlen entweder vollständig oder sie sind in einer eigenthümlichen und primitiven Weise entwickelt, wie sie bei anderen Muscheln nicht vorkommt. Während nämlich bei unseren geologisch jüngeren Formen die Zähne vom Schalenrande unabhängige Gebilde darstellen, welche der Schlossplatte angehören und von aussen nicht sichtbar sind, so lange die beiden Schalen zusammengeklappt bleiben, sind es bei diesen geologisch alten, dünnschaligen Formen Ausschnitte und Vorsprünge des Schalenrandes selbst, welche ineinander greifen, und schon von aussen in ihrer vollen Entwicklung sichtbar sind. Nur die Reihenzähne bei manchen Arten der Gattung *Arca* erinnern durch ihre Stellung am Schlossrande etwas an diese Entwicklung, allein auch hier ist ein Unterschied insoferne gegeben, als die äusserste Schalenlage der Areaceen an der Zahnbildung nicht Antheil nimmt.

Das Ligament lag, so weit eine Beobachtung überhaupt möglich ist, stets äusserlich; bei manchen sieht man eine von der Wirbelregion nach hinten verlaufende Furche für die Aufnahme des Bandes, während bei anderen eine so charakteristische und wohl entwickelte Area über der Schlosslinie liegt, dass an einer amphideten und flächenhaften Anheftung des Ligamentes auf derselben, wie bei einer lebenden *Arca* nicht gezweifelt werden kann.

Ich habe für diese Gruppe palaeozoischer Formen, welche die oben genannten Charaktere zeigen, den Namen der Palaeoconchen vorgeschlagen, und glaube dieselbe den Heterodonten, Taxodonten, Desmodonten und anderen Ordnungen der Muscheln als gleichwerthig an die Seite stellen zu sollen. Es fragt sich, in wie ferne eine solche Auffassung Anspruch auf Berechtigung erheben kann. Gewiss lassen sich gegen dieselbe manche Gründe anführen, unter denen wohl der wichtigste der ist, dass die Merkmale der ganzen Ordnung der Palaeoconchen zum grossen Theile negativer Natur sind, und wesentlich in dem Fehlen solcher Merkmale beruhen, welche überhaupt bei allen Formen mit sehr dünner Schale nicht oder nur sehr undeutlich entwickelt zu sein pflegen. So kömmt es, dass sehr dünnschalige Gattungen aus der Ordnung der Heterodonten, bei welchen eine Reduction des Schlossbaues eintritt, von Palaeoconchen überhaupt nicht zu trennen sind; speciell würde man unsere gemeinen Teichmuscheln (*Anodonta*), wenn sie in palaeozoischen Ablagerungen gefunden wären, unbedenklich zu den Palaeoconchen stellen. Allerdings ist das wohl die einzige jetzt lebende Gattung, bei welcher eine irrthümliche Verwechslung vorkommen könnte; ausserdem zeigt nur noch *Solenomya* grosse Ähnlichkeit mit jenen palaeozoischen Formen, allein für dieses Genus ist es mir sehr wahrscheinlich, dass es ein letztes, wenigstens im Baue der Schalen wenig modificirtes Überbleibsel der Palaeoconchen in der heutigen Schöpfung darstellt.

Wie dem auch sei, jedenfalls wird durch den oben genannten Übelstand nur die Charakterisirung der Ordnung der Palaeoconchen erschwert, aber es ist damit durchaus nicht bewiesen, dass dieselben keine natürliche Gruppe bilden. Die Combination von Merkmalen, wie wir sie bei ihnen treffen, nämlich sehr dünne

---

[1] Es wird sich im Verlaufe der Darstellung vielfach Gelegenheit ergeben, auf die Barrande'schen Typen zurückzukommen; hier mögen nur einige Bemerkungen Platz finden. Die Gattungen *Synek*, *Sluha*, *Sluzka*, *Dvuruska*, *Pantata* müssen eingezogen werden. Die beiden neuen Genera *Spanila* und *Tatinka* stimmen bis auf eine wenig beständige, unwichtiger und meist kaum sichtbare Abweichung, eine schwache Falte auf der Hinterseite, ganz mit einander überein, und ich ziehe sie daher unter dem Namen *Anita* Barr. zusammen. Dass *Zdimir* auf ein Exemplar von *Pentamerus* gegründet ist, wurde schon früher von Novak berichtet. Die Bestimmung der Gattungen *Pana*, *Isocrdia*, *Hemicardium*, *Cardium* und *Astarte* im böhmischen Silur, schon von Barrande als unsicher bezeichnet, kann nicht aufrecht erhalten werden.

Schale, zwei gleiche Schliessmuskel, ganzrandige Mantellinie und Mangel an Schlosszähnen, kommen in der ganzen Classe sonst nur bei Reductionsformen vor, während wir in dem geologischen Vorkommen und morphologischen Verhalten der Palaeoconchen den sicheren Beweis dafür haben, dass sie keine reductiven, sondern ursprüngliche Typen darstellen. Wenn das aber der Fall ist, so muss anerkannt werden, dass wir es mit Typen zu thun haben, die in keine der anderen Muschelordnungen eingereiht werden können.

Eine indirecte Bestätigung dieser Ansicht erhält man, wenn man in irgend einem Handbuche der Palaeontologie oder der Conchyliologie untersucht, wo und wie die einzelnen Gattungen der hier in Rede stehenden Formen untergebracht sind. Wir finden dann einen Theil derselben neben Formen untergebracht, mit welchen sie gar keine nähere Verwandtschaft besitzen, neben *Cardium*, *Arca*, *Anatina*, *Pholadomya*, *Lyonsia*, während die anderen als heimatlose „Gattungen von ganz unsicherer Stellung" ausserhalb des Systems gelassen werden.

Eine andere Frage dagegen ist, ob die Palaeoconchen eine homogene Abtheilung darstellen, und ob wir nicht unter diesem Namen Formen zusammenstellen, welche in Wahrheit nicht alle näher mit einander verwandt sind. Für die Beantwortung dieser Frage haben wir vorläufig weder im bejahenden noch im verneinenden Sinne hinreichende Anhaltspunkte; die gemeinsamen Merkmale sind nicht so wichtiger Art, dass sie eine nahe Verwandtschaft aller mit denselben ausgestatteten Typen unmittelbar beweisen würden. Auch das Vorhandensein von Übergängen zwischen allen den Gattungen können wir nicht bestimmt behaupten, aber ebensowenig können wir so auffallende Gegensätze hervorheben, dass dadurch eine weitere Scheidung in mehrere Ordnungen nothwendig würde, was allerdings bei diesen ziemlich charakterlosen Formen nicht viel beweist.

Weitere Fortschritte unseres Wissens können eine Änderung mit sich bringen; dem heutigen Stande unserer Kenntnisse scheint es zu entsprechen, eine Ordnung der Palaeoconchen festzuhalten, welche folgendermassen gekennzeichnet werden kann: „Nicht reductive, sehr dünnschalige Muscheln, bei welchen, so weit eine Beobachtung möglich ist, zwei gleiche Muskeleindrücke und ganzrandige Mantellinie vorhanden, aber sehr schwach ausgeprägt sind. Ligament äusserlich, Schloss zahnlos, oder nur mit ineinandergreifenden Auszahnungen der Schlossränder, aber nicht mit normalen Schlosszähnen versehen."

Die palaeozoischen Gattungen, welche hierher gerechnet werden können, sind folgende:

1. *Amila* Barr.
2. *Anthracomya* Salter.
3. *Antipleura* Barr.
4. *Broeckia* Kon.
5. *Buchiola* Barr.
6. *Cardiola* Brod.
7. *Cardiomorpha* Kon.
8. *Chaenomya* Meek et Hayd.
9. *Ciniteria* Hall.
10. *Clarkia* Kon.
11. *Climopistha* Meek et Hayd.
12. *Concamya* Hall.
13. *Dalila* Barr.
14. *Dualina* Barr.
15. *Dux* Barr. (*Vevoda*) [1]
16. *Edmondia* Kon.
17. *Elymella* Hall.
18. *Eurydesma* Hall.
19. *Gibboplenra* Barr.
20. *Gloria* Barr. (*Slava*). [1]
21. *Glossites* Hall.
22. *Ilionia* Hall.
23. *Isocalia* M'Coy.
24. *Leptodomus* M'Coy.
25. *Lunulicardium* Mü.
26. *Matercula* Barr. (*Babinka*) [1]
27. *Mila* Barr.
28. *Orthodesma* Conr.
29. *Orthonotus* Hall et Whitf.
30. *Palaeomutina* Hall.
31. *Palaeosolen* Hall.
32. *Paracardium* Barr.

---

[1] Barrande hat bekanntlich eine Anzahl böhmischer Worte als Gattungsnamen verwendet. z. B. Vevoda, Zdimir. u. s. w. Ein solcher Vorgang widerstreitet allen Regeln der Nomenclatur und ist ebenso unzulässig, als wenn man etwa Worte aus anderen lebenden Sprachen, z. B. Herzog, father, épouse als Gattungsnamen verwenden wollte. Ich verwende daher in diesen Fällen die von Barrande in zweiter Reihe angeführten lateinischen Übersetzungen.

33. *Paracyclas* Hall.
34. *Pholadella* Hall.
35. *Phthonia* Hall.
36. *Pleurodonta* Conr.
37. *Posidonomya* Bronn.
38. *Praecardium* Barr.
39. *Prachma* Barr.
40. *Praelucina* Barr.
41. *Prothyris* M'Coy.

42. *Protomya* Hall.
43. *Puella* Barr. *(Panenka)*.[1]
44. *Regina* Barr. *(Kralorna)*.
45. *Sanguinolites* M'Coy.
46. *Solgavickia* M'Coy.
47. *Silurina* Barr.
48. *Solenopsis* M'Coy.
49. *Tellinopsis* Hall.
50. *Vlasta* Barr.

Dieses Verzeichniss der palaeozoischen Gattungen der Palaeoconchen kann weder auf Vollständigkeit noch auf unbedingte Zuverlässigkeit Anspruch machen; manche sehr zweifelhafte Typen sind vorläufig übergangen, eine oder die andere Form kann sich durch weitere Untersuchungen als nicht hierher gehörig erweisen, manche werden bei eingehender Prüfung an grossem Material aus verschiedenen Gegenden als auf dieselben Typen gegründet zusammengezogen, andere nicht homogene Gattungen werden gespalten werden müssen. Immerhin aber gibt dasselbe eine Vorstellung von Umfang und Formenreichthum der ganzen Ordnung.

Mit der palaeozoischen Zeit scheinen die Palaeoconchen übrigens nicht zu erlöschen; unter den dünnschaligen Myaciten der Trias dürften sich manche Angehörige derselben befinden; auch die unter den übrigen Muscheln vollständig vereinzelt dastehenden Gattungen *Halobia* Bronn, *Daonella* Mojs. und *Posidonomya* Bronn dürften am besten hier ihre Stelle finden. In nachtriadischen Bildungen und in der Jetztzeit scheint nur mehr die Gattung *Solenomya* hierher zu gehören, welche unter allen lebenden Formen so auffallend isolirt dasteht.[2]

Für die Gruppirung und Eintheilung der Palaeoconchen in natürliche Familien liegen bei der ausserordentlichen Charakterlosigkeit der Mehrzahl unter ihnen nur sehr schwache Anhaltspunkte vor, und abgesehen von einigen bezeichnenden Typen sind es nur Umriss und Sculptur, welche zur Kennzeichnung verwendet werden können; dass auf diesem Wege kein ganz befriedigendes Ergebniss erzielt werden kann, bedarf wohl keiner eingehenden Auseinandersetzung; es genügt, sich vorzustellen, wozu es führen würde, wenn man eine andere gleichwerthige Abtheilung, z. B. die Heterodonten nach solchen Merkmalen gruppiren wollte. Da es aber doch nothwendig ist, einigermassen Ordnung in dieses Chaos zu bringen, so müssen wir diesen unsicheren Weg betreten.

Allerdings treten bei manchen Palaeoconchen auch andere Kennzeichen von grösserer Bedeutung auf, namentlich die eigenthümlichen Schlossbildungen, deren schon oben Erwähnung gethan wurde, die aber, von einer Ausnahme abgesehen, bisher nur bei Formen der böhmischen Silurbildungen beobachtet worden sind. Eine Anzahl derselben findet sich in Barrande's grossem Werke, namentlich auf den Tafeln 96, 97, 291, 359, 360 abgebildet; zum Gegenstande besonderer Untersuchung sind diese Gebilde in dem schon genannten kleinen aber wichtigen Aufsatze von P. Conrath gemacht worden, und hier finden sich mehrere besonders instructive

---

[1] Zu *Puella* wurde auch die Gattung *Panlata* Barr. gezogen, die sich von jener in keiner irgend nennenswerthen Weise unterscheidet. Hierher gehört auch ein Theil der von Barrande als *Isocardia* beschriebenen Arten, die nichts weiter sind, als *Puella*-Formen mit mächtig entwickeltem, etwas eingerollten Wirbel; vergl. *Isocardia procerula* Barr., *nigra* Barr. u. s. w. Auch die grossen *Lunulicardium*-Arten von Barrande, wie *L. amplum*, *fortius*, *Branikense*, *Halli*, *extensum*, *mucibentum* gehören hieher, oder werden einer selbständige, mit *Puella* nahe verwandte Gattung bilden müssen, welche durch die kantige und abgestutzte Hinterseite ausgezeichnet ist. Die Einreihung dieser Arten bei *Lunulicardium* beruht auf einem Irrthume, indem die abgestutzte Fläche nicht eine vordere Lunula darstellt, sondern der Hinterseite angehört, wie aus der Richtung der Wirbel und dem Auftreten einer Ligamentfurche hervorgeht. Über das Verhältniss von *Puella* zu *Dualina*, *Praecardium*, *Paracardium*, *Regina* und anderen verwandten Arten wird unten die Rede sein.

[2] *Solenomya* wird in der Regel als schon im Devon auftretend angeführt, was wohl noch der Bestätigung bedarf; die aus dem Kohlenkalke beschriebenen Arten sind allerdings den lebenden ähnlich. Der erste, welcher eine Anzahl von alten Palaeoconchen in die Familie der Solenomyiden stellte, war Stoliczka; er rechnet hierher *Ceidophorus*, *Leptodomus*, *Sanguinolites*, *Orthonota*, *Grammysia*, *Anodontopsis* u. s. w. Vergl. Cretaceous Fauna of Southern India. Vol. III, P. 268.

Präparate abgebildet. Ich selbst habe seinerzeit die Bedeutung dieser Erscheinungen nach den Abbildungen von Barrande und einigem Material aus Böhmen einer Besprechung unterzogen; die damals geäusserten Anschauungen können heute, nach dem Erscheinen der Arbeit von Conrath, erweitert und besser begründet werden.

Den Schlüssel für das Verständniss wenigstens eines Theiles dieser Vorkommnisse liefert die Betrachtung der Rippenbildung bei verschiedenen Muscheln. Es ist bekannt, dass bei gerippten Muscheln sehr häufig der Schalenrand namentlich unten und an den Seiten gekerbt ist, in der Weise, dass jede Rippenendigung einen kleinen Vorsprung, jeder Zwischenraum zwischen zwei Rippen einen kleinen Ausschnitt bildet, und dass die Vorsprünge der einen Klappe in die Ausschnitte der anderen Klappe passen und eingreifen. Bei den meisten Muscheln ist aber die Region unter den Wirbeln frei von Rippen und gekerbten Endigungen; nur bei manchen Palaeoconchen verhält sich das anders, indem die Rippen auch unter dem Wirbel durchlaufen (vergl. z. B. *Dualina major* Barrande, a. a. O. Tab. 33, *Paracardium*, *Cardiola lunaestriata* bei v. Keyserling, Petschoraland, Tab. 11, Fig. 1). Bei manchen Formen verstärken sich nun die Endigungen der Rippen unter dem Wirbel ganz bedeutend; sie springen zahnartig vor und bilden so einen Schlossapparat der einfachsten Art: diesen Vorgang zeigt sehr schön das von Conrath abgebildete Schlosspräparat von *Pleurodonta Bohemica* aus dem böhmischen Obersilur.[1] Einen Schritt weiter führt uns die ebenfalls von Conrath dargestellte *Praelucina mater*[2], bei welcher mit den Auszahnungen des Schlossrandes keine deutlichen Rippen mehr verbunden, sondern nur kaum merkbare Andeutungen von solchen vorhanden sind; die morphologische Bedeutung dieser Auszahnungen und gewiss auch deren Entstehung ist dieselbe wie bei *Pleurodonta*, aber die Rippen sind bis auf schwache Spuren verschwunden. In jeder Klappe von *Pleurodonta* steht über dem Schlosse und unter dem Wirbel ein deutlich abgegrenzter Raum, der nur als Ligamentarea betrachtet werden kann. Die nicht sehr zahlreichen Zähne (fünf bei den abgebildeten Exemplare) zeigen keine Differenzirung, sondern vertheilen sich gleichmässig zu beiden Seiten des Wirbels.

Ein etwas anderes Verhältniss finden wir bei der artenreichen Formengruppe, für welche Barrande die Gattungen *Praecardium* und *Paracardium* aufgestellt hat; hier ziehen sich wenigstens bei den normalen Formen die Rippen nicht von beiden Seiten her gleichmässig unter den Wirbel, sondern vordere und hintere Hälfte verhalten sich verschieden. Vorne stehen die Rippen annähernd senkrecht zum Schalenrande und ziehen sich hier bis zum Wirbel, ja bei manchen noch unter demselben durch, so dass die letzten derselben hinter den Wirbel zu stehen kommen (vergl. z. B. *Praecardium adolescens* Barr. Tab. 91). Die ersteren Rippen der Hinterseite legen sich dagegen fast parallel zum Schlossrande und stellen sich zu diesem erst am Unterrande senkrecht; stellenweise reichen die kurzen von der Vorderseite herüberstreichenden Rippen noch ein ansehnliches Stück weit unter die erste Rippe der Hinterseite (*Praecardium concurrens* Barr. Tab. 97, II, 4[3]). Aus diesen Sculpturrippen, und zwar aus den vorderen der Vorderseite, entwickeln sich dann auch hier Schlosszähne, deren Zusammenhang mit den Rippen, namentlich bei *Praecardium Bohemicum* (Barr. Tab. 291) in unzweideutiger Weise zu sehen ist. Bei besonders starker Entwicklung der Zähne, wie sie bei Barr. Tab. 358, 359 abgebildet ist, erlöschen dann auch die Rippen auf der mit den Zähnen versehenen Strecke, wie wir das oben bei *Praelucina mater* gesehen haben; die Fläche über dem Schlosse ist glatt, aber der Zusammenhang mit den vorher geschilderten Formen ist ein so überaus inniges, dass auch hier an der morphologischen Deutung nicht gezweifelt werden kann. Eine Ligamentarea ist auch hier bei den Formen, bei welchen die Rippen zurücktreten, in der deutlichsten Weise zu erkennen.[4]

---

[1] A. a. O. Taf. II, Fig. 2, 3. Der Name *Pleurodonta* muss übrigens geändert werden, da derselbe schon von Fischer v. Waldheim vergeben ist.
[2] Ebenda Taf. I, Fig. 10, 11.
[3] Nach der Entwicklung der Rippen unter dem Wirbel weicht diese Form von *Praec. concurrens* Barr. Tab. 96 ab.
[4] Bei den jetzt lebenden *Modiola*-Arten aus der Untergattung *Brachydontes* und bei *Crenella* treten die Furchen der Oberflächensculptur längs der hinter dem Wirbel gelegenen Schlosslinie an den Schalenrand und erzeugen hier Kerben, welche fest ineinander greifen und hier ebenfalls eine auf starker Entwicklung von Rippenendigungen bestehende Verankerung bilden. Natürlich stehen *Brachydontes* und *Crenella* in keinerlei verwandtschaftlichen Beziehungen zu den in Rede stehenden Palaeoconchen, aber wir sehen einen analogen Vorgang in beiden Fällen, und *Brachydontes* zeigt uns an einem Beispiele die

Sehr grosse Verschiedenheit zeigt bei der Gruppe von *Praecardium* und *Paracardium* die Lage der Schlosszähne; dieselben entsprechen unabänderlich den vordersten der unter den Wirbel sich hineinziehenden Rippen der Vorderseite, da aber diese letzteren bei verschiedenen Formen verschieden weit reichen, so ist auch die Lage der Schlosszähne sehr verschieden. Bei den extremsten Arten, z. B. bei *Praecardium Hallí*, *primulum* und *paraprimulum* [1] beginnen die Zähne genau unter dem Wirbel und ziehen sich von da unter die unterste Rippe der Hinterseite weit nach rückwärts; bei *Praecardium Dociůsoni* sind wenigstens die allerersten Zähnchen vor dem Wirbel, die Mehrzahl unter und vor demselben, während bei *Praecardium modestum* (Barr. Tab. 360, VII) die Hauptmasse der Zähne vor dem Wirbel steht. Ja nach der Auffassung von Barrande wären hier sogar innerhalb der einen Art *Paracardium modestum* sehr auffallende Abweichungen vorhanden, was wohl noch der Bestätigung bedarf.[2] Eine derartige, nach vorne gerückte Entwicklung des Schlosses entspricht einer Anordnung der noch zahnlosen Rippen, wie sie etwa bei *Praecardium ministrans*, *moderatum* u. s. w. (Barrande Tab. 89, 90) oder bei *Paracardium imitator* und *fugitivum* vorhanden ist.

Einen dritten Typus einer Zahnverbindung bei Palaeoconchen, den eigenthümlichsten von allen, finden wir bei den beiden unsymmetrisch gebildeten Gattungen *Antipleura* und *Dualina*, bei welchen der Wirbel der einen Klappe nach vorne, der andere nach hinten gebogen ist. Betrachten wir diejenige Form, bei welcher diese Verhältnisse am besten zu beobachten sind, nämlich *Antipleura bohemica*, so finden wir, dass sich hier die Wirbel der beiden Klappen nicht genau gegenüber stehen; jede Schale hat unter ihrem Wirbel einen breiten eckigen Ausschnitt, in welchen ein Vorsprung der entgegengesetzten Schale eingreift; der Vorsprung ist an seinem oberen Rande und der Ausschnitt an seinem Grunde gezähnt, und diese Zähne greifen ebenfalls in einander ein; etwas weniger extrem ausgebildet erscheint dasselbe Verhältniss bei *Dualina bohemica* wieder (Vergl. Conrath, a. a. O. Taf. I, Fig. 1—9. Taf. II, Fig. 4, 5.).

Merkwürdiger Weise ist von derartiger eigenthümlicher Zahnbildung bei den Palaeoconchen ausserhalb des böhmischen Silurterritorium's bisher fast nichts bekannt geworden; das oben angeführte, von Keyserling beschriebene *Paracardium (Cardiola) tenuistriatum* aus dem nordöstlichsten Russland bildet so ziemlich das einzige Beispiel. Vielleicht sind ähnliche Bildungen beobachtet, aber in einer Weise beschrieben worden, welche die Wiedererkennung schwierig macht; vermuthlich werden derartige Gebilde auch anderwärts gefunden werden, wenn man einmal danach mit Eifer sucht. Jedenfalls muss daran festgehalten werden, dass der entscheidende Charakter des Scharnieres bei Palaeoconchen darin besteht, dass die Zähne nicht Gebilde der Schlossplatte, sondern Vorsprünge des Schalenrandes darstellen.

Wir haben die Schlossbildungen kennen gelernt, welche bei einzelnen Palaeoconchen auftreten; es schliesst sich nun die Frage an, in welchem Umfange bei dieser Ordnung solche Auszahnungen auftreten, und welche Bedeutung man denselben beizulegen hat. Es ist das eine sehr schwierige Frage, da es bei der ausserordentlichen Zartheit dieser Gebilde und der grossen Seltenheit günstiger Exemplare nicht leicht zu entscheiden ist, ob in einem gegebenen Falle das Fehlen von Zähnen diesen äusseren Umständen zuzuschreiben oder ein wirkliches und ursprüngliches ist. Conrath vertritt die erstere Ansicht und betrachtet das Vorhandensein von Zähnen als ein ständiges Merkmal aller Palaeoconchen, wobei er allerdings die Ordnung in engerem Sinne auffasst haben dürfte, als das hier geschieht. Ich glaube eine weit geringere Verbreitung von Zähnen bei den Palaeoconchen annehmen zu müssen, und werde die Gründe meiner Auffassung hier darlegen.

Zahnbildungen sind jetzt bekannt bei *Antipleura*, *Dualina*, *Praecardium*, *Paracardium*, *Praelucina* und *Pleurodonta*, und es tritt zunächst die Frage auf, ob all die Muscheln, welche man mit diesem Namen belegt,

---

Möglichkeit einer Umgestaltung von Rippenendigungen zu einem mechanisch als Schloss wirkenden Zahnapparate. Ein wesentlicher Unterschied zwischen der Entwicklung von *Brachydontes* und derjenigen bei den Palaeoconchen liegt darin, dass bei ersterem das Ligament innerhalb, bei den letzteren ausserhalb der Zahnreihe gelegen ist. Vergl. die Abbildung in Neumayr, Morphologie des Bivalvenschlosses, Taf. 2, Fig. 6.

[1] Vergl. für diese und die folgenden Angaben Barr. Tab. 359, 360.
[2] Conrath gibt als Hauptmerkmal seiner Familie der Praecardiiden an, dass die Zähne hinter dem Wirbel stehen, was wenigstens für *Paracardium modestum* nicht zutrifft.

mit diesem Merkmale ausgestattet waren. *Antipleura* ist eine ausnahmsweise charakteristische Gattung unter den Palaeoconchen, von welcher nur 2—3 Arten bisher bekannt geworden sind; [1] nur eine Art, *Antipleura bohemica*, kommt häufiger vor und hat Schlosszähne gezeigt; die beiden anderen Formen sind sehr selten und was die Schlossbildung anlangt nicht näher untersucht, es ist aber kein wesentlicher Grund für die Annahme vorhanden, dass sie anders gebaut waren, als die typische Form.

Anders verhält es sich mit der Gattung *Dualina*; unter diesem Namen fasst Barrande durch Ungleichklappigkeit und entgegengesetzte Drehung der Wirbel in beiden Klappen ausgezeichnete Formen zu einer ebenfalls verhältnissmässig sehr charakteristischen Gattung zusammen, zu welcher er etwa 100 verschiedene Arten des böhmischen Silur stellt. Nach Conrath dürfte aber die Artenzahl sehr erheblich grösser sein, indem Barrande wahrscheinlich zahlreiche isolirte Klappen von Dualinen, bei denen die Ungleichklappigkeit natürlich nicht nachgewiesen werden konnte, zu der Gattung *Puella* und wohl auch zu *Praecardium* und *Paracardium* gebracht haben dürfte. In dieser sehr grossen Zahl ist die charakteristische Schlossbildung nur bei zwei Arten, bei *Dualina bohemica* und *excisa* nachgewiesen. Es ist daher jedenfalls eine nicht ganz unbedenkliche Verallgemeinerung, wenn man annimmt, dass alle die zahlreichen Formen, welche nach den äusseren Gestaltungsverhältnissen zu *Dualina* gerechnet werden oder werden müssten, in der Entwicklung der Zähne mit einander übereinstimmen. Dazu kömmt, dass auf manchen der Barrande'schen Zeichnungen von Dualinen sehr zarte Rippen bis in die Nähe der Schlossgegend zum Schalenrand herabziehen, womit das Vorhandensein einer Verankerung kaum vereinbar ist, wie sie Conrath bei seinen zwei Arten nachgewiesen hat; ferner ist bei mehreren Formen ein gerader und unausgerandeter Schlossrand so bestimmt gezeichnet ist, dass man an der Richtigkeit der Darstellung nicht wohl zweifeln kann.

Bei *Praelucina* ist die Kerbung des Angelrandes nur bei einer Art bekannt; von *Pleurolonta* ist überhaupt nur eine Art beschrieben. Anders verhält es sich mit *Praecardium* und *Paracardium*; aus diesen zwei sehr nahe mit einander verwandten Sippen zählt Barrande 93 Arten auf, ausserdem sind noch einige weitere aus Franken, Frankreich, Russland und Nordamerika bekannt; übrigens dürften sich manche dieser Formen als isolirte Klappen von Dualinen herausstellen. Gerade hier ist nun die Zahl der Arten, bei welchen die Zähne angegeben werden, verhältnissmässig gross und darf auf 15 veranschlagt werden; man könnte dadurch veranlasst werden, hier an ein allgemeines Vorhandensein dieses Merkmales zu glauben; allein eine genauere Betrachtung der zahlreichen Abbildungen bei Barrande zeigt, dass diess nicht richtig wäre, indem wir gerade hier alle möglichen Abstufungen von einfachem Auftreten von Rippen in der Cardinalregion bis zur Hervorbringung einer wirklichen Zahnreihe finden. Berücksichtigen wir weiter, dass innerhalb einer und derselben Art oder wenigstens innerhalb eines Formencomplexes, der in Gestalt und Verzierung nicht den mindesten Unterschied erkennen lässt, tief greifende Abweichungen in der Scharnierverbindung vorkommen [2], so wird man kein anderes Urtheil fällen können, als dass den Ausrandungen des Schlossrandes bei den Palaeoconchen nicht jener hohe Grad von Constanz zukömmt, welchen die Schlosszähne anderer Muschelabtheilungen besitzen.

Fassen wir das Ergebniss der Auseinandersetzungen über die Scharnierbildung bei den Palaeoconchen zusammen, so ist neben der schon betonten Formeigenthümlichkeit namentlich hervorzuheben, dass eine Bezahnung nur bei einer geringen Minderzahl bekannt ist, und zwar unter Verhältnissen, welche die zahnlose Entwicklung mit Sicherheit als die ursprüngliche erkennen lassen, und dass die Entstehung der Auszahnungen aus modificirten Sculpturelementen wenigstens in einer Anzahl von Fällen bestimmt nachweisbar ist.

---

[1] Barrande beschreibt zwei Arten, *Antipleura bohemica* und *translata*; als eine dritte Art dürfte hinzuzufügen sein *Praecardium interpolens* Barr. a. a. O. Tab. 87, VI, 4—6. Auch die als *Vlasta pulchra* (a. a. O. Tab. 9, I, Fig. 1—6) abgebildete Form ist unzweifelhaft eine *Antipleura*, und dürfte einer neuen Art dieser Gattung angehören.

[2] *Praecardium primulum* Barr. Tab. 359. — *Paracardium delicatum* Barr. Tab. 360.

Typen der Palaeoconchen.

Die Schlossentwicklung, welche sonst bei jeder Gruppirung von allergrösster Wichtigkeit ist, kann hier zu diesem Zwecke nur wenig verwendet werden, da einerseits zu wenig über diesen Gegenstand bekannt ist, die betreffenden Merkmale andererseits nicht genügende Beständigkeit zu zeigen scheinen. Wir sind meist auf Gesammthabitus, Umriss und Verzierung angewiesen, die allerdings nicht ganz verlässliche Anhaltspunkte bieten.

Die Palaeoconchen mögen etwa folgendermassen eingetheilt werden:

1. **Vlastiden.** Schale stark ungleichklappig, mit vorspringendem Wirbel; Oberfläche glatt oder mit vorwiegend concentrischer Sculptur. Schalenränder auf der Oberseite in zwei flachen Bogen geschweift, die unter dem Wirbel in einem stumpfen einspringenden Winkel zusammenstossen. *Vlasta* Barr., *Dux* Barr.

2. **Cardioliden.** Schale gleichklappig, hoch gewölbt, quer eiförmig, mit stark vorspringenden Wirbeln. Oberfläche ganz oder nur in der Wirbelgegend mit kräftiger concentrischer Sculptur versehen, zu der sich meist noch Radialsculptur gesellt. Schloss zahnlos. *Cardiola* Brod., *Gloria* Barr.

3. **Antipleuriden.** Schale stark ungleichklappig mit vorwiegender Radialsculptur; kein stumpf einspringender Winkel unter dem Wirbel; häufig mit in einander greifenden Auszahnungen des Schlossrandes. *Antipleura* Barr., *Dualina* Barr., *Dalila* Barr.

4. **Lunulicardiiden.** Gleichklappig oder ungleichklappig, sehr ungleichseitig, mit dreieckigem Umrisse, langer, gerader Schlosslinie, endständigen Wirbeln, und abgestutzter, von Kanten begrenzter, eingesenkter, concaver, ebener oder etwas erhabener Vorderseite („Lunula"). Schale sehr dünn, Ligament, Schloss, Muskeleindrücke und Mantellinie unbekannt. *Lunulicardium* Mü., *Amita* Barr., *Materenla* Barr., *Mila* Barr.

5. **Praecardiiden.** Gleichklappig mit (meist kräftiger) Radialsculptur. Bisweilen mit *Arca*- und taxodontenähnlicher Auszahnung des Schlossrandes. *Praecardium* Barr., *Paracardium* Barr., *Puella* Barr., *Buchiola* Barr., *Praelucina* Barr., *Regina* Barr., *Praelima* Barr., *Pleurodonta* Conrath, *Pararca* Hall.

6. **Siluriniden.** Schale annähernd kreisförmig, vermuthlich gleichklappig, ungleichseitig, mit sehr unentwickelten Wirbeln, auf einer Seite (vorne?) mit einer vom Wirbel dem Rande entlang verlaufenden Falte. Sculptur kaum sichtbar, radial. *Silurina* Barr.

7. **Protomyiden.** Schale gleichklappig, ungleichseitig, querverlängert, Wirbel mehr oder weniger nach vorne gerückt, Umriss abgerundet, Sculptur fehlend oder aus unregelmässigen concentrischen Streifen oder Wellen bestehend. Habitus desmodontenartig. *Anthracomya* Salt., *Broeckia* Kon., *Cardiomorpha* Kon., *Chaenomya* Meek et Hayd, *Clinopistha* Meek et Worthen, *Elymella* Hall, *Edmondia* Kon., *Entylesma* Hall, *Glossites* Hall, *Isocalia* M'Coy, *Leptodomus* M'Coy, *Palaeanatina* Hall, *Protomya* Hall, (?) *Solenomya* Lam., *Tellinopsis* Hall?

8. **Solenopsiden.** Schale gleichklappig, stark ungleichseitig, lang gestreckt, mit weit nach vorne geschobenen Wirbeln und ziemlich geradem, annähernd parallelen Ober- und Unterrand und eckigem Umriss. Eine Rippe, Kante oder Furche vom Wirbel nach der hinteren, unteren Ecke oder wenigstens in deren Nähe ziehend, zu deren beiden Seiten die Sculptur in der Regel etwas verschieden ist. *Orthodesma* Hall et Whitf., *Orthonota* Conrad, *Sanguinolites* M'Coy, *Solenopsis* M'Coy, *Palaeosolen* Hall (von *Solenopsis* wohl nicht verschieden), *Cimiteria* Hall, *Pholadella* Hall, *Prothyris* M'Coy (*Phthonia* Hall).

9. **Grammysiiden.** Schale gleichklappig, sehr ungleichseitig, mit endständigen, vorspringenden Wirbeln, und sehr entwickelter, deutlicher Lunula. Vom Wirbel verlaufen mehrere Furchen oder Rippen nach hinten und unten. Muskeleindrücke etwas ungleich. *Grammysia* Vern.

10. **Posidonomyiden.** Schalen sehr flach, gleichklappig, ungleichseitig, rundlich oder schief; Wirbel kaum vorragend; mit kurzer gerader Schlosslinie. Oberfläche mit breiten concentrischen Falten. *Posidonomya* Bronn, *Steinmannia* Fischer.

11. **Daonelliden.** Schalen sehr flach, gleichklappig, ungleichseitig, schief mit langer gerader Schlosslinie, mit zahlreichen radialen Rippen oder Furchen. *Halobia* Bronn, *Daonella* Mojs.

Als einen ersten Typus der Palaeoconchen betrachte ich die beiden Gattungen *Vlasta* Barr. und *Dux* Barr. Es sind sehr dünnschalige Formen mit ziemlich entwickelten Wirbeln; die Schalenoberfläche ist bald glatt oder nach Myaciten-Art mit unregelmässigen, concentrischen Runzeln bedeckt, bald mit einer Sculptur versehen, in welcher radiale und concentrische Elemente sich kreuzen, wobei aber die letzteren in der Regel vorherrschen. Der zahnlose Schlossrand, der allerdings nur selten erhalten ist, verläuft in der Art, dass er sowohl von vorne, als von hinten bis zum Wirbel einen allerdings flachen, nach unten convexen Bogen bildet; die beiden Bogen stossen unter dem Wirbel in einem sehr stumpfen, einspringenden Winkel zusammen. Denken wir uns die beiden Klappen aneinandergefügt, so können demnach die Schalenränder nicht zusammenpassen, und namentlich unter dem Wirbel muss eine klaffende Lücke bleiben. Es ist darin ein Merkmal gegeben, welches die Familie der Vlastiden von allen anderen Muscheln unterscheidet.

Von den beiden hierher gehörigen Gattungen ist die eine, *Vlasta*, durch wenigstens im Alter verlängerte Gestalt und sehr stark entwickelte eingerollte Wirbel ausgezeichnet. Eigenthümlich sind die Änderungen des Umrisses, welche die Formen erleiden; in der Jugend sind dieselben ziemlich gleichseitig und kaum verlängert, erst im Laufe des Wachsthums geht bei den meisten eine vollständige Umgestaltung vor sich; dabei wird bei der Mehrzahl der Arten die an der Einrollung der Wirbel leicht kenntliche Vorderseite [1], welche überdies fast immer gekantet und geschnabelt ist, die längere, bei einigen wenigen Arten ist aber die Hinterseite die längere; bei einigen ist eine Drehung der Wirbel nach einer bestimmten Richtung überhaupt nicht vorhanden.

Man hat noch nie ein vollständiges Exemplar der Gattung *Vlasta* gefunden, bei welchem beide Klappen im Zusammenhange mit einander wären, eine Erscheinung, welche bei der oben geschilderten Beschaffenheit des Schlossrandes nicht befremden kann. Wenn man nun die verschiedenen Klappen nach Form, Sculptur und anderen Merkmalen in Arten zu sondern sucht, so findet man, dass jeder der verschiedenen Typen, die man unterscheiden kann, entweder nur in rechten oder nur in linken Klappen vorhanden ist. Es kann das auf zweierlei Weise erklärt werden; entweder sind die Muscheln ungleichklappig oder antipleural (vergl. unten bei Besprechung der Gattung *Antipleura*); gegen die letztere Annahme spricht sehr entschieden die einseitige opisthodete Anordnung des Ligamentes. Überdiess lassen sich in gewissen Fällen geradezu die zu einander gehörigen Klappen mit grösster Wahrscheinlichkeit bezeichnen. In einer bestimmten Bank der böhmischen Obersilurstufe E_2, welche alle Reste von *Vlasta* geliefert hat, kommen zwei der Grösse und Form nach sich genau entsprechende Arten gleich häufig, weit zahlreicher als andere Arten derselben Gattung vor, nämlich *Vlasta bohemica* und *pulchra*, von denen die erstere nur in linken, die letztere nur in rechten Klappen vorhanden ist, und man kann sie in Folge dessen mit Bestimmtheit als zusammengehörig bezeichnen. Der Unterschied zwischen beiden Klappen besteht darin, dass die rechte (*Vl. pulchra*) mit kräftigerer Sculptur, namentlich auch mit Radialrippen versehen ist. [2]

Die Gattung *Dux* Barr. (*Veroda*) ist der vorigen nahe verwandt, aber der Umriss der Schalen ist kürzer, annähernd kreisförmig, namentlich aber ist die Bildung der Wirbel eine abweichende, indem dieselben plump zitzenförmig und ungedreht vorspringen; die Ungleichklappigkeit ist in derselben Weise wie bei *Vlasta* vorhanden.

Diese Familie der Vlastiden [3], welche bis jetzt fast ganz auf die böhmische Obersilurstufe E_2 beschränkt scheint, hat gewisse äussere Ähnlichkeit mit manchen jüngeren Gattungen aus der Ordnung der Desmodonten;

---

[1] Die Orientirung von Vorder- und Hinterseite ist nach der Lage der Ligamentgrube bei *Vlasta pulchra* sichergestellt. Barr. Tab. 9, Fig. 1, 10.

[2] Barrande hat auf diese Verhältnisse aufmerksam gemacht und hervorgehoben, dass dadurch die Zusammengehörigkeit von *Vlasta bohemica* und *pulchra* wahrscheinlich werde. Trotzdem entschied er sich gegen diese Annahme auf Grund eines vermeintlichen Jugendexemplares von *Vlasta pulchra*, welches beide Klappen mit antipleuraler Wirbelstellung zeigt. (A. a. O. Tab. 9, Fig. X, 1—6.) Dies beruht aber auf einem Irrthum, da das Stück eine *Antipleura* ist.

[3] Manche der glatten Muscheln, die Barrande aus dem böhmischen Silur unter dem Namen *Isocardia* beschrieben hat, zeigen viele Ähnlichkeit mit *Vlasta*, scheinen aber wenigstens theilweise gleichklappig.

Barrande hielt sie für nahe mit *Pholadomya* verwandt, doch ist, abgesehen von allen anderen Merkmalen in der Ungleichklappigkeit ein sehr auffallender Unterschied vorhanden. Eher könnte man sich durch die Ungleichheit der Klappen und die Schnäbelung des einen Endes an *Thracia* erinnert finden, allein bei *Thracia* ist das Hinterende geschnäbelt, bei *Vlasta* das Vorderende, Mantelbucht und Ligamentlöffel fehlen der letzteren Gattung, vor Allem aber ist in der Zusammenfügung der Schalen unter dem Wirbel ein fundamentaler Unterschied gegeben.

Als eine zweite Familie der Palaeoconchen schliessen wir an die Vlastiden eine Gruppe von Formen, welche nach R. Hörnes mit dem Namen der Cardioliden bezeichnet werden soll; dieselbe umfasst einen Theil derjenigen Arten, welche man früher in der Regel in der Gattung *Cardiola* zusammengefasst hatte. Man hatte sich allmählig daran gewöhnt, in dieses Genus die verschiedenartigsten palaeozoischen Muscheln mit ausgesprochener Oberflächenverzierung zu stellen, in erster Linie solche, bei welchen radiale und concentrische Sculptur sich in annähernd gleicher Stärke kreuzen, oder die concentrischen vorwiegen, dann aber auch andere, bei welchen Radialrippen vorherrschen. So kam es, dass die verschiedenartigsten Typen zusammengefasst wurden, welche wir heute auf die Familien der Cardioliden und der Praecardiiden vertheilen.

Eine Besserung dieses Zustandes brachte Barrande's grosses Werk über die Silurzweischaler Böhmens, in welchem er die Gattung *Cardiola* auf die Gruppe der *Cardiola cornu copiae* Goldf. (*interrupta* Sow.) beschränkte, für die Gruppe der *Cardiola fibrosa* Sow. eine neue Gattung *Gloria* (*Slava*) einführte und *Cardiola retrostriata* als *Buchiola* abtrennte.[1] Wir folgen seinem Beispiele, vereinigen aber nur die beiden Genera *Cardiola* und *Gloria* in der Familie der Cardioliden, mit welcher *Buchiola* keine nähere Beziehung zeigt; diese letztere schliesst sich im Gegentheile an die Familie der Praecardiiden an.

Die Hauptmerkmale der Cardioliden, welche im Silur und Devon verbreitet sind, bestehen in hoch gewölbter, gleichklappiger, wenig ungleichseitiger, quer eiförmiger Schale, mit stark vorspringenden Wirbeln; die Sculptur besteht in kräftiger, concentrischer Faltung, welche bald die ganze Schale bedeckt, bald auf einen Theil derselben oder auch nur auf die Wirbelregion beschränkt ist; häufig gesellt sich dazu noch kräftige Radialverzierung. Schlosszähne sind trotz vieler Bemühungen nie nachgewiesen worden, und scheinen vollständig zu fehlen.

Die beiden Gattungen *Cardiola* und *Gloria* sind zwar nahe mit einander verwandt, aber dennoch in ihren Extremen auffallend von einander verschieden; *Cardiola* hat ziemlich regelmässigen quer eiförmigen Umriss, und das Wachsthum erfolgt vom Wirbel bis zu den Rändern in normaler und gleichmässiger Weise. Die Verzierung ist eine charakteristische; sie besteht aus concentrischen und radialen Rippen, welche sehr viel breiter sind, als die scharf und tief eingeschnittenen Furchen zwischen den Rippen: durch dieses System sich kreuzender Linien zerfallen die Rippen in einzelne Knoten, welche je nach der oft unregelmässigen Entfernung der concentrischen Falten von einander bald quadratisch, bald in Länge gezogen, bald niedergedrückt erscheinen. Bisweilen treten allerdings die concentrischen Falten zurück, ohne aber ganz zu verschwinden; bei einzelnen Arten fehlen die Radialrippen. Unter dem Wirbel ist eine bald längere, bald kürzere gerade Schlosslinie vorhanden, über die sich eine dreieckige Bandarea von wechselnder Grösse erhebt; diese ist bald horizontal gestreift, bald zeigt dieselbe verticale Rippen.

Ganz anderes Aussehen zeigt die Gattung *Gloria*; das augenfälligste Merkmal besteht hier in der Unregelmässigkeit des Wachsthumes, indem die Wirbel und der obere Theil der Schale ganz anders gebildet sind als die äusseren Partien; Wirbel und Randausbreitung stehen in scharfem Gegensatze. Die Wirbelregion ist sehr stark aufgetrieben, die beiden Wirbel sind entweder kegelförmig und ragen unter einem Winkel von etwa 60° divergirend gerade hervor, oder sie sind eingerollt und niedergebogen; die Verzierung stimmt mit derjenigen von *Cardiola* überein. Die Randausbreitung dagegen ist verhältnissmässig flach und nur mit feiner Radialstreifung versehen. Dieser Gegensatz tritt natürlich bei alten, ausgewachsenen Exemplaren am stärksten hervor, und hier sieht es geradezu aus, als hätte man irgend einer flachen Muschel den Wirbel weggeschnitten

---

[1] A. a. O. S. 32, 151.

und an dessen Stelle eine *Cardiola* gesetzt. Zu diesem Hauptmerkmale gesellt sich noch das Fehlen einer Area und einer geraden Schlosslinie, sowie das Vorhandensein einer seichten, radialen Einsenkung auf einer der zwei Klappen.

Die Frage nach den Beziehungen der Cardioliden zu anderen Abtheilungen der Muscheln hat die Palaeontologen schon mehrfach beschäftigt; die ursprüngliche Ansicht, dass man es mit Verwandten der Cardien zu thun habe, ist allseitig aufgegeben worden. Von anderer Seite wurde *Cardiola* zu den Muscheln mit Reihenzähnen, und zwar zu den Arcaceen gestellt, wofür das Vorhandensein einer dreieckigen Bandarea, sowie die Auffindung von Schlosszähnen bei *Cardiola tenuistriata* Mü. aus dem Devon des Petschoralandes [1] zu sprechen schien; allein das betreffende Exemplar zeigt nach der Abbildung bei Keyserling keine typischen Reihenzähne, wie sie den Arcaceen eigen sind, sondern es greifen nur Rippenenden unter den Wirbel, wie es oben bei *Praecardium*, *Paracardium* u. s. w. geschildert wurde. Überdies ist *Cardiola tenuistriata* überhaupt keine *Cardiola*, sondern dürfte zur Gattung *Paracardium* gehören. In Wirklichkeit fehlen den Cardioliden die Schlosszähne, wenn auch bei manchen Exemplaren von *Cardiola alata* Barr., *eximia* Barr., *fluctuans* Barr., *consanguis* Barr., *cornucopiae* Goldf., *Bohemica* Barr., *conformis* Barr. senkrechte oder vom Wirbel nach abwärts strahlende Streifung vorhanden ist. [2] Das wesentlichste Merkmal der Arcaceen und der Taxodonten überhaupt fehlt demnach, und das Auftreten einer dreieckigen Bandarea kann durchaus nicht als entscheidend angesehen werden, zumal eine solche auch bei anderen Palaeoconchen auftritt.

In neuester Zeit hat Frech [3] die Einreihung von *Cardiola* bei den Aviculiden für wahrscheinlich erklärt; die Gründe für diese Auffassung sind in der bis jetzt erschienenen vorläufigen Notiz nicht angegeben, und daher deren Beurtheilung nicht möglich. Ich kann in Form, Verzierung u. s. w. nichts finden, was an die Aviculiden erinnert; es könnte sich nur um die Bandarea handeln, aber auch diese ist durchaus nicht entscheidend, ja dreieckiger Umriss der Area ist bei den Aviculiden überhaupt keine normale Erscheinung.

Ich selbst habe schon vor einigen Jahren die Gattung *Cardiola*, allerdings nur mit sehr kurzer Begründung, zu den Palaeoconchen gestellt [4], und Steinmann hat sich dieser Ansicht angeschlossen. [5] Zunächst spricht hiefür das negative Moment, dass die Cardioliden in keine andere Abtheilung der Muscheln eingepasst werden können; bei den Palaeoconchen dagegen passt nicht nur die Diagnose, wie sie oben von dieser Ordnung gegeben wurde, gut auf die Cardioliden, sondern es lässt sich auch ausgesprochener Verwandtschaft zu anderen Palaeoconchen erkennen; die Arten von *Cardiola*, bei welchen die concentrische Faltung am wenigsten hervortritt, schliessen sich an die Praecardiiden an, so dass R. Hörnes mit Recht auf Beziehungen nach dieser Richtung hinweisen konnte. [6] Auf der anderen Seite zeigen die extremsten Formen von *Gloria* Anklänge an die Familie der Vlastiden, wie wir sie oben kennen gelernt haben. Der zitzenförmig vorspringende Wirbel der Gattung *Dux* steht in ähnlichem eigenthümlichem Gegensatze zu den flachen Haupttheile der Muschel, wie er bei *Gloria* zwischen Wirbel und Randausbreitung vorhanden ist; allerdings ist der Wirbel bei *Dux* im Verhältnisse viel kleiner. Auch bei *Vlasta* tritt eine merkwürdige Umgestaltung der Schale ein, und man kann sie mit den *Gloria*-Formen mit niederliegendem, eingerolltem Wirbel vergleichen. Dazu gesellt sich, dass bisweilen bei *Vlasta* concentrische Falten, namentlich in der Wirbelregion vorkommen, was ebenfalls an *Gloria* erinnert. Der Verlauf der Schalenränder bei letzterer Gattung ist zwar nicht ganz genau bekannt, doch scheinen einige der Abbildungen bei Barrande auf das Vorhandensein eines ähnlichen Ausschnittes zu deuten, wie er bei *Vlasta* und *Dux* vorhanden ist. (Barr., Tab. 155, Fig. 22, 136.) Ich bin daher der Ansicht, dass trotz aller Verschiedenheit beim ersten Anblicke die Gattung *Gloria* doch nahe mit den Vlastiden zusammenhängt.

---

[1] v. Keyserling, Petschoraland: Taf. 11. Fig. 1.
[2] Die Erscheinung ist wenig beständig, bald sind horizontale, bald radiale Streifen auf der Area, bald ist keines von beiden zu sehen; vermuthlich handelt es sich hier nicht um wirkliche, sondern nur um Unterschiede, die im Erhaltungszustande und in dem Grade der Abwitterung begründet sind.
[3] Fr. Frech, über devonische Aviculiden und Pectiniden; Zeitschr. d. deutsch. geolog. Gesellsch. 1878. S. 362.
[4] Zur Morphologie des Bivalvenschlosses. A. a. O. S. 391.
[5] Steinmann, Elemente der Palaeontologie, S. 238.
[6] R. Hörnes, Elemente der Palaeontologie, S. 223.

In ihrem Vorkommen allerdings bieten Cardioliden und Vlastiden einen starken Gegensatz, denn während die letzteren bisher ganz auf die böhmische Silurstufe E_2 beschränkt scheinen [1] und selbst hier fast nur in einer wenig mächtigen Kalklage an der Localität Dworetz vorkommen, gehören manche Cardioliden und namentlich *Cardiola cornucopiae* und *Gloria fibrosa* zu den verbreitetsten Leitmuscheln des Silur. Dem Silur gehört die Hauptmasse der Cardiolen an, im Devon sind sie nicht stark vertreten. Die meisten als *Cardiola* aus dem Devon ausgeführten Arten gehören zu den Praecardiiden.

Zu einer dritten Familie, welche den von Conrath vorgeschlagenen Namen der Dualiniden führen mag, fassen wir die drei Gattungen *Antipleura* Barr., *Dualina* Barr. und *Dalila* Barr. zusammen. Gleich den Vlastiden sind sie durch meist sehr ausgesprochene Ungleichheit der beiden Klappen charakterisirt, sie unterscheiden sich aber durch den Mangel eines in beiden Klappen gleichmässig auftretenden Ausschnittes unter den Wirbeln, an welchem die Schalen klaffen, sowie durch das Vorherrschen radialer Sculptur auf der Oberfläche.

Die erste Gattung, welche wir hierher rechnen, ist die nur durch wenige Arten in der böhmischen Silurstufe E_2 vertretene Gattung *Antipleura*. Es war schon früher von der eigenthümlichen Schlossbildung bei diesen Formen die Rede, bei welcher Auskerbungen des Schalenrandes, nicht normale Schlosszähne der Schlossplatte in einander greifen.

Eine andere sehr eigenthümliche Erscheinung macht sich in der äusseren Gestalt geltend. Wenn wir ein vollständiges, mit beiden Klappen erhaltenes Exemplar von *Antipleura* betrachten, so sehen wir nämlich, dass im Gegensatze zu Allem, was wir bei anderen Muscheln (mit Ausnahme von *Dualina*) zu finden gewöhnt sind, die beiden Wirbel in entgegengesetzter Richtung gedreht und die ziemlich schiefen Schalen auch nach entgegengesetzten Richtungen geneigt sind. Dadurch macht die Form den Eindruck ausgesprochener Ungleichklappigkeit; in Wirklichkeit kann man von solcher nicht sprechen, denn wenn man die beiden Klappen eines und desselben Individuums neben einander sieht, so überzeugt man sich davon, dass sie vollständig congruent sind. Die Wirbel sind stark gedreht und man glaubt entweder zwei rechte oder zwei linke Klappen von genau mit einander übereinstimmenden Exemplaren vor sich zu haben; es sind aber zusammengehörige Schalen, von denen, wenn sie zusammengefügt sind, der Wirbel der einen nach der einen, jener der anderen nach der anderen Seite eingebogen ist. Bei der häufigsten Art, *Antipleura bohemica*, kommen auch Exemplare vor, welche auseinandergelegt zwei rechte Schalen darzustellen scheinen, und umgekehrt solche, welche zwei linke Klappen vorstellen. Unter solchen Verhältnissen ist vorn und hinten an diesen Formen nicht zu unterscheiden, zumal man von der Lage des Bandes nichts erkennen kann; vermuthlich war dasselbe in amphideter Stellung. Conrath hat für die Entwicklung der Wirbel, bei welcher diese in beiden Klappen nach entgegengesetzter Richtung gedreht sind, den Namen „antipleural" vorgeschlagen, und es wird sich empfehlen eine derartige kurze Bezeichnung anzunehmen.

Nach anderer Richtung bieten die Merkmale von *Antipleura* wenig Bemerkenswerthes dar; der Umriss ist annähernd kreisrund bis eiförmig, die Oberfläche mit feinen Radialrippen bedeckt, zu denen sich bei einzelnen Arten auch wenige concentrische Reife gesellen. Einzelne Klappen von *Antipleura* sind Jugendexemplaren von *Vlasta* ähnlich, aber die Schloss-region ist verschieden gebildet und überdies ist bei letzterer Gattung keine antipleurale Anordnung vorhanden; immerhin scheinen *Vlasta* und *Antipleura* verwandt.

Im Gegensatze zu *Antipleura* ist *Dualina*, wie oben erwähnt, überaus artenreich, wobei es allerdings zweifelhaft bleibt, ob *Dualina* als einheitliche Gattung wird aufrecht erhalten bleiben können. Die grosse Mehrzahl der Formen stammt aus dem böhmischen Obersilur und namentlich aus E_2; eine Art ist aus dem böhmischen Devon (F_1) beschrieben, und ausserdem wird das Vorkommen einiger Vertreter aus dem Silur der Alpen [2] ferner aus Franken, Frankreich und von der Insel Sardinien erwähnt.

---

[1] Mit Ausnahme des überaus seltenen *Dar. eesul*, welcher in F_1 vorkömmt.
[2] Stache, Verhandl. geol. Reichsanst., 1879, S. 217.

Die Schlossbildung von *Dualina* wurde schon besprochen; einzelne Arten verhalten sich wie *Antipleura*, von einzelnen ist das Fehlen einer derartigen Schlossbildung sehr wahrscheinlich, für die grosse Mehrzahl fehlt jeder Anhaltspunkt für ein Urtheil.

Die äussere Gestalt ist manchen Veränderungen unterworfen; bei wechselndem, rundem, elliptischem bis dreieckigem Umrisse sind die beiden Schalen stets ungleich gewölbt, indem die eine mehr aufgetrieben, die andere mehr abgeplattet erscheint; doch ist der Grad, in welchem diese Eigenthümlichkeit auftritt, von Art zu Art sehr verschieden; während bei vielen die Abweichung zwischen beiden Klappen sehr gross ist, erscheint sie bei anderen kleiner und bei wieder anderen sehr gering und kaum merkbar, und auf diese Weise wird ein ziemlich vollständiger Übergang zu der Familie der Praecardiiden hergestellt.

Bei manchen Dualinen ist nur die Stärke der Wölbung in beiden Klappen ungleich, bei anderen gesellt sich aber dazu auch ausgesprochen antipleurale Bildung, indem entweder nur die Wirbel nach entgegengesetzten Richtungen gedreht oder die ganzen Klappen in umgekehrtem Sinne schief erscheinen; die letzteren Formen schliessen sich aufs innigste an *Antipleura* an. Die Verzierung von *Dualina* besteht immer aus Radialrippen, die bald enger bald weiter stehen, bald stärker bald schwächer sind und denjenigen verschiedener Gattungen unter den Praecardiiden entsprechen.

Die dritte der hier genannten Gattungen, *Dalila* Barr., entfernt sich in Umriss und Verzierung etwas von *Dualina* und *Antipleura*; sie wird aber wegen der vorwiegend radialen, wenn auch schwachen Verzierung, der Ungleichklappigkeit und des augenscheinlichen Mangels eines Ausschnittes unter dem Wirbel am besten hierher gestellt, zumal auch Übergänge zwischen *Dalila* und *Dualina* vorhanden sind. Die Schalen sind gleichseitig, rund oder kurz elliptisch, mit sehr zahlreichen und feinen Rippen bedeckt. Das wichtigste Merkmal bildet die Ungleichheit der Klappen, von denen die eine ziemlich gewölbt, die andere abgeflacht ist; bei der letzteren Schale sind überdiess die Wirbel überaus schwach entwickelt, wie das nur bei sehr wenigen anderen Gattungen vorkömmt, während in der gewölbteren Klappe der Winkel kräftiger entwickelt, dann aber wie abgestuft ist und ein kleines, etwas vorspringendes, zitzenförmiges Ende trägt, welches demjenigen der Gattung *Dux* in verkleinertem Massstabe ähnlich ist. Allerdings sind diese Eigenthümlichkeiten bei manchen Arten stärker bei anderen schwächer ausgebildet, und die letzteren führen uns ganz allmählig zu der in ihren typischen Vertretern gleichklappigen Gattung *Praelucina* Barr., einer Angehörigen der Familie der Praecardiiden, hinüber.

Schlosszähne scheinen bei *Dalila* nicht vorhanden zu sein; wohl sind bei einem Exemplare in Barrande's Werk (Tab. 57, Fig. 3) unter dem Wirbel drei Cardinalzähne gezeichnet, doch ist die Zeichnung derselben so eigenthümlicher Natur, dass man eine falsche Auffassung des Zeichners vermuthen darf, zumal Barrande weder in der Diagnose von *Dalila* die Anwesenheit von Zähnen erwähnt, noch deren Vorhandensein an dem betreffenden Exemplare in der Tafelerklärung hervorhebt, was er sonst in derartigen Fällen niemals unterlässt.

Wir reihen an die Dualiniden die Familie der Lunulicardiiden an, welche zwar in ihrem Habitus von den normalen Palaeoconchen abweicht, aber doch zu den Dualiniden so enge Beziehungen zeigt, dass an deren Zusammengehörigkeit zu einer und derselben Ordnung nicht gezweifelt werden kann. Die Lunulicardiiden, zu welchen ich die Gattungen *Lunulicardium* Münst., *Patrocardium* Fischer, *Amita* Barr., *Maternula* Barr. und *Mila* Barr. rechne, haben dreieckige, meist gleichklappige, seltener ungleichklappige, sehr ungleichseitige Schale, indem der Wirbel ganz an das Vorderende gerückt ist; von diesem aus verläuft eine meist gerade, selten schwach gekrümmte Schlosslinie nach rückwärts; die Vorderseite ist abgestutzt, scharfkantig begrenzt und entweder ganz flach, oder eingesenkt, oder schwach erhoben. Man hat diese Fläche als eine Lunula

---

[1] Den Dualiniden schliesst sich möglicherweise die noch sehr unvollständig bekannte Gattung *Gibboplenra* Barr. aus dem böhmischen Devon (*G*) an; die quer eiförmigen, ungleichseitigen, radial gerippten Schalen sind dadurch ausgezeichnet, dass in der Nähe des muthmasslichen Vorderrandes eine stumpfe Kante verläuft. Bis jetzt sind von dieser Form nur linke Klappen gefunden worden, und es wird dadurch sehr wahrscheinlich, dass die Klappen entweder antipleural waren, oder dass die rechte Schale ungekantet und muthmasslich flacher war als die linke, und unter irgend einem anderen Namen, etwa als *Pucila (Paenka)* beschrieben worden ist. In beiden Fällen müsste *Gibboplenra* den Dualiniden beigestellt werden.

bezeichnet, und der Name der typischen Gattung ist davon abgeleitet, doch hat eine derartige Abflachung der Vorderseite mit dem, was man sonst als Lunula bezeichnet, nichts zu thun. Die Schale ist dünn; von Ligament, Schloss, Muskeleindrücken und Mantellinie konnte bisher nichts beobachtet werden.

Gewiss erinnern diese Formen durch ihre äussere Erscheinung, namentlich durch die ganz nach vorn geschobenen Wirbel und die daran anschliessende gerade Schlosslinie auf den ersten Blick zunächst an Mytiliden oder Aviculiden, am meisten wohl an die Ambonychien und ihre nächsten Verwandten; allein bei näherer Betrachtung ergibt sich doch kein Anhaltspunkt für die Annahme solcher Verwandtschaft. Soweit mir die palaeozoische Fauna bekannt ist, enthält sie auch nicht eine Art, welche in irgend einer Weise einen Übergang zwischen diesen Familien herstellte; der ganze Habitus der Lunulicardiiden ist eigenthümlich und auch eine so auffallend abgestutzte Vorderseite kommt unter den geologisch alten Mytiliden und Aviculiden nicht vor; diess hat wohl auch F. Frech veranlasst, sich gegen eine derartige Auffassung zu erklären.[1] Dass keinerlei Verwandtschaft zu *Cardium* vorhanden ist, an die man wohl auch gedacht hat, bedarf wohl keiner eingehenden Auseinandersetzung. Dagegen werden wir uns von dem Vorhandensein deutlicher Übergänge zu den Dualiniden überzeugen.

Die Gattung *Lunulicardium*, welche den Typus der ganzen Familie bildet, wurde vom Grafen G. Münster für einige Arten aus den obersilurischen Kalken des Fichtelgebirges aufgestellt[2], und seither wurden nahe verwandte Formen auch in anderen Gegenden gefunden. Die Normalform der Gattung stellt ein annähernd rechtwinkliges Dreieck dar, dessen rechten Winkel die Schlosslinie mit der Vorderseite bildet; die beiden Katheten sind gerade, die Hypothenuse ist gebogen und bildet einen Kreisquadranten, doch finden manigfache Abweichungen von dieser typischen Gestaltung statt. Das Hauptmerkmal bildet das Vorhandensein einer Byssusspalte an der Vorderseite, welche bei manchen Formen ziemlich fein ist, bei anderen dagegen, wie namentlich bei *Lunulicardium Carolinum* Barr., Tab. 241 und *L. capillorum* Barr., Tab. 236[3], aus dem böhmischen Obersilur ist ein sehr grosser Ausschnitt vorhanden[3], so dass man sich entfernt an *Triduena* erinnert fühlt; jedenfalls liegt aber keine wirkliche Verwandtschaft zu dieser Gattung vor; weit nähere Beziehungen bestehen zu der bekannten palaeozoischen Gattung *Conocardium*, auf deren Bedeutung wir später zurückkommen werden.

Die Zahl der bisher bekannten Arten von *Lunulicardium* ist ziemlich gering; in weit grösserer Menge finden sich namentlich im oberen Silur Böhmens Formen, welche in ihrer äusseren Erscheinung ganz mit *Lunulicardium* übereinstimmen, aber vorne ganz geschlossen sind und keinen Byssusausschnitt besitzen; sie wurden von Barrande theils zu *Lunulicardium* theils zu *Hemicardium* gestellt, doch können diese Namen nicht bleiben; der Unterschied von *Lunulicardium* wurde schon erwähnt, mit der lebenden Gattung *Hemicardium* ist überhaupt nur eine flüchtige, äussere Ähnlichkeit vorhanden; man kann für diese Typen etwa den von P. Fischer, allerdings in etwas anderem Sinne, gegebenen Namen *Patrocardium* verwenden.[5]

---

[1] Über devonische Aviculiden und Pectiniden; Zeitschr. deutsch. geol. Ges. 1888. Bd. 40, S. 352.

[2] Graf Münster, die Versteinerungen des Übergangskalkes mit Clymenien und Orthoceratiten von Oberfranken, Beiträge zur Petrefactenkunde 1840, Heft III, S. 69.

[3] Bei diesen beiden Arten kann das Vorhandensein des Ausschnittes aus dem Verlaufe der Anwachslinien auch nach der Abbildung mit Sicherheit gefolgert werden; vielleicht war ein solcher Ausschnitt auch bei *Lunulicardium constrictum* Barr. (u. a. O. Tab. 240) vorhanden, da aber hier keine Anwachsstreifen gezeichnet sind, so bleibt es zweifelhaft, ob man es nicht mit einer zufälligen Verletzung der Schale zu thun hat.

[4] Eine höchst auffallende Form ist das von Hall (a. a. O., Tab. 94, Fig. 24) abgebildete *Lunulicardium transversum* aus der Chemunggruppe von Nordamerika, bei welchem ein Ausschnitt von ganz kolossaler Grösse vorhanden ist. Nach der Zeichnung ist es mir allerdings sehr zweifelhaft, ob dieser Ausschnitt der Vorderseite angehört; ich möchte die erwähnte Form eher für den Vertreter einer neuen Gattung mit klaffender Hinterseite halten, jedenfalls aber ist die Lage der Öffnung eine höchst abnorme. Auch bei den anderen von Hall beschriebenen Lunulicardien ist mir die Richtigkeit der Gattungsbestimmung etwas zweifelhaft. Beiläufig sei bemerkt, dass Hall die hier als vorn gedeutete Seite der Lunulicardien, Conocardien u. s. w. als Hinterseite betrachtet; wir werden auf diese Frage später zurückkommen.

[5] Barrande hat die Formen mit etwas eingesenkter Vorderseite als *Lunulicardium*, diejenigen mit flacher Vorderseite als *Hemicardium* bezeichnet; für die letztere Gruppe hat P. Fischer den Namen *Patrocardium* vorgeschlagen, weil Übereinstimmung

Der Schlosswinkel ist bei diesen Formen vielen Schwankungen unterworfen; bisweilen wird derselbe spitz, und diejenigen Arten, bei welchen das in hervorragendem Maasse der Fall ist und gleichzeitig eine starke Verlängerung der Vorderseite eintritt, kann man wenigstens als eine selbstständige Untergattung unter dem Namen *Amita* ausscheiden.[1] Als eine eigenthümliche Erscheinung verdient hervorgehoben zu werden, dass bei einer Art, *Amita (Goniophora) Trilbyi* Barr., sich über der Kante, welche die Vorderseite begrenzt, ein sehr hoch vorspringender Schalenkamm erhebt, wie wir ihn ähnlich bei manchen Arten der Gattung *Conocardium* wiederfinden werden.

Nahe mit *Patrocardium* verwandt sind die beiden ungleichklappigen Gattungen *Mila* und *Materenta* aus dem böhmischen Obersilur; in Umriss und Sculptur steht *Mila* den Lunulicardien noch sehr nahe, doch sind die Wirbel ähnlich wie bei *Dualina* etwas ungleich gekrümmt; der hintere Flügel ist von der Schale durch eine Einsenkung getrennt, welche in beiden Klappen verschieden gestaltet ist. Dadurch ist die Gattungsberechtigung von *Mila* durchaus genügend begründet, doch ist die Verwandtschaft mit *Lunulicardium* noch sehr gross; erheblich geringer ist dieselbe bei der Gattung *Materenta*, welche zwischen Lunulicardiiden und Dualiniden in der Mitte steht, und fast eben so gut zu letzterer als zu ersterer Familie gestellt werden könnte. Die Sculptur ist hier schwach, die Einsenkung, welche den Flügel begrenzt, viel mehr nach vorn gerückt; den Anschluss an die Dualiniden vermittelt *Dualina secunda* Barr. aus Böhmen (a. a. O. Tab. 26), bei welcher die charakteristische Einsenkung von *Materenta* schon in schwacher Andeutung vorhanden ist.

Aller Wahrscheinlichkeit nach bilden die Lunulicardiiden die Stammgruppe, aus welcher sich die bekannten Conocardien der palaeozoischen Formationen entwickelt haben; der Nachweis hiefür wird weiter unten geliefert werden. Die Conocardien weichen in ihren Merkmalen zu sehr von den Palaeoconchen ab, um an dieser Stelle eingereiht werden zu können.

Während all die bisher besprochenen Formen der Palaeoconchen durch irgend einen oder den anderen hervorragenden Charakter ausgezeichnet waren, kommen wir mit der nächsten Familie der Praecardiiden zu jenen höchst indifferenten Typen, bei welchen alle Formen in einander zu verlaufen scheinen, die Gattungen kaum anders als nach reiner Willkür abgegrenzt werden können, und kein gemeinsames Merkmal von irgend welcher Bedeutung für die ganze Familie gefunden werden kann. Man kann für dieselbe kaum eine andere Definition geben, als die, dass hierher alle gleichklappigen, in keiner Weise abnorm gebildeten, vorwiegend radial gestreiften Palaeoconchen gehören, bei welchen concentrische Sculpturelemente höchstens in Gestalt ganz feiner Querlinien auftreten. Es können hierher gestellt werden die Gattungen *Praecardium* Barr., *Paracardium* Barr., *Panlla* Barr. (Panenka), *Buchiola* Barr., *Praelima* Barr., *Ragina* Barr. (Kralowna), *Praelucina* Barr., *Pleurodonta* Conrath; ferner muss hierher ein Theil der von Barrande als *Isocardia* beschriebenen Arten gerechnet werden. In früherer Zeit wurden hierher gehörige Formen meist als *Cardium* oder *Cardiola* beschrieben.

---

mit den recenten Hemicardien nicht vorhanden ist. Nachdem aber der Unterschied zwischen den vorne geschlossenen Lunulicardien Barrande's und *Patrocardium* viel zu gering ist, um eine generische Trennung zu rechtfertigen, so kann der Name *Patrocardium* auf die ganze Abtheilung übertragen werden.

[1] Barrande hat für einige der Patrocardien nahe stehende Formen die Gattungen *Amita*, *Spanila* und *Tenka* aufgestellt, doch kann keine derselben in ihrer ursprünglichen Fassung beibehalten werden; *Amita* und *Spanila* stehen einander sehr nahe und unterscheiden sich nur durch eine bei letzterer Sippe vorhandene, meist sehr schwache dem Schlossrande parallele Falte. Dieses Merkmal ist aber so wenig ausgeprägt, und bildet so wenig eine scharfe Grenze, dass man beide unmöglich von einander getrennt halten kann. Von *Patrocardium* würde dieser ganze Formencomplex nur durch sehr geringfügige Unterschiede in der Bildung der Vorderseite abweichen, die in keinem Falle zu generischer Sonderung berechtigen können; wohl aber sind *Amita*- und *Spanila*-Arten durch sehr spitzen Schlosswinkel und lange Vorderseite ausgezeichnet, und diese unter ihnen kann man wenigstens als Untergattung, für die ich den Barrande'schen Namen *Amita* in Anwendung bringe, von *Patrocardium* trennen. Derselben Untergattung müssen auch die meisten der von Barrande als *Goniophora* beschriebenen Arten, z. B. *G. Trilbyi*, *zephirina*, *phrygia*, *pusio* u. s. w. zugerechnet werden, welche mit den echten Goniophoren nur das Vorhandensein einer scharfen vom Wirbel ausgehenden Kante gemein haben; während aber bei *Goniophora* die Hinterseite sehr lang ist, verläuft bei den zu *Amita* gehörigen Formen die lange Kante vom Wirbel nach vorne und unten.

Tenka ist etwas kürzer und noch dünnschaliger als die normalen Patrocardia, doch ist kein durchgreifender Unterschied und kein Grund zu generischer Abtrennung vorhanden.

Über die Entwicklung von Area, Schlosslinie und Schloss wurde schon oben eingehend berichtet; bei manchen fehlt jede Spur von Schloss und Area, bei anderen, wenigeren, ist eine sehr entwickelte Area vorhanden; bisweilen reichen Rippen und Rippenendigungen entweder von einer oder von beiden Seiten bis unter die Wirbel und können sich hier zu einer Reihe neben einander stehender Anszahnungen des Schlossrandes entwickeln, eine Art von Reihenschloss bilden, dessen Zähne bald zu beiden Seiten des Wirbels, bald vor, bald hinter demselben stehen; diese Merkmale zeigen jedoch einen verhältnissmässig sehr geringen Grad von Beständigkeit, und ich würde es wenigstens auf dem heutigen Standpunkte unseres Wissens für undurchführbar halten, die mit Zähnen versehenen Praecardien, Paracardien und Praelucinen von denjenigen Formen generisch zu trennen, welchen dieser Charakter fehlt. Auf die theoretische Bedeutung des Auftretens derartiger Zahnreihen bei den in Rede stehenden Formen werden wir bei einer anderen Gelegenheit zu sprechen kommen.

Dass die einzelnen Gattungen der Praecardiiden, wie sie jetzt, gefasst sind, nur in recht oberflächlichen Merkmalen von einander abweichen, wurde schon früher erwähnt; unter dem Namen *Praecardium* fasst man Formen mit kräftigen Rippen zusammen, welche durch flache, breite Zwischenräume von einander getrennt sind; bei *Paracardium* sind die Rippen zahlreicher, schwächer und durch geringere Zwischenräume von einander geschieden; bei *Puella*, von welcher Gattung gegen 300 Arten aufgeführt werden, sind die Rippen etwas obsolet, niedrig und mässig breit, die Zwischenräume seicht und gewöhnlich sehr schmal, bisweilen aber auch ziemlich breit. *Pleurodonta* mit nur einer Art stimmt mit *Puella* überein, doch sind die Rippenendigungen des Schlossrandes zu Zahnkerben umgestaltet. *Praelima* ist nahe mit *Puella* verwandt, ist aber durch schmalen etwas an die Gattung *Lima* erinnerenden Umriss kennbar; die Wirbel sind ziemlich vorspringend. *Buchiola* (= *Glyptocardia* Hall), für die bekannte *Cardiola retrostriata* des Devon errichtet, ist durch sehr breite und starke Rippen ausgezeichnet, zwischen welchen sehr schmale, tiefe Furchen verlaufen; auf den Rippen ist eine eigenthümliche Querzeichnung bemerkbar. *Praelucina* ist durch flache Form und sehr schwache Radialstreifung charakterisirt. *Regina (Kralovna)* umfasst meist sehr grosse, breite Formen, bei welchen in der Regel schmale, weit auseinanderstehende Rippen von verschiedener Grösse mit einander abwechseln.

Diese kurze Aufzählung der Gattungen zeigt, wie geringen Werth die Merkmale derselben besitzen; auch wenn nicht nach den verschiedensten Richtungen die Übergänge beständen, z. B. zwischen *Praecardium* und *Paracardium*, zwischen diesen beiden und *Puella*, zwischen *Puella* und *Praelima*, zwischen *Puella* und *Regina*, selbst wenn diese Übergänge nicht da wären, könnte diesen Sippen nur wenig Bedeutung beigelegt werden. Da aber in Wirklichkeit alle einzelnen Gruppen aufs innigste miteinander zusammenhängen, so ist eine Möglichkeit, Gattungen auf wirklich rationeller Grundlage zu sondern, kaum vorhanden. Immerhin weichen manche der Formen habituell ziemlich stark von einander ab, und so mag es denn immerhin als zweckmässig gelten, solche Typen herauszugreifen und an sie die indifferenteren Vorkommnisse anzuschliessen.

Es muss das um so wünschenswerther erscheinen bei der riesigen Artenzahl, welche nach dem heutigen Zustande der Literatur auf mehr als 600 geschätzt werden kann. Barrande beschreibt aus Silur und Devon Böhmens folgende Arten:

Regina 61
Puella 236
Praecardium 45
Paracardium 48
Praelima 9
Praelucina 31
                              430

Dazu mögen noch etwa 30 Arten zu zählen sein, welche ebendaher unter den Namen *Isocardia* und *Cardium* beschrieben sind; so erhalten wir für Böhmen allein 460. Rechnen wir dazu noch all die Arten, welche in anderen palaeozoischen Gebieten vorkommen, so wird die oben angegebene Schätzung kaum als zu hoch gegriffen erscheinen.

Allerdings scheint es sehr geboten, zu sagen, dass diese Artenzahl nach dem heutigen Stande der Literatur vorhanden zu sein scheint; in Wirklichkeit werden sich die Verhältnisse etwas anders gestalten. In erster Linie dürfte eine erneuerte Bearbeitung der Formen aus Böhmen die Nothwendigkeit ergeben, die Zahl der Arten ganz gewaltig zu verringern. Dazu gesellt sich noch ein weiterer, sehr wichtiger Umstand. Wie schon früher erwähnt wurde, sind isolirte Schalen der ungleichklappigen Sippen *Dualina* und *Dalila* von solchen der Gattungen *Praecardium*, *Paracardium*, *Puella*, *Praelucina* überhaupt gar nicht zu unterscheiden; da man es nun in der sehr grossen Mehrzahl der Fälle mit einzelnen Schalen zu thun hat, so ist es in sehr hohem Grade wahrscheinlich, dass viele der böhmischen Praecardiiden-Arten auf einzelne Dualinidenklappen gegründet sind, und dass daher in Wirklichkeit je zwei solche sogenannte Arten als entgegengesetzte Klappen zu einer und derselben Dualinidenform gehören. In wie hohem Maasse dazu Gelegenheit gegeben ist, mögen einige Zahlen erläutern: von den 236 *Puella*-Arten Böhmens ist keine einzige in einem vollständigen Exemplare erhalten, bei welchem beide Klappen vereinigt sind[1], ebensowenig kennen wir ein solches von *Regina* oder *Praelima*, von *Paracardium* scheinen nur zwei Arten in vollständigen Exemplaren bekannt und nur bei *Praecardium* ist die Zahl etwas grösser: sie beträgt etwa 10.

Ein wie grosser Theil der heute zu den Praecardiiden gerechneten Formen bei vollständiger Kenntniss sich als Dualiniden erweisen würde, lässt sich natürlich nicht angeben, doch dürfte die Zahl der Arten eine beträchtliche sein: so betrachtet es Conrath als wahrscheinlich, dass die sämmtlichen aus der böhmischen Silurstufe E_2 beschriebenen *Puella*-Arten in Wirklichkeit zu *Dualina* gehören.

Schon die grosse Ähnlichkeit zwischen isolirten Schalen der Dualiniden und solchen der Praecardiiden weist auf verwandtschaftliche Beziehungen zwischen beiden Familien hin, aber auch Übergänge binden dieselben aneinander, indem Bindeglieder zwischen *Dalila* und *Dualina* einerseits und *Praelucina* anderseits, ferner zwischen *Dualina* und *Puella* und *Praecardium* vorhanden sind; dadurch, dass bei manchen Formen von *Dalila* und *Dualina* die Ungleichklappigkeit abnimmt, wird der Übergang vermittelt. Auch mit den Cardioliden sind innige Beziehungen vorhanden, indem diejenigen *Cardiola*-Arten, bei welchen die radialen Sculpturelemente am stärksten, die concentrischen am schwächsten entwickelt sind, sich den Praecardiiden soweit nähern, dass eine sichere Grenzziehung auch hier schwierig wird. So sehen wir, dass alle mit kräftiger Rippenbildung versehenen Palaeoconchen ein, wenigstens für unsere Augen zusammengehöriges Ganzes bilden. Aber auch über diesen Formenkreis hinaus reichen die engen, durch Übergänge vermittelten Beziehungen zu jenen typischen Gruppen der Palaeoconchen, bei welchen die Sculptur fehlt oder wenigstens nur sehr schwach entwickelt ist. Namentlich unter den ziemlich heterogenen Formen, welche Barrande mit dem Namen *Isocardia* belegt, die aber insgesammt mit der lebenden Gattung dieses Namens nichts zu thun haben, finden sich Formen, welche sich in der Sculptur innig an die Gattung *Puella* anschliessen; bei anderen werden dann diese Rippen schwächer und verschwinden, und wir gelangen dadurch zu Formen, welche den unten zu besprechenden Protomyiden und den Vlastiden sehr ähnlich sind (Vergl. bei Barrande: *Isocardia fortior* Tab. 119, *nigra* Tab. 117, *potens* Tab. 100, *profunda* Tab. 100, *procurata* Tab. 117, *major* Tab. 82, 248, *bohemica* Tab. 249.)

Das Vorhandensein einer derartigen Verbindung zwischen gerippten und glatten Palaeoconchen ist von Bedeutung für die Annahme, dass die genannte Ordnung wirklich ein bis zu einem gewissen Grade einheitliches Ganzes darstellt. Man hat versucht die glatten Palaeoconchen bei den Desmodonten unterzubringen, eine Ansicht, die wir später besprechen werden, während die Praecardiiden an die Seite der Cardien zu den Heterodonten gestellt wurden; mit den Cardien stimmt nur der allgemeine Habitus der Sculptur überein, die Schlossbildung ist durchaus verschieden, und da auch keinerlei geologische Continuität oder irgend ein Übergang zwischen beiden Gruppen vorhanden ist, so muss dem Zusammenhange zwischen gerippten und glatten Palaeoconchen gegenüber die genannte Vermuthung unbedingt abgelehnt werden. In neuerer Zeit ist auch ohne weitere Begründung die Meinung ausgesprochen worden, dass die Praecardiiden am nächsten mit den

---

[1] Nur aus Spanien ist ein doppeltes Exemplar bekannt geworden.

Anatiniden verwandt seien; einen Grund für diese Ansicht einzusehen, fällt schwer, da beide Gruppen ausser der Dünnschaligkeit gar keine gemeinsame Eigenthümlichkeit aufzuweisen haben.

Was die geologische Verbreitung anlangt, so sind die Praecardiiden wesentlich silurische und devonische Formen, und scheinen ihre Hauptverbreitung im Devon zu finden. Die Gattungen *Puella*, *Regina* und *Buchiola* sind ganz oder vorwiegend devonisch, während *Praecardium*, *Paracardium* und *Praelucina* vorwiegend silurisch sind; *Praelucina* scheint bis jetzt in beiden Formationen ziemlich gleichmässig vertreten.

Die Silu riniden bilden eine kleine und nur durch die eine Gattung *Silurina* vertretene Familie, deren meiste Arten in der böhmischen Silurstufe E_2 vorkommen; eine Art hat sich im böhmischen Unterdevon, in F_1, gefunden. Die Gestalt dieser Silurinen ist eine sehr sonderbare; die Schalen sind annähernd kreisförmig, wahrscheinlich gleichklappig, die Wirbel liegen median, trotzdem aber sind die Schalen nicht gleichseitig, da auf einer Seite (der vorderen?) eine auffallende Falte vom Wirbel zum muthmasslichen Vorderrande zieht. Besonders auffallend ist die extreme Reduction der Wirbel, welche wohl hier unter allen bisher bekannten Muscheln, etwa neben den Placunen, ihr Maximum erreicht, so dass vom Wirbel im Umrisse überhaupt gar nichts sichtbar ist, wenigstens bei den typischen Vertretern der Gattung. Durch diese schwache Entwicklung der Wirbel schliesst sich *Silurina* an *Dalila* und *Praelucina* an.

Mit der nächsten Familie, der Familie der Protomyiden, gelangen wir zu jenem unabsehbaren Heere glattschaliger Palaeoconchen, welche namentlich im Devon und Kohlenkalk in Menge verbreitet sind, und einer rationellen Gruppirung noch grössere Schwierigkeiten entgegensetzen als die Praecardiiden. Die hierher gestellten Formen sind verlängert, gleichklappig, ungleichseitig, und zwar meist in hohem Grade, da die Wirbel weit nach vorne geschoben sind; Ober- und Unterrand sind etwas geschweift, annähernd parallel, die Ecken gerundet; Sculptur fehlt oder besteht aus unregelmässigen concentrischen Streifen oder Wellen. Im allgemeinen Habitus erinnern diese Protomyiden auffallend an die normalsten und indifferentesten Typen aus der Ordnung der Desmodonten wie *Pleuromya*, *Panopaea*, *Gresslya* und ähnliche Formen, und in der That ist zwischen den Protomyiden und Desmodonten ohne Zähne oder Ligamentlöffel unter dem Wirbel nur der eine schwache und nur bei sehr günstiger Erhaltung sichtbare Unterschied vorhanden, dass die erstere Abtheilung keine Mantelbucht zeigt.

Die Zahl der hierher gerechneten Gattungen ist eine sehr erhebliche; es sind *Anthracomya* Salt., *Broeckia* Kon., *Cardiomorpha* Kon., *Chaenomya* Meek et Hayd., *Clinopistha* Meek et Worth., *Edmondia* Kon., *Elymella* Hall, *Entydesma* Hall, *Glossites* Hall, *Isocalia* M'Coy, *Leptodomus* M'Coy, *Palaeanatina* Hall, *Protomya* Hall, *Solenomya* Lam. (?), *Tellinopsis* Hall (?).

Wir können uns nicht mit der Besprechung aller dieser einzelnen Gattungen befassen, deren Zahl übrigens bei kritischer Bearbeitung vermuthlich zusammenschmelzen wird, auch müsste sich diese gerade in einem so schwierigen Falle auf grösseres Material stützen, als mir zur Verfügung steht; Formen mit stark entwickelten eingerollten Wirbeln, welche unter den Namen *Isocalia* und *Broeckia* beschrieben worden sind, schliessen sich enge an die sogenannten Isocardien des böhmischen Silur und mit diesen an die Vlastiden und Praecardiiden an; vermuthlich dürften einzelne der Barrande'schen Arten unmittelbar bei *Isocalia* einzureihen sein. Die meisten anderen Formen haben mit ziemlich geringen Abweichungen den gewöhnlichen Habitus indifferenter Desmodonten, sogenannter Myaciten, und derselbe tritt bei *Protomya* in derjenigen Ausbildung hervor, welche mit den geologisch jüngeren Typen die grösste Ähnlichkeit hat; ich wüsste kein Merkmal anzugeben, durch welches sich etwa *Protomya oblonga* Hall aus der amerikanischen Hamiltongruppe von einem Myaciten des Muschelkalkes unterschiede; in der That scheinen diese letzteren grössentheils noch keine Mantelbucht zu besitzen und würden sich demnach noch den Palaeoconchen anreihen. Übrigens ist die Verbindung zwischen dieser Abtheilung der Palaeoconchen und den Desmodonten mit ihrer Mantelbucht eine so überaus enge, dass an der Abstammung der letzteren nicht gezweifelt werden kann. Die Gattung *Allorisma* King scheint den Übergang herzustellen, indem hier bei sonst sehr naher Übereinstimmung in allen Merkmalen bald eine Mantelbucht vorhanden sein, bald fehlen soll.

Unter den Muschelkalkmyaciten finden sich, wie erwähnt, schon manche Formen, die von den Palaeoconchen nicht zu trennen sind; wir haben also hier ein zeitliches Herübergreifen dieser Ordnung in die älteren mesozoischen Ablagerungen; aller Wahrscheinlichkeit nach aber setzen sich die Palaeomyiden in Nachfolgern, welche wenigstens ihre Schalenbeschaffenheit wenig geändert haben, bis auf den heutigen Tag fort. Es sind das die Solenomyen, welche in der Jetztwelt nur durch sehr wenige Arten vertreten sind und unter allen lebenden Formen auffallend isolirt dastehen, so dass die Feststellung ihrer verwandtschaftlichen Verhältnisse von jeher die grössten Schwierigkeiten geboten hat. Man hat sie neben *Mactra* oder *Mya* gestellt, mit denen offenbar gar keine Verwandtschaft vorhanden ist. P. Fischer stellt sie zu den Anatinaceen unter den Desmodonten und hebt die Verwandtschaft mit *Lyonsia* hervor. Es scheint ihn darin das Vorhandensein von zwei Kiemen geleitet zu haben, eine Eigenthümlichkeit, welcher jedoch, wie oben gezeigt wurde, kein allzugrosser Werth beigelegt werden darf. Überdies zeigt jede der Kiemen von *Solenomya* einen „Dorsalanhang", der fast so gross ist als die Kieme selbst, und unter diesen Umständen wird es zweifelhaft, ob die Deutung von *Solenomya* als zweikiemig morphologisch gerechtfertigt ist. Auf die anderen Beziehungen, welche zwischen *Solenomya* und den Anatinaceen vorhanden sein sollen, ist kein allzugrosser Werth zu legen; die gemeinsamen Merkmale in der Lage des Schalenligamentes sind nur sehr geringfügiger Natur, und ebenso mögen in der Structur der Epidermis leichte Analogien zu *Lyonsia*, *Pandora* oder *Anatina* gegeben sein; wirkliche Übereinstimmung herrscht entschieden nicht. Dagegen sind in der schwachen Entwicklung der Siphonen, dem Fehlen einer Mantelbucht, in der Entwicklung des Fusses und anderen Merkmalen Unterschiede der wichtigsten Art vorhanden; ausserdem stehen den ziemlich schwachen Anklängen an die Anatinaceen mindestens eben so bedeutsame Annäherungen an *Nucula*, an *Galeomma*, vielleicht auch an *Solen* gegenüber.

Solche Verhältnisse, ganz isolirte Stellung in der Jetztwelt, combinirt mit sehr geringer Artenzahl und sehr grosser, aber zerstreuter Verbreitung der Gattung, endlich Vorhandensein seltsamer Anklänge an sehr verschiedene Abtheilungen der ganzen Classe, das sind Kennzeichen sehr hohen geologischen Alters, und das man allein ohne Berücksichtigung der grossen Schalenähnlichkeit mit gewissen Palaeoconchen schliessen könnte. Mit Sicherheit ist die Gattung *Solenomya* aus Tertiär und Kreide nachgewiesen, aber auch in älteren Formationen treten Schalen auf, die man von ihr nicht unterscheiden kann; unter den zahllosen „Myaciten" des Jura gibt es verschiedene Formen mit wenig vorspringenden Wirbeln und ziemlich parallelem Ober- und Unterrand, an welchen eine Mantelbucht nicht beobachtet worden ist und die daher sehr wohl hierher gehören können. Aus palaeozoischer Zeit sind mehrfach Solenomyen angeführt worden, die in der That dem recenten Typus sehr ähnlich sind (*Solenomya vetusta* Meek. *raginata* Ryckholt, *Puzosiana* Koninck u. s. w.), obwohl eine selbständige Gattung, *Janea* King, für diese Formen aufgestellt worden ist. Vielleicht wird es sich empfehlen, mit der Zeit die lang gestreckten, parallelrandigen Formen mit sehr schwach entwickelten Wirbeln als eine besondere Familie der Solenomyiden von den Protomyiden zu trennen.

Ziemlich nahe mit den Protomyiden verwandt und mit ihnen durch Übergänge verbunden ist die Familie der Solenopsiden, welche namentlich im Devon und Kohlenkalk sehr verbreitet ist, aber auch im Silur durchaus nicht fehlt. Die Schalen sind gleichklappig, stark ungleichseitig, lang gestreckt mit weit nach vorne geschobenen Wirbeln; Ober- und Unterrand sind wenig geschweift, annähernd parallel, der Umriss viereckig mit ziemlich ausgesprochenen, aber meist abgerundeten Ecken. Vom Wirbel zieht eine Rippe, Kante oder Rinne nach der hinteren unteren Ecke der Schalen oder in deren Nähe; zu beiden Seiten dieser Linie ist die Sculptur sehr häufig abweichend entwickelt. Hierher können folgende Gattungen gerechnet werden: *Cimitaria* Hall, *Orthodesma* Hall et Whitf., *Sanguinolites* M'Coy, *Goniophora* Phill.[1], *Solenopsis* M'Coy (*Palaeosolen* Hall), *Pholadella* Hall, *Prothyris* M'Coy, *Plethonia* Hall.

---

[1] Die Gattung *Goniophora* wurde von Phillips nicht eingehend beschrieben, wohl aber *Cypricardinia cymbiformis* Sow. als Typus aufgestellt. Eine eingehendere Charakteristik wurde erst neuerdings von Hall (Palaeont. of New York. Vol. V. Part. 1. Abth. II, S. XXIII) gegeben, und in diesem Sinne fassen auch wir das Genus. Auch Barrande hat eine Anzahl böhmischer Arten als *Goniophora* beschrieben und manche derselben, z. B. *G. aevum* Barr. Tab. 255 und *G. rara* Barr. Tab. 357 gehören hierher. Dagegen hat Barrande, durch das Auftreten einer scharfen Kannte irre geleitet, auch andere Formen hierher gestellt, welche mit jenen und mit *Goniophora* überhaupt nicht die mindeste Verwandtschaft zeigen, sondern sich an *Lunulicardium* und ähnliche Typen anschliessen.

Unter den Protomyiden ist es die Gattung *Palaeanatina*, welche den Solenopsiden am nächsten steht; betrachtet man die Arten dieser Gattung, welche Hall a. a. O. Tab. LXXIX abbildet, so findet man einerseits Formen, die ganz den Protomyiden-Charakter zeigen und von den normalen Vertretern dieser Familie nur durch verhältnissmässig gerade und parallele Entwicklung von Ober- und Unterrand abweichen; bei anderen Exemplaren treten die Ecken stark hervor, und bei wieder anderen gesellt sich dazu eine stumpfe abgerundete Kante, welche vom Wirbel nach der hinteren unteren Ecke zieht, so dass man diese Exemplare schon fast besser zu den Solenopsiden stellen würde. Ähnliche Verhältnisse zeigen sich bei *Phthonia*, die vielleicht von *Palaeanatina* gar nicht getrennt werden sollte, auch kommen hier (ebenda Tab. LXXVIII) schon Formen hinzu, die entschieden den Solenopsidencharakter zeigen.

Die typischen Vertreter der Solenopsiden kann man in zwei Formenreihen oder Unterfamilien trennen, welche wir als die Goniophorinen und als die Solenopsiden bezeichnen wollen; bei der ersteren Abtheilung, zu welcher *Goniophora*, *Cimitaria* und *Pholadella* gerechnet werden können, sind die Schalen verhältnissmässig aufgetrieben, etwas gekrümmt, die Vorderseite schräg abfallend, die vom Wirbel nach hinten und unten ziehende scharfe Kante bildet eine Art Dachfirste, zu der sich die ganze Schale aufrichtet; die äussere Gestalt wird dadurch eine sehr charakteristische, welche am ehesten an gewisse Arcaceen erinnert, ohne dass jedoch eine Ligamentarea entwickelt wäre.

Die Solenopsinen, zu welchen wir *Prothyris*, *Orthonota*, *Orthodesma*, *Sanguinolites* und *Solenopsis* rechnen, haben flache Schalen mit auffallend parallelem oberem und unterem Rande, von lang gestrecktem Umrisse und mit weit nach vorne gerückten Wirbeln; hinten sind sie gerade oder schräg abgestutzt, mit sehr ausgesprochenen Ecken, bei manchen Formen klaffend; die Vorderseite ist etwas abgerundet und geschlossen. Die vom Wirbel nach der hinteren unteren Ecke verlaufende Linie ist oft nur wenig erhaben, bisweilen durch eine Furche, öfter durch eine scharfe erhabene Kielleiste bezeichnet, niemals aber durch eine Kante, von welcher aus die Schale sich beiderseits abdacht. Hinter der Hauptlinie finden sich häufig noch andere Furchen oder Kiele. Der hinter und ober der erwähnten Linie befindliche Theil der Schale ist häufig dadurch ausgezeichnet, dass auf demselben die concentrische, hier fast senkrecht zum Schlossrand aufsteigende Sculptur sich plötzlich verstärkt. Dieses letztere Merkmal, ohne den anderen Gattungen ganz zu fehlen, ist namentlich bei den beiden nahe verwandten Gattungen *Sanguinolites* und *Orthonota* stark entwickelt, die ausserdem durch mässig verlängerte Gestalt charakterisirt sind.[1] Dagegen ist *Solenopsis*, von dem *Palaeosolen* nicht zu trennen sein dürfte, durch sehr verlängerte Gestalt und schwache Sculptur auf dem Hinterflügel ausgezeichnet.

Schon Namen, wie *Solenopsis* und *Palaeosolen*, weisen auf eine Ähnlichkeit der in Rede stehenden Formen mit den geologisch jungen *Solen*-Arten hin, und in der That erinnern alle Solenopsiden in hervorragender Weise an Soleniden; *Orthonota* und *Sanguinolites* lassen sich mit den gedrungeneren Typen, wie *Siliqua* und *Solecurtus*, vergleichen, während *Solenopsis* im äusseren Habitus ganz auffallende Übereinstimmung mit *Solen* selbst zeigt; in der That findet man auch namentlich die devonischen *Solenopsis*-Arten in der Mehrzahl der Werke als *Solen* angeführt. Ein solcher Vorgang dürfte jedoch nicht zu rechtfertigen sein; die Beziehungen beschränken sich auf äussere Ähnlichkeit, und bei näherer Untersuchung ergeben sich sehr wesentliche Unterschiede; die Schalen von *Solenopsis* klaffen vorne nicht, sie haben keine Schlosszähne und keine Mantelbucht, und es fehlt auch an Bindegliedern oder sonstigen Anhaltspunkten, welche der Annahme einer Abstammung der Soleniden von *Solenopsis* irgend welche Berechtigung verleihen würde. Es sind hier eben so wenig wirkliche verwandtschaftliche Beziehungen vorhanden, als zwischen *Cardium* und *Praecardium*.

Als letzte Familie, welche sich in ganz naturgemässer Weise den Palaeoconchen anschliesst, führe ich die Grammysiiden mit der allbekannten Gattung *Grammysia* an, welche namentlich in den devonischen Ablagerungen eine so hervorragende Rolle spielt. Es sind das gleichklappige Formen von stark ungleichseitiger Gestalt, mit nach vorne gerückten, kräftig vorspringenden, eingebogenen Wirbeln, mit sehr deutlich

---

[1] Ich sehe mich hier veranlasst, von der bei Hall angenommenen Gattungsfassung abzugehen, und stark verlängerte Formen ohne auffallende Sculptur, wie *Orthonota ensiformis* und *carinata* zu *Solenopsis* zu stellen.

entwickelter Lunula vor denselben, und auch rückwärts mit einem wohlbegrenzten Schildchen. Vom Wirbel zieht eine vertiefte Rinne, oft von einer oder mehreren Rippen begleitet, oder auch selbst verdoppelt vom Wirbel vom Unterrande, doch ist dieses Merkmal, wenn auch für die meisten und namentlich für alle typischen Formen sehr charakteristisch, nicht bei allen Formen vorhanden. Die meisten Formen, namentlich die als wichtiges Leitfossil in Europa und Amerika weit verbreitete *Grammysia Hamiltonensis*, sind sehr leicht von anderen Gattungen zu unterscheiden, doch treten unter den Formen, bei welchen die vom Wirbel zum Unterrande ziehende Furche schwach entwickelt ist, auch einige auf, welche sich den Protomyiden und Solenopsiden augenscheinlich nähern.

In die neun Familien, welche hier aufgezählt wurden, dürften sich so ziemlich alle Palaeoconchen ungezwungen einreihen lassen; wenn man über einige Gattungen in Zweifel gerathen kann, so rührt das wohl nur von der sehr ungenügenden Bekanntschaft mit diesen Typen und den oft sehr unvollkommenen Beschreibungen her. Soweit wir die Formenmenge dieser sehr zahlreichen Ordnung überblicken können, zeigen sich überall Bindeglieder und Zwischenformen, welche die einzelnen Gruppen an einander knüpfen und die Gesammtheit als ein zusammenhängendes Ganzes erscheinen lassen. Mit der grössten Mühe wären wir nicht im Stande an irgend einer Stelle eine Lücke zu finden, eine Trennung in zwei oder mehrere nicht miteinander verbundene Abtheilungen durchzuführen, und diesen thatsächlichen Verhältnissen entspricht allein die Zusammenfassung aller der Familien und Gattungen in eine Ordnung, für welche vor einigen Jahren der Name der *Palaeoconchae* vorgeschlagen wurde, und die ich hier fester abzugrenzen und zu begründen gesucht habe.

Als Anhang zu den Palaeoconchen mögen hier noch zwei sehr fremdartige Familien von Muscheln folgen, deren Beziehungen durchaus nicht endgiltig festgestellt sind, und welche daher nur vorläufig hier ihren Platz finden. Es sind das die in geologischer Hinsicht so wichtigen Posidonomyiden und Daonelliden [1], welche in der Regel wegen ihrer häufig etwas schiefen Gestalt und einer gewissen habituellen Ähnlichkeit zu den Avicliden gestellt werden, ohne dass aber eine wirkliche nähere Verwandtschaft zu dieser Familie sicher nachweisbar wäre. Allerdings ist auch der Zusammenhang mit den Palaeoconchen durchaus nicht bewiesen, wenn auch einige Anhaltspunkte für eine derartige Annahme vorliegen. Wir werden darauf eingehend zurückkommen, und wenden uns zunächst der Beschreibung der Formen zu.

Die Posidonomyiden, durch die Gattungen *Posidonomya* Bronn und *Steinmannia* Fischer vertreten, sind mit dünner, flacher, gleichklappiger Schale von eiförmigem Umrisse ausgestattet, welche in der Regel etwas ungleichseitig und schief ist; die Wirbel sind schwach entwickelt, nicht oder nur sehr wenig vorragend, die Oberfläche mit meist ziemlich breiten concentrischen Falten verziert. Der Schlossrand ist kurz und gerade; Schlosszähne fehlen.

Durch ihren gesammten Habitus sind diese Formen so gut charakterisirt, dass man nur selten in die Lage kömmt, bezüglich einer Form Zweifel zu hegen, ob sie hierher oder zu einer anderen Muschelgattung gehört; dagegen zeigen die Posidonomyen in ihrer ganzen Erscheinung und in allen mit freiem Auge sichtbaren Merkmalen die grösste Übereinstimmung mit den chitinösen, häufig auch etwas verkalkten Klappen von Crustaceen aus der Phyllopodengattung *Estheria*; diese ihrer ganzen Organisation nach so vollständig verschiedenen Gruppen sind vielfach mit einander verwechselt worden, und selbst heute ist man noch durchaus nicht bei allen Formen klar, in welche der beiden Abtheilungen sie gehören. Im Allgemeinen sind die Estherien kleiner als die Posidonomyen, aber dieses Merkmal genügt nicht zur Entscheidung; die mikroskopische Untersuchung der Schalenoberfläche lässt bessere Unterschiede wahrnehmen, indem bei *Estheria* die Zwischenräume zwischen

---

[1] Für die Beurtheilung dieser Formen vergl. die folgenden Werke, in welchen auch die ältere Literatur eingehend angeführt ist: Mojsisovics, die triadischen Pelecypodengattungen *Daonella* und *Halobia*; Abhandl. geol. Reichsanst. 1874. Bd. VII. — Lepsius, das westliche Südtirol. Berlin 1878. — Simonelli, l'aunula del calcare ceroide di Campiglio Maritimo; Mem. Soc Tosc. di scienze naturali. 1884, Vol. VI, Fasc. I, S. III. — Baldacci e Canavari, sulla distribuzione verticale della *Posidonomya* Mgh. Processi verb. d. Soc. Tosc. 1884, Vol. IV, S. 22. — Teller, die Pelecypoden-Fauna von Werchojansk in Ostsibirien, in Mojsisovics, arktische Trias-Faunen; Mem. Acad. St. Petersbourg. 1886, Bd. XXXIII, Nro. 6, S. 100. — Steinmann, Elemente d. Palaeontol. S. 239.

den erhabenen Falten eine feine Punktirung oder Gitterung zeigen, welche den Posidonomyen fehlt. Allein auch dieses Merkmal ist nur bei sehr guter Erhaltung zu erkennen.

Die ältesten Vertreter von *Posidonomya* treten im Silur auf, und zwar scheinen dieselben in Böhmen, Esthland und Irland schon im Untersilur vorhanden zu sein; von da an verbreiten sich die Angehörigen der Gattung bis in die Juraformation, deren obere Grenze sie nicht überschreiten, ja nicht ganz erreichen. Es gehört hierher eine Anzahl geologisch wichtiger Arten, welche in der Regel in grosser Menge gesellig vorkommen. So verhält es sich mit *Posidonomya Becheri*, der bezeichnendsten Versteinerung in der als Culm bezeichneten Ausbildungsweise des unteren Theiles der Kohlenformation. Namentlich aber treten im Jura einige Arten der Gattung in grosser Verbreitung auf, so *Posidonomya Suessi*, *alpina* und *ornata*; die bedeutendste Rolle spielt jedoch *Posidonomya Bronni*, welche überall in Europa die wirbelthierreichen bituminösen Schiefer an der Basis des oberen Lias (Posidonienschiefer oder Posidonomyenschiefer) charakterisirt, und sogar in Südamerika wiederkehrt. Steinmann hat an der Hinterseite dieser Form das Auftreten einer Furche nachgewiesen, weswegen diese Art als Typus einer neuen Gattung (*Steinmannia* Fischer, *Aulacomya* Steinmann) aufgefasst wurde.[1]

Die Daonelliden sind mit den Posidonomyen nahe verwandt; die gleichklappigeren, überaus dünnen und flachen Schalen sind etwas ungleichseitig, mit sehr langer gerader Schlosslinie, ausgesprochener Radialsculptur und gar nicht vorspringenden Wirbeln. Unter den hierher gehörigen Gattungen *Daonella* Mojs., *Halobia* Bronn, *Monotis* Bronn und *Diotis* Simonetti, von welchen die drei ersten ganz auf die Trias, die letzte auf den Lias beschränkt sind, stellt *Daonella* entschieden den ursprünglichsten Typus dar; sie ist zunächst dadurch ausgezeichnet, dass weder vor noch hinter dem Wirbel ein Ohr vorhanden ist; die Sculptur besteht in sehr fein und tief eingeschnittenen Radiallinien auf der Aussenseite, welchen ebensolche erhabene Linien auf der Innenseite der Muschel entsprechen; die Zwischenräume zwischen den meist ziemlich gedrängt stehenden eingeschnittenen Linien sind in der Regel ganz flach.

Durch die sehr lange Schlosslinie und die entschiedene Radialsculptur unterscheidet sich *Daonella* von *Posidonomya*, wenigstens in ihren meisten Formen; einige der geologisch ältesten Arten aber sind nicht in derselben scharfen Weise charakterisirt, indem bei denselben die Radiallinien nur sehr schwach entwickelt sind (*Daonella Gümbeli*, *Böcki*, *obsoleta*). Überdies sind die Jugendexemplare von *Daonella* concentrisch gerippt und auch sonst im ganzen Habitus gleich grossen Posidonomyen so ähnlich, dass eine Unterscheidung kaum möglich ist; Mojsisovics hat daraus mit Recht geschlossen, dass *Daonella* von *Posidonomya* abstammt. Die ersten Vertreter von *Daonella* kommen im unteren Muschelkalke vor und hier ist die Gattung schon ganz von *Posidonomya* verschieden, die Abzweigung muss also während der Ablagerung des Buntsandsteins oder noch früher stattgefunden haben.

Die Gattung *Halobia* steht *Daonella* sehr nahe und unterscheidet sich nur durch den Besitz eines an der Vorderseite gelegenen gewölbten, dreieckigen Ohres; doch sind beide Gattungen nicht ganz scharf geschieden, indem nach Mojsisovics bei der geologisch ältesten Art, bei *Halobia rarestriata*, das Ohr noch nicht vollständig vom Reste der Schale differenzirt erscheint; wir dürfen daher *Halobia* mit Bestimmtheit als einen Nachkommen von *Daonella* betrachten.

Halobia und *Daonella* gehören zu den geologisch sehr wichtigen Vorkommnissen; ihr massenhaftes Auftreten bildet einen der Hauptcharaktere der pelagischen Triasentwicklung in den Alpen im Gegensatze zu den in einem Binnenmeere entstandenen gleichaltrigen Bildungen des ausseralpinen Deutschland, wo Vertreter dieser Gattungen bisher nur zweimal gefunden worden sind (*Daonella Bergeri* im Muschelkalke von Coburg). Dafür kehren Halobien und Daonellen anderwärts in grosser Verbreitung wieder. Man kennt sie aus den Karpathen, aus Sicilien, Spanien, den Balearen, aus Bosnien, Kleinasien, dem Himalaya, Japan, Neu-Caledonien, Neu-Seeland, dem westlichen Theile von Nordamerika und aus Spitzbergen, kurz von der Mehrzahl der Punkte

---

[1] Steinmann, Zur Kentniss der Jura- und Kreideformation von Caracoles in Bolivien; Supplementband zum Neuen Jahrb. 1882, Bd. I, S. 259. — Zittel, Palaeontologie. Bd. II, S. 31. — Fischer, Man. de Conchyl. S. 960.

an welchen überhaupt Trias in pelagischer Entwicklung bekannt geworden ist. Anfangs wurden diese Vorkommnisse fast alle unter dem Namen *Halobia Lommeli* zusammengefasst. Später wurde durch Gümbel *Halobia rugosa*, ein wichtiges Leitfossil der oberen Trias, unterschieden, namentlich aber haben die Untersuchungen von Mojsisovics ergeben, dass *Halobia* oder richtig *Daonella Lommeli* in Wirklichkeit nur auf die sogenannten Wengener Schichten der Alpen und ihre Äquivalente beschränkt ist. Die Verbreitung ist im Grossen eine derartige, dass im Muschelkalke die Gattung *Daonella* allein vertreten ist; in der oberen Trias kommt *Halobia* hinzu, es tritt aber nun eine räumliche Scheidung in der Art ein, dass *Daonella* während der norischen und des Anfanges der karnischen Stufe sich nur in der mediterranen, *Halobia* in der juvavischen Provinz entwickelt. Erst in der zweiten Hälfte der karnischen Stufe ändern sich die Verhältnisse, indem nun ein Austausch eintritt und *Halobia* in die mediterrane, *Daonella* in die juvavische Provinz übergreift. Über die Grenze der karnischen Stufe reicht keine der beiden Gattungen hinaus.

Auch die Gattung *Monotis* ist ganz auf die Trias beschränkt; sie ist mit den eben besprochenen, sowie mit *Posidonomya* nahe verwandt und unterscheidet sich von *Halobia* und *Daonella* durch den Mangel eines vorderen und das Vorhandensein eines hinteren Ohres, sowie dadurch, dass die Verzierung nicht aus eingeschnittenen Linien, sondern aus erhabenen Radialstreifen besteht. Die bekannteste Art ist die in den alpinen Hallstätter Kalken in ungeheurer Menge aufgehäufte *Monotis salinaria*, welche für sich allein ganze Kalkbänke zusammensetzt. Als eine vierte Gattung gehört endlich vermuthlich die im Lias Italiens verbreitete Gattung *Diotis* hierher, bei welcher vorne und hinten Ohren vorhanden sind. Es ist bisher nur eine Art, *Avicula* oder *Diotis Janus*, bekannt, welche aber hier eine fast ebenso grosse Rolle zu spielen scheint, als die Halobien und Daonellen in der Trias.

Nachdem wir die verschiedenen Typen kennen gelernt haben, welche zu den beiden Familien der Posidonomyiden und der Daonelliden gehören, wenden wir uns der Frage nach deren verwandtschaftlicher Stellung zu. Wie schon erwähnt, werden dieselben meist zu den Avicullden gestellt, und die etwas schiefe Form, das Vorhandensein einer geraden Schlosslinie und das Vorkommen von Ohren bei einigen Gattungen lässt sich damit recht wohl vereinigen. Endlich ist zu erwähnen, dass *Monotis* der Avicullidengattung *Pseudomonotis* in Umriss und Verzierung auffallend ähnlich wird. Dem steht aber die Thatsache gegenüber, dass unsere Formen von *Pseudomonotis*, *Avicula* und ihren Verwandten in einem sehr wichtigen Merkmal abweichen, indem kein Byssusausschnitt an dem vorderen Ohre, beziehungsweise an dem Vorderrande der Schale vorhanden ist. Es ist ferner zu berücksichtigen, dass die äussere Ähnlichkeit mit Avicullden nicht bei den geologisch alten und ursprünglichen, sondern bei geologisch jungen und stark abgeänderten Formen hervortritt. Wir müssen uns daran erinnern, dass die Gattung *Posidonomya* bis ins Silur zurückreicht und dass demnach *Monotis* wahrscheinlich einem ganz anderen Stamme angehört als *Pseudomonotis*. Entscheidend werden die Beziehungen sein, in welchen die ältesten Posidonomyen zu ihren Zeitgenossen stehen; prüfen wir diese Seite der Frage, so lässt sich nicht verkennen, dass die silurischen Posidonomyen mit den damaligen Avicullden keinerlei nähere Beziehungen zeigen, und dass es an Bindegliedern zwischen beiden fehlt. Dagegen zeigen jene unverkennbare Ähnlichkeit mit concentrisch gestreiften oder gefalteten Muscheln, welche in der Regel als Astarten bestimmt werden, aber offenbar keine Schlosszähne und keinerlei Verwandtschaft mit den echten Astarten besitzen, sondern zu den Palaeoconchen gehören und hier etwa auf der Grenze zwischen Cardioliden und Praecardiiden ihre Stelle finden mögen.[1] Namentlich bei Barrande findet sich eine Anzahl solcher Formen abgebildet, die theils durch abgerundet dreieckigen Umriss und vorspringende Wirbel sehr an *Astarte* erinnern, theils von da aus den Übergang zu der elliptischen Gestalt der Posidonomyen mit eingezogenen Wirbeln herstellen.[2] Eine Grenze

---

[1] Welcher Gattungsname diesen Formen gegeben werden soll, ist noch fraglich; vielleicht wird man dieselben der noch nicht genügend bekannten Gattung *Paracyclas* zurechnen können; sollte sich diese Sippe als im Besitze eines Schlosses befindlich und zu den Heterodonten (Luciniden) gehörig erweisen, was namentlich für die typischen Arten aus dem amerikanischen Devon durchaus nicht ausgeschlossen ist, so müsste für diese sogenannten Astarten vermuthlich eine neue Gattung aufgestellt werden.

[2] Es scheint mir nöthig, in den kürzesten Zügen eine Übersicht über die in Frage stehenden Formen des Barrande'schen Werkes zu geben. Gar nicht in diese Gruppe gehörig oder auf unbestimmbare Embryonalschälchen gegründet sind: *Astarte*

zwischen diesen zweierlei Typen zu ziehen, scheint mir unmöglich und es liegt daher die Vermuthung nahe, dass Posidonomyiden und Daonelliden einen selbstständigen Seitenzweig der Palaeoconchen darstellen, welcher Parallelformen zu gewissen Aviculiden enthält, aber mit diesen nicht wirklich verwandt ist.

Immerhin muss ich ausdrücklich hervorheben, dass die muthmasslichen Bindeglieder aus dem böhmischen Silur, welche die Posidonomyen an die typischen Palaeoconchen zu knüpfen scheinen, mir nicht aus eigener Anschauung bekannt sind, und meine vermuthungsweise geäusserte Ansicht sich nur auf den Vergleich der Abbildungen stützt; andererseits ist auf den negativen Beweis, dass zwischen den silurischen Posidonomyen und den gleichzeitigen Aviculiden Bindeglieder fehlen, bei unserer unvollkommenen Kenntniss der altpalaeozoischen Bivalven kein allzugrosser Werth zu legen. Ausserdem wären weitere Untersuchungen über die zusammenhängende Entwicklung der Gattung *Posidonomya* noch sehr wünschenswerth. Es wäre also mindestens verfrüht, wenn man heute schon die Zugehörigkeit der Posidonomyiden und Daonelliden zu den Palaeoconchen bestimmt behaupten wollte. Nur so weit glaube ich gehen zu dürfen, dass ich die letztere Auffassung als die wahrscheinlichere unter zwei gleichmässig unbewiesenen aber möglichen Vermuthungen bezeichne.

Die Conocardiiden.

Im nächsten Anschlusse an die Palaeoconchen führe ich hier die Conocardien an, diese merkwürdigsten unter den palaeozoischen Muscheln, welche jedenfalls als eine selbstständige Familie, wahrscheinlich aber als eine Ordnung für sich betrachtet zu werden verdienen, und deren systematische Stellung trotz der Menge der in dieser Hinsicht geäusserten Meinungen noch durchaus nicht geklärt ist.

Die Formen, für welche Bronn die Gattung *Conocardium* (=*Pleurorhynchus* Phill.) aufgestellt hat, treten im Silur auf und erlöschen in der Kohlenformation; die äussere Gestalt ist bekannt genug, es sind ziemlich dickschalige, gleichklappige, sehr ungleichseitige Muscheln von schief dreiseitiger Gestalt, meist mit radialen Rippen verziert; die Schlosslinie ist sehr lang und gerade, die Hinterseite flügelartig erweitert, nach unten klaffend; die Vorderseite ist meist durch eine ausgesprochene Kante abgegrenzt, schräg abgestutzt und der Schlosslinie entlang in eine Röhre ausgezogen, welche bald kurz und plump, bald überaus lang und schlank ist, so dass sie bisweilen die Gesammtlänge der übrigen Schale sehr bedeutend übertrifft. Bei manchen Arten ist die scharfe Kante, welche, vom Wirbel zum Unterrande verlaufend, die Vorderseite abgrenzt, in der auffallendsten Weise durch einen hohen scharfen Schalenkamm ausgestattet, welcher annähernd senkrecht sich erhebt; bei grossen Exemplaren ist derselbe nicht sehr entwickelt, um so mehr dagegen bei manchen kleinen Formen, bei welchen diese „Schleppe" (fringe bei Hall, éventail bei Barrande) unter Umständen die Höhe der Schale um das Doppelte übertrifft; P. Fischer hat für die mit Schleppe ausgestatteten Arten eine eigene Untergattung *Rhipidocardium* aufgestellt.

Während diese augenfälligen äusseren Gestaltungsverhältnisse genau bekannt sind, verhält es sich mit den anderen Merkmalen weit weniger günstig; in erster Linie gilt das vom Schlosse, in welchem bald jederseits, bald nur vorne ein Lateralzahn angegeben wird; ich habe mich überhaupt von dem Vorhandensein eines Zahnes

---

primula, Tab. 31. — Tab. 190 (excl. Fig. 10, 11). — Tab. 297. — *Astarte flexa*, Tab. 264. — *Astarte convergens*, Tab. 264. — *Astarte inchoata*, Tab. 284. — *Posidonomya euggra*, Tab. 178. — *Posidonomya primula*, Tab. 183. — Die anderen Arten verhalten sich folgendermassen: *Astarte bohemica* (Tab. 276, IV. V.) nähert sich einer *Posidonomya* im Umrisse, hat aber einen etwas vorspringende Wirbel. — *Astarte bohemica* (Tab. 276, VI. Dazu wohl auch *Astarte primula* Tab. 190, Fig. 10, 11) ist, soweit die Zeichnung zu urtheilen gestattet, mit eingeschnittenen Linien wie eine *Daonella* ausgestattet; der Wirbel ist zitzenförmig vorspringend. — *Astarte moneta* (Tab. 277) von einer *Posidonomya* nur sehr wenig abweichend. — *Astarte incerta*, *composita*, *granulosa* (Tab. 277) umfassen Exemplare, von denen ein Theil sich im Umrisse einer *Astarte* nähert, ein anderer Übergänge zu *Posidonomya* bildet. — *Astarte orphana* zeigt Astarten-Typus. — *Posidonomya consanguis* (Tab. 230), eine echte *Posidonomya*. — *Posidonomya euggra* Tab. 230, ebenso. — *Posidonomya euggra* (Tab. 277), theils Astarten-ähnlich, theils Übergänge zu *Posidonomya*. — *Posidonomya praecox* (Tab. 277; kein reiner Posidonomyentypus, nähert sich etwas den *Astarte*-ähnlichen Formen.

[1] Für die Conocardien vergl. namentlich: Barrande, Système Silurien. Vol. VI, S. 66. — de Koninck, Faune du calcaire carbonifère de Belgique, Lamellibranches a. a. O. S. 99. — Hall, Palaeontology of New York. Vol. V, Part. I, S. XXXIV. — Halfar, Über ein grosses Conocardium aus dem Devon des Oberharzes; Zeitschr. d. deutsch. geol. Ges. 1882, Bd. XXXIV. S. 1. — In den angeführten Arbeiten ist auch die ältere Literatur enthalten.

nicht überzeugen können, und auch die vorhandenen Abbildungen scheinen mir dasselbe nicht beweisen zu können. Sehr deutlich tritt von inneren Schalenbildungen nur eine schiefstehende, vorspringende Leiste hervor, welche in dem hinteren Theile der Schale verläuft, und deren Bedeutung noch sehr unklar ist; man möchte sie mit der Muskelleiste von Caenlleen vergleichen, aber die Muskelmale scheinen nicht hier zu liegen; P. Fischer vermuthet, dass sie vielleicht dazu diente, die Siphonen zu trennen (Man. Conch. pag. 1036). Auch über die Lage der Muskeleindrücke sind wir nur unvollkommen orientiert; nur Hall bildet dieselben von seinem *C. cuneus* (a. a. O. Taf. 68, Fig. 13) deutlich ab; danach sind dieselben nach dem Homomyariertypus entwickelt und in unmittelbarer Nähe des Schlossrandes gelegen.

Sehr widersprechend sind auch die Angaben über die Lage des Ligamentes, und die Schwierigkeiten in dieser Beziehung machen sich ganz besonders darum fühlbar, weil dadurch eine sichere Bestimmung der Vorder- und Hinterseite der Muschel erschwert wird. In der That sind die Ansichten über diesen Gegenstand noch durchaus nicht übereinstimmend; oben wurde die schräg abgestutzte, geschnäbelte Seite als Vorderseite, die nach unten klaffende, flügelartig geformte Seite als Hinterseite bezeichnet, und diese Auffassung ist wohl die ziemlich allgemein herrschende, aber S. Woodward hält im Gegentheile das geschnäbelte Ende für das Hinterende; er ist der Ansicht, dass der Schnabel für den Durchtritt langer Siphonen diene, der entgegengesetzte Ausschnitt dagegen für den Fuss bestimmt sei; eine Anzahl von Forschern, wie Barrande, Hall und Halfar, hat sich dieser Ansicht angeschlossen. Von den Merkmalen, welche in der Regel für die Unterscheidung von Vorder- und Hinterseite bei den Muscheln angewendet werden, ist hier keines ausreichend; die Wirbelspitzen sind allerdings bei den meisten Formen gegen das abgestutzte Ende übergebogen, und da dieses abgesehen von dem angesetzten Schnabel auch erheblich kürzer ist, so würde man diese Seite als die vordere zu betrachten haben; allein es muss zugegeben werden, dass beide Merkmale durchaus nicht unträglich sind; ja die Schnabelbildung von *Conocardium* hat gerade einige Ähnlichkeit mit derjenigen von *Trigonia*, bei welcher Gattung die Wirbel nach rückwärts gebogen sind.

Das wichtigste Merkmal geben in der Regel die Verhältnisse des Ligamentes ab, aber gerade in dieser Richtung widersprechen sich die Angaben; während de Koninck angibt, dass eine lineare Ligamentgrube vom Wirbel nach der Flügelseite zieht und auch P. Fischer[1] von den auf dieser Seite gelegenen Bandnymphen spricht, glaubt Halfar in der Abbildung von *Conocardium hibernicum* in Sowerby's Mineral Conchology Tab. 82, einen Ligamentsatz auf der geschnäbelten Seite zu erkennen[2]. Ich würde nun allerdings auf diesen letzteren Umstand keinen besonderen Werth legen, da de Koninck gezeigt hat, dass Sowerby's Abbildung der genannten Art eine unnatürliche Restauration nach Bruchstücken verschiedener Exemplare darstellt; allein ich habe dieselben Beobachtungen an einzelnen Exemplaren von *Conocardium bohemicum* Barr. aus Konieprus und von *C. Phillipsi* und *Nysti* von Tournay machen können; bei diesen ist auf der geschnäbelten Seite ein elliptisches Feldchen vorhanden, welches ich von einem Ligamentansatze nicht zu unterscheiden vermag. Allein anderseits bin ich auch durchaus nicht in der Lage, die Angaben über das Vorhandensein einer vom Wirbel nach der Flügelseite ziehenden Ligamentfurche zu bestreiten, sondern glaube eine solche auch selbst bei *Conocardium Nysti* und *Meekanum* von Tournay gesehen zu haben. Soweit das etwas unzulängliche Material bisher ein Urtheil überhaupt gestattet, kann dasselbe nur dahin lauten, dass *Conocardium* eine amphidete Form ist, bei welcher das Ligament zu beiden Seiten des Wirbels ausgebreitet liegt.

Aus all den bisher betrachteten Merkmalen ergibt sich keine sichere Entscheidung über die Orientierung der Conocardien, doch spricht wenigstens die grössere Wahrscheinlichkeit dafür, dass die abgestutzte und geschnäbelte Seite die vordere ist. Dagegen wird allerdings von S. P. Woodward und von Halfar ein Einwand aus der muthmasslichen Lebensweise des Thieres abgeleitet; es wird angenommen, dass die Conocardien mit der Vorderseite nach unten im Meeresboden eingebohrt gelebt haben, wie das bei so vielen Muscheln mit langen Syphonen der Fall ist; in diesem Falle erschiene nun das Flügelende für ein Abwärtsbohren der

---

[1] Man. Conchyl. pag. 1036.
[2] A. a. O. S. 4.

Muschel im Schlamme weit geeigneter als das abgestutzte und geschnäbelte Ende; das letztere sollte daher der Hinterseite entsprechen. Diese Betrachtung wäre von einiger Bedeutung, wenn wir irgend etwas Bestimmtes über die Lebensweise der Conocardien wüssten, allein in dieser Beziehung sind wir ohne jeden Anhaltspunkt. Wir haben gar keinen Beweis dafür, dass sie im Boden eingewühlt lebten, mit ebendemselben Rechte kann man vermuthen, dass durch den Schnabel ein mit Byssusapparat ausgestatteter Fuss austrat und an dieser Stelle eine Anheftung an irgend einen fremden Körper stattfand.

Die Merkmale, welche wir an *Conocardium* selbst beobachten, geben uns keine hinreichenden Anhaltspunkte für die Beurtheilung der Organisationsverhältnisse und wir werden daher auf einen indirecten Weg verwiesen; wir müssen die nächsten Verwandten von *Conocardium* aufsuchen.

Allein auch in dieser Hinsicht gehen die Ansichten sehr weit auseinander, und man hat den Conocardien schon sehr verschiedene Stellen im Systeme angewiesen; wir brauchen hier nicht auf all die verschiedenen Vermuthungen einzugehen, z. B. dass die Conocardien mit den Brachiopoden in Beziehung stehen, oder dass sie zu den Myen oder Pholaden gehören.

Diejenige Ansicht, welche von jeher die meisten Anhänger gehabt hat, stellt *Conocardium* zu den Cardiiden, ja man wollte *Conocardium* geradezu als eine untergeordnete Abtheilung der Gattung *Cardium* betrachten. Wohl haben sich mehrfach Stimmen gegen die Annahme naher Verwandtschaft zwischen *Cardium* und *Conocardium* erhoben, und Beyrich war wohl der erste, der sich in dieser Richtung mit grosser Entschiedenheit ausgesprochen hat[1], allein trotz aller Einwände ist die genannte Ansicht noch heute die herrschende und wird in fast allen Lehr- und Handbüchern reproducirt.

Ich kann das Vorhandensein irgend welcher Verwandtschaft zwischen *Cardium* und *Conocardium* nicht anerkennen, ja es ist mir überhaupt schwer begreiflich, wie diese Auffassung sich festsetzen konnte. Das einzige, was überhaupt auf einen solchen Gedanken führen konnte, ist eine ganz flüchtige äussere Formähnlichkeit mit gewissen abgestutzten Cardien, welche ausschliesslich im Tertiär und in der Jetztzeit vorkommen; diese können mit Sicherheit als derivirte Typen bezeichnet werden, welche auf normale, annähernd gleichseitige Formen zurückgehen, und die Möglichkeit eines genetischen Zusammenhanges, also wirklicher Verwandtschaft, erscheint daher ausgeschlossen. Aber auch abgesehen davon, stehen sich *Cardium* und *Conocardium* ganz fremd gegenüber. Selbst wenn man von äusserlicher Ähnlichkeit zwischen beiden Gattungen spricht, muss man von den zwei wichtigsten äusseren Merkmalen von *Conocardium*, von dem Schnabel auf der einen, von dem eigenthümlich gestellten unterständigen Ausschnitte auf der anderen Seite absehen. Im Baue des Schlosses ist nichts vorhanden, was auch nur im entferntesten als Übereinstimmung gedeutet werden könnte, ferner ist *Conocardium* amphidet, *Cardium* opisthodet.

Nicht mehr Berechtigung hat die Einreihung bei den Tridacniden, einer Familie, welche sich, wie unten eingehend dargelegt werden soll, erst im Laufe der Tertiärformation von den Cardiiden abgezweigt hat. Das Schloss hat auch hier keinerlei Ähnlichkeit, das Ligament ist auch bei den Tridacnen opisthodet, ferner ist die Stellung der Schliessmuskeln durchaus abweichend, indem dieselben bei *Tridacna* in der Mitte der Schale concentrirt, bei *Conocardium* ganz an die Enden gerückt sind.

Während der Vergleich mit tertiären und recenten Formen zu keinem Erfolg führt, bewährt sich auch hier die Regel, bei der Deutung schwieriger Typen und dem Versuche, deren Verwandtschaft festzustellen, zunächst gleichaltrige oder den Alter nach wenig abweichende Formen zum Vergleiche herbeizuziehen. Wenn wir nun in palaeozoischen Ablagerungen nach Verwandten der Conocardien suchen, so tritt uns da vorwiegend silurisch Familie der Lunulicardiiden entgegen, welche wir unter den Palaeoconchen kennen gelernt haben; zunächst finden wir eine äussere Ähnlichkeit in der Gestalt der Schale, die jedenfalls weit grösser ist als diejenige zwischen *Conocardium* und *Hemicardium*, oder irgend einer der geologisch jungen Formen. Vergleicht man eines der Conocardien mit kaum entwickelter Röhre, z. B. *C. inops* Barr., *rarum* Barr., *contextum* Barr. (Tab. 195, 203) mit verschiedenen *Lunulicardium*-Arten, z. B. *L. evolvens* Barr. oder *simplex* Barr. (Tab. 231

---

[1] Beyrich, in Menke's Zeitschr. für Malakozoologie; 1845. S. 18.

bis 233), so zeigt sich eine wirklich auffallende Übereinstimmung. Diese beschränkt sich aber nicht auf die äussere Ähnlichkeit, sondern in der Byssusspalte der Lunulicardien haben wir auch die dem Schnabel der Conocardien entsprechende Schalenöffnung, und auch für die klaffende Öffnung am geflügelten Ende des *Conocardium* scheint das Äquivalent nicht zu fehlen; bei manchen Lunulicardiiden findet sich nämlich am Hinterrande eine Ausbuchtung der Schale, welche sehr wohl einem klaffenden Ausschnitte entsprechen kann; da man aber in der grossen Mehrzahl der Fälle nur vereinzelte Klappen dieser Arten findet, so ist eine Bestätigung durch unmittelbare Beobachtung noch nicht vorhanden. Ja selbst ein so auffallendes und nur ganz ausnahmsweise auftretendes Merkmal wie die „Schleppe" der Conocardien wiederholt sich bei den Lunulicardiiden, wo diese eigenthümliche Schalenerweiterung durch Barrande bei *Anita (Goniophora) Trilbyi* (Tab. 334) nachgewiesen ist.

Diesen Thatsachen gegenüber sind wir berechtigt, die Conocardiiden als nahe Verwandte der Lunulicardiiden zu bezeichnen, und es werden daher bei Orientirung der Muscheln naturgemäss die einander entsprechenden Partien bei beiden in gleiche Lage gebracht werden; es müssen selbstverständlich die abgestutzte Seite, die gerade Schlosslinie, die geschweifte Seite bei beiden einander entsprechen. Bei den Lunulicardien kann nun über das, was vorne und hinten ist, keinerlei Zweifel herrschen; ist der Wirbel ganz an das eine Ende einer langen, geraden Schlosslinie gerückt, so kann das nur das vordere Ende sein, und da sich an dieses bei *Lunulicardium* die abgestutzte Fläche anschliesst, so muss auch diese der Vorderseite angehören. Damit ist auch bei der nahen Verwandtschaft beider Gruppen die Frage der Orientirung für *Conocardium* gelöst; es muss auch bei dieser Gattung die abgestutzte (geschnabelte) Seite die vordere sein, wie das der gewöhnlichen Annahme entspricht.

Die Verwandtschaft zwischen *Conocardium* und *Lunulicardium* ist eine so grosse, dass an einem genetischen Zusammenhange nicht zu zweifeln ist, und es kann auch keinem Zweifel unterliegen, dass *Lunulicardium* den ursprünglicheren, *Conocardium* den abgeleiteten Typus darstellt. Trotz dieses innigen Zusammenhanges weicht *Conocardium* in seinen Merkmalen zu sehr von den Palaeoconchen ab, als dass es gestattet sein könnte, die Gattung bei diesen unterzubringen; wir können *Conocardium* den Palaeoconchen anreihen, nicht aber bei diesen einreihen. Gegen die unmittelbare Zuziehung zu den Palaeoconchen spricht die Dicke der Schale, das Vorhandensein des so eigenthümlichen Schnabels, die Entwicklung kräftiger Leisten im Schaleninneren, vor allem aber ein Merkmal, welches wir bisher noch nicht besprochen haben, nämlich die Structur der Schale, welche *Conocardium* von allen anderen Muscheln unterscheidet.

Es ist klar, dass ein solcher Typus nicht zu den Palaeoconchen eingereiht werden kann, allein auch jeder Versuch, die Conocardien in einer der anderen Ordnungen der Muscheln unterzubringen, ist vergeblich; in erster Linie finden wir nirgends mehr eine ähnliche Schalenstructur wieder; allein auch die anderen Merkmale sind zu aberrant. Von den Anisomyariern, an welche die lange, gerade Schlosslinie, die amphidete Anordnung des Bandes und die unregelmässige (dysodonte) Schlossbildung erinnern, sind sie durch die Entwicklung der Adductoren ausgeschlossen; von den Taxodonten scheidet sie das Fehlen eines Reihenschlosses, von den Desmodonten die amphidete Ligamentbildung, von den Heterodonten das letztere Merkmal, sowie die vollständige Abweichung des Schlosses vom Heterodontentypus; ebenso sind auch die Schizodonten durch den Schlosscharakter ausgeschlossen. Da überdies die Conocardien, wie wir gesehen haben, einen selbständigen, von den Lunulicardien abzweigenden Stamm bilden, der mit keiner weiteren Gruppe in genetischem Zusammenhang steht, so sehen wir uns gezwungen, dieselben als eine selbständige, kleine Ordnung zu betrachten, welche sich folgendermassen definiren lässt:

Conocardiiden. Von den Lunulicardiiden abstammende, gleichklappige, stark ungleichseitige Muscheln mit gekerbtem Schalenrand, mit abgestutzter, geschnäbelter Vorderseite und flügelartiger, nach unten klaffender Hinterseite. Schlosslinie sehr lang, gerade, Schloss mit einer langen, geraden Leiste (Zahn?). Schliessmuskeln doppelt, annähernd gleich; Ligament äusserlich, amphidet angeordnet.

Die Desmodonten.

Unter dem Namen der Desmodonten begreift man gleichklappige, oder nur schwach ungleichklappige, meist dünnschalige Formen, mit zwei gleichen Schliessmuskeln, langen Siphonen und Mantelbucht; die Bandlage ist opisthodet, das Band äusserlich oder halb oder ganz innerlich; tritt es nach innen, so entwickeln sich eigenthümliche, meist löffelförmige Ligamentträger, deren Ränder oder Mittellinie zu zahnartigen Vorsprüngen entwickelt sein können; eigentliche Schlosszähne fehlen.

Diejenigen Formen unter den Desmodonten, bei welchen eine Entwicklung der Ligamentträger nicht stattgefunden hat, stehen den Protomyiden unter den Palaeoconchen überaus nahe, und unterscheiden sich von diesen nur durch das Vorhandensein einer Mantelbucht, und da dieses Merkmal nur bei verhältnissmässig guter Erhaltung beobachtet werden kann, so ist es für viele Formen, namentlich aus der Permformation und der Trias sehr zweifelhaft, in welche Abtheilung sie gehören, ja selbst im Jura mögen unter den als Desmodonten betrachteten Arten noch Palaeoconchen verborgen sein. Es wird daher auch schwer zu sagen, welches die ältesten Desmodonten sind; zu der Gattung *Allorisma* werden sowohl Arten mit, als solche ohne Mantelbucht gestellt, und die ersteren dürften daher im Kohlenkalke die ersten Vertreter ihrer Ordnung sein; in permischen Ablagerungen ist wenig mehr zu erwähnen, doch führt Waagen schon einige ziemlich specialisirte Typen, die Corbulidengattung *Eucharis* und eine *Gastrochaena*, aus den Productenkalken des Penjab in Indien an. Von da an bestehen die Desmodonten durch alle späteren Formationen bis auf den heutigen Tag.

Den einfachsten Typus unter den Desmodonten stellt die Familie der Pholadomyiden dar; sie umfasst Formen, bei welchen das Ligament noch äusserlich liegt und noch keine Spur von eigenthümlichen Ligamentträgern oder Zähnen vorhanden ist. Sie beginnt mit der ganz glattschaligen Gattung *Homomya* im Muschelkalk (*H. ventricosa*), und diese unverzierten „Myaciten" ohne jede Spur von Zähnen u. s. w. setzen sich durch Jura und Kreide fort, doch ist es bei der gewöhnlichen Erhaltung dieser sehr dünnschaligen Formen nur ziemlich selten möglich, eine ganz sichere Gattungsbestimmung vorzunehmen und *Homomya* von *Pleuromya*, *Panopaea* n. u. w. zu unterscheiden.

Die Gattung *Homomya* bildet augenscheinlich die Stammgruppe, aus welcher sich das ausserordentlich wichtige und formenreiche Genus *Pholadomya* entwickelt hat; bei den ältesten Formen des untersten Lias ist die Radialsculptur, der Hauptcharakter der Sippe, noch sehr unentwickelt, und daher die Ähnlichkeit mit *Homomya* eine sehr grosse. Erst allmählig werden die radialen Rippen kräftig, sie bedecken sich mit perlförmigen hohlen Knoten, und nehmen so ein ausserordentlich bezeichnendes Aussehen an. Die Pholadomyen gehören namentlich im Jura zu den verbreitetsten und für die Altersbestimmung wichtigsten Formen, in der Kreide- und Tertiärformation sind sie im Rückgange begriffen, und in der Jetztzeit lebt nur mehr eine Art, deren Schalen als grosse Seltenheiten an den Ufern der westindischen Insel Tortola gefunden werden. Mösch ist es gelungen, die Abstammungsverhältnisse der einzelnen Arten der Gattung festzustellen und verschiedene Formenreihen zu verfolgen.[1] Von anderen verwandten Formen ist etwa noch die in Jura und Kreide verbreitete Gattung *Goniomya* zu nennen, welche durch ihre winklig gebrochenen Rippen leicht kenntlich ist, ferner die im Jura vorkommende *Ceromya*, die durch ihre aufgetriebenen, etwas eingerollten Wirbel bedeutende äussere Ähnlichkeit mit *Vlasta* und den sogenannten Isocardien unter den Palaeoconchen erlangt, endlich *Gresslya* und *Martesomya*, alles Formen, die in den mesozoischen Ablagerungen sehr verbreitet sind.

Einen Schritt weiter führt uns die in Jura und unterer Kreide verbreitete Gattung *Pleuromya*, welche auch in der Trias schon vorhanden scheint, wenn auch die Mehrzahl der sogenannten Pleuromyen der Trias noch zu den Palaeoconchen gehören dürfte. Hier steht in jeder Klappe ein kleiner, zahn- oder löffelförmiger Fortsatz; die Fortsätze der beiden Seiten berühren sich, wenn die Schale zusammengeklappt ist, nicht ganz,

---

[1] Mösch, Monographie d. Pholadomyen; Abhandl Schweiz. palaeontol. Gesellsch. Bd. I u. II.

sondern es bleibt ein Zwischenraum zwischen denselben, welcher wohl sicher von einer innerlich gelegenen Partie des Ligamentes eingenommen wurde.

Durch *Pleuromya* werden wir von den Pholadomyen mit ganz äusserem Ligamente zu jenen Formen hinübergeführt, bei welchen das Band ganz oder theilweise innerlich liegt;[1] hierher gehören die Panopaeiden mit den Gattungen *Panopaea*, *Saxicava* u. s. w., die Anatiniden mit *Thracia*, *Anatina*, *Lyonsia*, *Pandora*, ferner die Myiden mit *Mya* und *Tugonia*, die eine Unterabtheilung der Myiden bildenden Corbulinen mit *Corbula*, *Potamomya*, *Neaera*, endlich die Mactriden mit *Mactra*, *Lutraria*, *Eastonia*, *Anapa*.[2] Wollen wir diese Familien kurz charakterisiren, so finden wir die Panopaeiden mit grösstentheils äusserem, seltener innerem Ligamente, an dessen vorderem Ende in jeder Klappe ein kräftiger Zahn steht; bei den Anatiniden ist das Ligament ganz oder grösstentheils innerlich, es umschliesst in der Regel ein kleines Kalkstückchen oder „Knöchelchen", und liegt meist in einem vom Wirbel senkrecht nach abwärts reichenden Ligamentlöffel. Bei den Myiden steht der Löffel horizontal, bei den Corbuliden sind neben den inneren Ligamentträgern einzelne kräftige Zähne vorhanden, bei den Mactriden ist das Ligament ebenfalls innerlich und dessen Träger mit einem complicirten Systeme zahnartiger Vorsprünge ausgestattet, von denen die einen unter dem Wirbel stehen, die anderen gegen die Seiten geschoben sind.

Diese wenigen Schlagworte geben natürlich die Merkmale der verschiedenen Familien nicht in erschöpfender Weise an, sie heben nur die Hauptkennzeichen der typischen Formen hervor; um die Bedeutung der einzelnen Gruppen und ihre verwandtschaftlichen Beziehungen zu einander verstehen zu können, müssen wir einen etwas eingehenderen Vergleich der Schlosspartien vornehmen.[3] Wir stellen zu diesem Zwecke zunächst zwei sehr verschiedene Typen einander gegenüber, nämlich *Panopaea* und *Mya*. Bei *Panopaea* ist das Ligament grösstentheils äusserlich, in einer tiefen, von mächtigen Nymphen gestützten Vertiefung, ein kleinerer Theil des Bandes liegt innerlich auf der Schlossplatte, und vor demselben steht ein kräftiger Schlosszahn. Bei *Mya* fehlt jede Spur eines Zahnes, das Band ist innerlich und heftet sich in der linken Klappe an einen grossen, horizontal weit vorspringenden Löffelfortsatz, in der rechten ist es nach der gewöhnlichen Definition „in einer Grube unter dem Wirbel befestigt". Diese zwei Entwicklungen scheinen durchaus verschieden, und wir werden zunächst untersuchen, ob das thatsächlich der Fall ist, oder in welcher Weise sie mit einander in Verbindung gebracht werden können.

In erster Linie vergleichen wir die beiden Schalen von *Mya* mit einander, und zwar diejenigen der bekannten lebenden *Mya truncata*; man gibt in der Regel an, dass nur die linke Klappe einen Ligamentlöffel führe, die rechte dagegen nicht, allein diese Auffassung erweist sich bei näherer Betrachtung als falsch; in der rechten Klappe wurzelt das Ligament nicht in einer Aushöhlung der Schalenmasse, sondern es ist auch hier eine selbständige Schalenlamelle von löffelförmiger Gestalt vorhanden, welche allerdings mit dem grössten Theile ihrer Hinterseite an die Schale angewachsen ist, nach unten und vorne aber frei vorspringt. Da auch die einzelnen Vorsprünge und Leisten denjenigen des Löffels der linken Klappe entsprechen, nur mit jenen Abänderungen, welche aus der verschiedenen Lage hervorgehen, so müssen wir die Ansatzstelle des Ligamentes in der rechten Klappe als einen echten und demjenigen der linken Klappe genau homologen Löffel betrachten. Der Unterschied in diesem Merkmale beruht demnach bei den Gattungen *Thracia*, *Anatina* u. s. w. nur in der veränderten Lage der Ligamentlöffel, nicht in dem Fehlen des einen derselben. Was die Richtung dieser Löffel anlangt, bildet die Gattung *Tugonia* ein Bindeglied zwischen *Mya* und den anderen verwandten Formen; der Löffel der rechten Klappe ist hier schon frei, aber schräg gegen die Schalenwandung gerichtet, jener der linken hat ebenfalls seine charakteristische horizontale Lage verloren und steht schief.

---

[1] Natürlich können aus jeder Familie nur einige wenige Gattungen als Beispiele angeführt werden.

[2] Ich führe hier die sonst wenig wichtige Gattung *Anapa* an, um hervorzuheben, dass dieselbe in allen Werken unrichtig beurtheilt wird; sie wird in die Nähe von *Ervilia* gestellt, während sie eine echte Mactrideuform darstellt; *Anapa* ist nichts weiter als eine verkümmerte *Mactra*, welche, wie das öfter vorkommt, klein und dabei auffallend dickschalig ist, und bei welcher in Verbindung damit die Zähne etwas undeutlich entwickelt sind. Der Vergleich grösseren Materials wird wahrscheinlich zur Vereinigung von *Anapa* mit *Mactra* führen.

[3] Neumayr, Zur Morphologie des Bivalvenschlosses. A. a. O. S. 103.

Wir gehen nun einen Schritt weiter und vergleichen die linke Klappe von *Mya truncata* mit derjenigen von *Thracia phaseolina*; abgesehen von der bei letzterer Art annähernd senkrechten Stellung des Ligamentträgers, liegt ein Unterschied darin, dass dieser hier ganz hinter dem Wirbel steht und die Form eines rechtwinkligen Dreieckes trägt, dessen Hypothenuse von dem Schalenrand gebildet wird, eine Entwicklung, in welcher *Mya arenaria* zwischen *Mya truncata* und *Thracia phaseolina* ein Mittelglied bildet. In den Einzelheiten der Zusammensetzung ergibt eine genaue Untersuchung vollständige Übereinstimmung; Abweichungen finden sich nur in den Grössenverhältnissen in Folge der Verschiebung nach hinten und der Reduction auf die Hälfte des Raumes bei *Thracia*. Bei letzterer finden wir vom Schalenrande hinter den Wirbeln ausgehend zunächst eine schmale vom Wirbel herabziehende Furche, welche bei *Mya* durch eine eingesenkte dreieckige Fläche ersetzt wird. Dann folgt bei *Thracia* etwas schwächer, bei *Mya* etwas stärker vorspringend der Hinterrand der Ligamentfläche; diese selbst wird bei *Thracia* von einer scharfen, bei *Mya* von einer stumpf abgerundeten Leiste durchzogen, die schräg nach hinten gerichtet ist, und vor welcher bei *Thracia* noch ein sehr schmaler, bei *Mya* ein breiter Abschnitt der Fläche steht. Nach vorne ist der Abschluss bei beiden durch einen scharfen Rand gegeben.

An der morphologischen Übereinstimmung der Bandfortsätze oder Ligamentlöffel von *Mya truncata* und von *Thracia phaseolina*, sowohl im Ganzen als in den Einzelnheiten kann unter diesen Umständen nicht gezweifelt werden, und der einfachste Vergleich, auf den wir hier nicht näher einzugehen brauchen, zeigt, dass diess auch von den entsprechenden Theilen von *Anatina* und anderen Gattungen mit einfachen Löffeln gilt. Wenden wir uns nun weiter und gehen von *Thracia phaseolina* zu *Thracia corbuloides* über, so finden wir bei der ersteren Art die Schalen über den Ligamentfortsätzen ausgeschnitten, die Fortsätze etwas gegen den Ausschnitt gedreht und das Ligament selbst in halb äusserlicher Lage; bei *Thracia corbuloides* ist der Ligamentträger verschmälert, stark nach aussen gedreht und von den Nymphen einer Form mit äusserem Ligament nur wenig mehr verschieden. Es wird dadurch die Verbindung zwischen *Mya* und *Panopaea* hergestellt, und wenn man die Schalen der grossen lebenden *Panopaea Aldrovandi* betrachtet mit dem tief eingesenkten Ligamente, den mächtigen Nymphen und dem zu diesen wulstig aufgebogenen Schalenrande, so wird eine solche Parallele in der That sehr plausibel erscheinen. Allein die Übereinstimmung beschränkt sich nicht auf diese allgemeinen Verhältnisse, sondern sie erstreckt sich auch auf Einzelnheiten; nehmen wir wieder die linken Klappen, und zwar von *Thracia phaseolina* und von *Panopaea Aldrovandi* zur Hand, so finden wir, dass der Zahn bei letzterer Art dem Vorderrande des Ligamentträgers von *Thracia phaseolina* entspricht;/ der vom Wirbel schräg nach hinten zu den wulstigen Nymphen ziehende Kiel correspondirt genau der bei *Thracia* auf dem Ligamentträger verlaufenden scharfen Leiste, und durch denselben wird bei *Panopaea*, wie bei *Thracia*, die Bandmasse in einen kleineren vorderen und einen grösseren hinteren Abschnitt getheilt; nur ein erhabener Hinterrand fehlt bei *Panopaea*, oder wird hier vielmehr durch den Schalenrand selbst gebildet.

In dieser Weise sehen wir die grösste Übereinstimmung in der Entwicklung dieser überaus wichtigen Theile bei sehr von einander abweichenden Formen der Desmodonten, wie: *Mya*, *Tugonia*, *Thracia*, *Anatina*, *Panopaea* und deren zahlreichen nahen Verwandten. Wir können aus dieser sehr weit gehenden und selbst kleine Einzelnheiten betreffenden morphologischen Identität auf enge Zusammengehörigkeit all' dieser Formen und auf deren genetischen Zusammenhang schliessen, und es zeigt uns dieses Verhalten mit grösster Bestimmtheit, dass eine Gruppirung der Muscheln nach der Zahl der Kiemen, nach welcher *Mya* und *Panopaea* in die eine, *Thracia* und *Anatina* in die andere Hauptabtheilung der Classe gerathen würden, unmöglich der Natur entsprechen kann. Ein zweiter Punkt von Wichtigkeit besteht darin, dass wir bei *Panopaea* zum erstenmale einen sogenannten Schlosszahn eines Desmodonten sehen, welcher aber kein selbständiges Gebilde, sondern lediglich eine Verstärkung und Modification des Aussenrandes des Ligamentträgers darstellt.

An der Hand dieser Ergebnisse können wir uns nun der Betrachtung der übrigen Desmodonten mit ihren theilweise verwickelteren Einrichtungen zuwenden. Wir betrachten zunächst die Gattung *Corbula*, als einen Typus der Corbuliden, von welchem die anderen Angehörigen der Familie nur wenig abweichen, und wählen als Beispiel eine der grossen Formen, wie sie namentlich im Eocän des Pariser Beckens häufig vorkommen,

z. B. *Corbula gallica*, da bei den kleinen Arten, wie sie gewöhnlich auftreten, z. B. bei unserer lebenden *Corbula gibba*, die Einzelnheiten schwer mit voller Genauigkeit zu unterscheiden sind. Bei diesen etwas ungleichklappigen, nicht klaffenden Formen ist im Allgemeinen das Verhalten derart, dass eine tiefe innere Ligamentgrube vorhanden ist, welche in jeder Klappe von einem Zahne begleitet wird, und zwar steht dieser in der linken Klappe hinter, in der rechten vor dem Ligament, das also zwischen den beiderseitigen Zähnen eingeklemmt ist. Vergleichen wir die einzelnen Elemente näher mit einander, so finden wir bei anscheinend grosser äusserer Verschiedenheit doch volle morphologische Übereinstimmung mit *Mya truncata*. Der Zahn, welcher bei *Corbula* in der linken Klappe hinter der Ligamentgrube steht, zeigt eine eigenthümliche, breit dreieckige Gestalt und auf seiner Oberseite verlaufen verschiedene erhabene Linien, welche genau denjenigen auf dem Ligamentlöffel der linken Klappe von *Mya truncata* entsprechen, wie wir sie oben kennen gelernt haben. Die vom Wirbel von *Corbula* zum Hinterrande des Zahnes herabziehende Leiste entspricht dem Hinterrande des Ligamentlöffels von *Mya*, die vom Wirbel aus fast genau den Zahn halbirende Linie und der Vorderrand des Zahnes correspondiren der gedoppelten Mittellinie des Löffels von *Mya*, die eigentliche Ligamentgrube von *Corbula* und die dieselbe umrahmende Schalenpartie finden wir in der Vorderhälfte des Ligamentlöffels von *Mya* wieder, während der Vorderrand dieses letzteren in einer feinen Leiste angedeutet ist, welche bei *Corbula* von vorne her in die Tiefe der Bandgrube hinabzieht. In ganz analoger Weise entsprechen sich auch die rechten Klappen, und hier ist die Übereinstimmung so klar, dass es nicht nothwendig ist, dieselbe im Einzelnen nachzuweisen; nur darauf mag hingewiesen werden, dass der Zahn in der rechten Klappe dem Vorderrande des Löffels von *Mya truncata* entspricht, der an derselben Stelle ein rudimentäres Zähnchen trägt.

Die schwierigsten Verhältnisse finden wir bei der Gattung *Mactra*, deren Schloss auf den ersten Blick ein ganz fremdartiges und von den Desmodonten vollständig abweichendes Gebilde darzustellen scheint. Das Ligament ist innerlich, aber in jeder Klappe sind zwei divergirende Cardinalzähne und vorne und hinten Lateralzähne. Der Zahl und in den gröbsten Zügen auch der Lage nach stimmen diese Elemente mit denjenigen des Heterodontenschlosses überein, und in der Regel wird auch *Mactra* mitten unter die Heterodonten gestellt, und oft geradezu als Veneride mit innerem Ligamente bezeichnet. Wir werden die Unrichtigkeit dieser Auffassung später nachweisen; hier soll zunächst gezeigt werden, dass wir es mit einem echten Desmodontenschlosse zu thun haben, nicht mit einem Angehörigen des Heterodontentypus.

Betrachten wir die beiden Klappen von *Mactra*, so sehen wir zunächst, dass das Ligament unmittelbar hinter dem hinteren der zwei sogenannten Cardinalzähne und vor dem hinteren Lateralzahne auf der flach ausgebreiteten Schlossplatte liegt. Der Hauptunterschied zwischen den beiden Klappen besteht darin, dass die Cardinalzähne der linken Klappe an ihrem oberen Ende an einander stossen und verwachsen; sie bilden einen ٨-förmigen Zahn, den die beiden Zähne der rechten Klappe, ohne zu verwachsen, von aussen umfassen. In zusammengeklapptem Zustande bleibt also der Raum zwischen den beiden Cardinalen unausgefüllt, die Zahnformel wäre demnach $\frac{L.\ 0\ 1\ 0\ 1\ 0}{R.\ 1\quad 0\quad 1}$ in unvereinbarem Widerspruche mit dem Schema der Heterodonten, bei welchen die Zähne wechselständig sind und die Lücken in der gegenüberliegenden Klappe ausfüllen; bei diesen müsste bei Anwesenheit von zwei Cardinalzähnen in jeder Klappe die Anordnung sein: $\frac{1 0 1 0}{0 1 0 1}$.

Allerdings ist auch die Zurückführung auf den Desmodontentypus nicht ohne weiteres möglich, und wir müssen zur Erleichterung des Verständnisses einige Zwischenglieder mit ins Auge fassen, namentlich die mit *Mactra* so nahe verwandten Gattungen *Lutraria* und *Eastonia*.

Von *Mactra* unterscheidet sich *Eastonia* kurz gesagt dadurch, dass ihre Schlosszähne schwächer entwickelt sind und dass statt der bei *Mactra* in der Regel nach unten horizontal abgestutzten Schlossfläche, die nur an der Auflagerungsstelle des Bandes etwas gerundet ist, ein Ligamentlöffel tritt. Vergleichen wir bei *Eastonia* zunächst die rechte Klappe, so finden wir die beiden Cardinalzähne zwar nur schwach, aber doch durchaus deutlich als zarte Lamellen entwickelt; der vordere unter ihnen verläuft in den Vorderrand des Ligamentlöffels, der hintere setzt als eine vom Wirbel schräg nach hinten ziehende Leiste mitten durch die Einsenkung des Löffels. Daraus geht zunächst hervor, dass auch bei *Mactra* nicht nur der vom Bande eingenommene Raum Ligamentfläche ist, sondern dass die ganze Schlossplatte von *Mactra* nichts Anderes als ein ausgeflachter Ligamentlöffel ist. In der rechten Klappe reicht die Ligamentfläche bis an den vorderen Cardinalzahn, der nichts Anderes ist, als der modificirte Vorderrand des Löffels oder Bandträgers, während der hintere Cardinalzahn morphologisch genau dasselbe ist, wie die schräg nach hinten verlaufende Linie, welche wir bei *Mya*, *Thracia* und *Panopaea* die Bandfläche durchsetzend gefunden haben.

Etwas verschieden verhält sich die Sache in der linken Klappe, deren Zähne bei *Eastonia* etwas weniger reducirt sind; trotzdem ist auch hier das Verhältniss ganz klar; wir können auch hier den Vorderrand des Ligamentlöffels deutlich als Zahn entwickelt sehen, der aber keinem cardinalen, sondern dem vorderen lateralen Zahne von *Mactra* entspricht. Die cardinalen Zähne sind stark mit einander verwachsen, und aus ihrer Lage geht hervor, dass sie ganz innerhalb des Ligamentträgers gelegene Gebilde darstellen. Beide zusammen entsprechen der schrägen Leiste im Ligamentlöffel, welche auch in der linken Klappe von *Mya truncata* als eine schwache Doppellinie erscheint.

Schwieriger ist die Deutung der Lateralzähne von *Mactra*; sie sind bei dieser Gattung stark, bei *Eastonia* schwach entwickelt, bei *Lutraria* kaum angedeutet, und sie bilden keinen sehr beständigen Theil des Schlosses. Vergleicht man die linken Klappen von *Thracia phascolina* und von *Eastonia rugosa*, so findet man, dass der hintere Lateralzahn der letzteren Art nur eine rückwärts gerichtete Verlängerung des Hinterrandes des Ligamentlöffels darstellt, und dass die Furche zur Aufnahme dieses Zahnes in der rechten Klappe jener Furche entspricht, welche bei *Thracia* zwischen Ligamentlöffel und Schalenrand verläuft; dass der vordere Lateralzahn der linken Klappe sich aus dem Vorderrande des Bandfortsatzes entwickelt, wurde schon früher erwähnt, und es hat auch keine Schwierigkeit, den hinteren Lateralzahn der rechten, ebenso wie denjenigen der linken Klappe zu deuten. Nur für den doppelten vorderen Lateralzahn der rechten Klappe gelingt eine solche Zurückführung nicht; derselbe kann nach seiner Lage bei *Eastonia* nicht mit dem Rande des Ligamentträgers in Verbindung gebracht werden, zumal dieser letztere sich bei *Eastonia* zum vorderen Cardinalzahn ausgebildet hat. Doch dürfte diesem Verhältnisse des rechten vorderen Lateralzahnes keine grosse theoretische Bedeutung zuzumessen sein, und in dem Auftreten desselben haben wir es offenbar nur mit der einfachen mechanischen Gegenwirkung in Folge der Entwicklung des entsprechenden Lateralzahnes in der gegenüberliegenden Klappe zu thun. Mit Ausnahme dieses einen Zahnes aber können wir alle Bestandtheile des *Mactra*-Schlosses auf die einzelnen Theile eines normalen Ligamentlöffels zurückführen, und wir haben also auch in dieser abweichendsten und verwickeltesten Bildung nur eine Abänderung des ursprünglichen Desmodontentypus vor uns.

Bei diesem Verhalten ist es klar, dass jede Parallelisirung mit den Heterodonten unmöglich ist, und wenn man auch versucht, die einzelnen Zähne und Gruben auf analoge Theile bei *Venus*, *Cardium* oder irgend einer anderen Gattung zurückzuführen, überzeugt man sich sofort von der durchgreifenden Verschiedenheit in der Grundanlage, wo immer man auch anzuknüpfen versucht. Auch die Annahme, dass diess nur eine Folge der starken Verschiebungen sei, welche das Schloss von *Mactra* durch das Eintreten des Ligamentes in die interne Lage bei *Mactra* erfahren hat, ist durchaus unhaltbar. Diess ergibt sich wohl am deutlichsten durch den Vergleich mit der früher allgemein zu den Mactriden gestellten Gattung *Rangia* (*Gnathodon*), welche in Wirklichkeit an eine ganz andere Stelle, in die Nähe der später zu besprechenden Familie der Cyreniden gehört.

Wir finden hier ein typisches Heterodontenschloss mit wechselständigen, die gegenüberliegenden Gruben ganz ausfüllenden Zähnen; das innerlich gelegene Ligament liegt nicht oberflächlich auf einer dünnen Schlossplatte, sondern ist in diese tief eingesenkt und steht mit den Bestandtheilen des eigentlichen Schlosses in gar keiner organischen Verbindung; es ist ein vollständig fremdes Element, das sich zwischen hinteren Lateralzahn und Cardinalzähne einschiebt, aber keine andere Umgestaltung, als eine Vorwärtsdrängung dieser letzteren hervorbringt.

[1] Ursprünglich hatte ich auch die Gattungen *Mesodesma*, *Paphia* u. s. w. zu den Desmodonten gebracht, jedoch irrthümlicherweise; die Gründe für meine jetzige Auffassung werden später dargelegt werden.

Wir haben einige der wichtigsten Vertreter der Ordnung der Desmodonten unter einander verglichen, und uns überzeugt, dass in der Entwicklung der Schlosspartieen bei ihnen allen eine gemeinsame Grundanlage vorhanden ist, welche auch bei den verwickeltsten und abweichendsten Bildungen stets wieder kenntlich ist. Da auch in einer Anzahl anderer wichtiger Merkmale Übereinstimmung herrscht, so können wir daraus nach Analogie der Verhältnisse in anderen Gruppen auf gemeinsame Abstammung, und zwar, wie früher gezeigt wurde, auf Herkunft von den Protomyen unter den Palaeoconchen schliessen. Allein wir müssen uns daran erinnern, dass wir zu dem Nachweise des morphologischen Zusammenhanges zwischen den einzelnen Gruppen der Desmodonten nicht durch die palaeontologische Methode gelangt sind, d. h. nicht durch Beobachtung der historischen Entwicklung des ganzen Stammes und der zeitlichen Aufeinanderfolge der einzelnen Typen, sondern mit geringer Ausnahme nur durch Vergleich der in der Jetztwelt neben einander auftretenden Formen oder ihrer nächsten Verwandten in sehr jungen Ablagerungen. Der Grund dafür liegt hauptsächlich in der sehr grossen Schwierigkeit, hinreichende Schlosspräparate von diesen meist dünnschaligen Formen zu erhalten, und selbst im günstigen Falle an Präparaten geologisch alter Formen aus harten Gesteinen die feineren Einzelheiten des Baues wahrzunehmen. Wir müssen daher wenigstens nachträglich zu prüfen suchen, ob es gelingt, die Reihenfolge der einzelnen Typen und deren nähere Abstammungsverhältnisse festzustellen.

Leider sind auch für diesen Zweck die Anhaltspunkte ziemlich dürftig; allerdings können wir sagen, dass die ursprünglichsten Formen, wie *Homomya* und *Pleuromya* am weitesten zurückgreifen, ferner, dass die mit verhältnissmässig einfachen Ligamentträgern ausgestatteten Gattungen, wie *Anatina*, *Thracia* und *Corbula* schon in älteren Ablagerungen vorkommen als *Mactra* mit ihrer verwickelten Schlossbildung, welche nach unseren bisherigen Erfahrungen zuerst im oberen Jura erscheint. Allein diese Ergebnisse sind doch unsicher, weil uns die Schlossbildung nicht von einer genügenden Artenzahl bekannt ist und daher die Wahrscheinlichkeit neuer, die bisherigen Resultate umgestaltender Funde eine verhältnissmässig grosse ist.

Auf die Schilderung der normalen Formen der Desmodonten können wir hier nicht weiter eingehen; das Studium dieser meist mangelhaft erhaltenen Vorkommnisse hat bisher wenig geliefert, was Interesse erwecken könnte. Dagegen müssen wir uns noch mit einer abweichenden, höchst sonderbaren Gruppe von Formen befassen, welche meist Höhlungen in Holz oder festen Gesteinen, seltener in Sand und Schlamm bohren. Es sind das diejenigen Formen, welche häufig unter dem Namen der Tubicolen oder Röhrenmuscheln zusammengefasst werden, und welche in die Familien der Gastrochaeniden, der Clavagelliden, der Pholadiden und der Terediniden zerfallen. Den einfachsten Typus bilden die Gastrochaeniden, welche von der Trias, vielleicht schon von der permischen Formation an auftreten; die sehr dünnen, gleichklappigen, vorne sehr stark klaffenden und ausgeschnittenen Schalen haben keine Schlosszähne und schwaches äusseres Ligament; diese Schalen liegen lose in den tiefen Löchern, welche die Thiere in festen Stein bohren; meist bauen sie sich kalkige Röhren, welche die Löcher im Stein auskleiden, aber mit den Schalen in keiner näheren Verbindung stehen. Anders ist das Verhältniss bei den Clavagelliden, bei welchen nur in der Jugend die Schalen frei sind, später verwachsen sie entweder beide *(Aspergillum)* mit der kalkigen Röhre, welche das Bohrloch im Gesteine ausfüllt, oder das ist nur mit der linken Klappe der Fall *(Clavagella)*, während die rechte frei bleibt. Das Vorderende der Röhre ist geschlossen, oft mit einem Kranz vorstehender Dornen umgeben, bisweilen siebförmig durchbohrt *(Aspergillum)*. Bei den Pholadiden, welche theils in Holz, theils in Stein bohren, sind ebenfalls keine Schlosszähne vorhanden und das Ligament verschwindet im Alter; die Schalen sind mit einer eigenthümlichen, aus reihenweise angeordneten Dornen oder Knoten bestehenden Sculptur versehen, und klaffen stark nach vorne, wie die Gastrochaenen, doch ist dieser Ausschnitt oft durch accessorische Kalkstücke verschlossen, und solche treten auch in der Schlossregion auf. Es ist das der einzige Fall im ganzen Gebiete der Muscheln, dass zu den beiden Klappen äusserlich noch weitere Stücke hinzutreten. Bei der Gattung *Pholas* L. und ihren nächsten Verwandten sind die Schalen verhältnissmässig gross und lang gestreckt; bei den im Jura und in der Kreideformation auftretenden Arten von *Turnus* Gabb oder *Xylophagella* Meek sind die Schalen stark verkürzt, schief abgestutzt oder rechtwinklig ausgeschnitten und konnten wahrscheinlich nur einen verhältnissmässig kleinen Theil des Körpers decken; wir werden dadurch zu *Teredo* und seinen Verwandten geführt. Hier sind die Klappen sehr klein, vorne und hinten stark ausgeschnitten und klaffend, sie decken nur einen sehr kleinen Theil des lang gestreckten Körpers und sind nicht mit der kalkigen Röhrenauskleidung verwachsen, mit welcher diese Thiere ihre Rohrgänge auskleiden. An den lebenden Formen sind ziemlich verwickelte Einrichtungen der Schalen und ihrer accessorischen Stücke, sowohl bei den Pholaden als bei *Teredo* und Verwandten vorhanden und man hat darauf eine Anzahl von Gattungen und Untergattungen gegründet; wir gehen auf diese eigenthümlichen Bildungen nicht weiter ein, da sie sich bei fossilen Formen nicht erhalten und wir daher von ihrer Heranbildung im Laufe der Zeit nichts wissen.

Es ist in hohem Grade wahrscheinlich, dass all diese Formen in innigem verwandtschaftlichen Zusammenhange stehen, und auf *Gastrochaena* oder einen ihr nahe stehenden Typus zurückzuführen sind. Ebenso kann kaum ein Zweifel darüber herrschen, dass *Gastrochaena* sich den Desmodonten auf's engste anschliesst und von irgend einer Form derselben abstammt; diesen Stammtypus aber näher zu bezeichnen sind wir durchaus nicht im Stande, nur nach dem Vorkommen von *Gastrochaena*, dem Fehlen von Zähnen und der vollständig äusserlichen Lage des Ligamentes kann man folgern, dass dieselbe unter den ältesten und ursprünglichsten Typen der Desmodonten zu suchen sein wird.

Zum Schlusse sei noch hervorgehoben, dass die Desmodonten mit der geringen Ausnahme einiger weniger *Corbula*-Formen (*Potamomya*) durchwegs Meeresbewohner sind.

Die Taxodonten.

Treten die Desmodonten, wenigstens in typischen, mit Mantelbucht ausgestatteten Vertretern erst in den jüngeren palaeozoischen Ablagerungen auf, so gehört im Gegentheile die Ordnung der Taxodonten zu den allerältesten Vorkommnissen von Muscheln, die wir überhaupt kennen, indem sie schon in den Trematodenbildungen Englands vergesellschaftet mit Palaeoconchen vorhanden sind. Im Silur findet man ihre Angehörigen schon in Menge, und manche der Formen, welche sich hier zeigen, stehen jetzt lebenden Typen so nahe, dass es unmöglich ist, sie generisch von einander zu trennen; *Nucula*, *Leda*, *Arca*, *Macrodon* sind derartige conservative Typen, wie wir deren im ganzen Gebiete der Thierwelt nur wenige kennen. Vom Silur an verbreiten sich dann die Taxodonten durch alle späteren Formationen, und sie sind noch heute durch eine beträchtliche Anzahl von Arten und Gattungen vertreten.

Die Taxodonten sind Formen mit gleichklappigen Schalen [1], mit amphideter Bandlage, und zwei gleichen Schliessmuskeln, mit vier gleichen oder ungleichen Kiemen. Die Schlosszähne sind in grosser Zahl vorhanden, in einer geraden, gebogenen oder gebrochenen Reihe angeordnet, ohne Verbindung mit einem Ligamentlöffel und ohne Differenzirung in cardinale und laterale Zähne [2]. Entweder ist die ganze Reihe undifferenzirt (*Ctenodonta*, *Nuculina*), oder sie gliedert sich in eine vordere und hintere Hälfte, die entweder annähernd gleich (*Pectunculus*, *Arca* z. Th., *Cucullaea*, *Nucula* z. Th., *Leda* z. Th.) oder ungleich sind (*Macrodon*, *Leda* z. Th., *Nucula* z. Th., *Arca* z. Th.). Auch in der Grösse treten Unterschiede ein; bisweilen sind die Zähne längs der ganzen Reihe gleich stark, oder unter dem Wirbel am stärksten, weit häufiger sind sie unter dem Wirbel schwach und nehmen nach den Seiten an Stärke zu, oder sie sind unter den Wirbeln schwach, nehmen an Grösse zu, werden aber dann aber wieder kleiner. Eine bestimmte Regel, deren Vorhandensein man sogar als charakteristisch für die Taxodonten gehalten hat, besteht in dieser Beziehung nicht.

Wir sehen, dass in der Ausbildung der Zähne grosse Mannigfaltigkeit unter den Taxodonten herrscht, aber trotzdem ist der ganze Typus der Anordnung doch ein ausserordentlich einheitlicher und charakteristischer, und nur die Gattung *Macrodon* mit starker Verschiedenheit in Richtung und Form zwischen den Zähnen der vorderen und hinteren Reihe stellt ein etwas fremdartiges Gebilde dar, das allerdings den Übergang zu einem anderen Zahntypus darstellt.

---

[1] Nur bei abnorm gedrehten Arten findet sich eine Abweichung.

[2] Ich habe früher die Zahnreihe der Taxodonten als undifferenzirt bezeichnet, insoferne als keine Gliederung in Cardinal- und Lateralzähne vorhanden ist. Von Conrath wurde jedoch mit Recht darauf hingewiesen, dass dieser Ausdruck buchstäblich genommen unrichtig ist.

Innerhalb anderer Abtheilungen der Muscheln kommen Schlossentwicklungen, die mit derjenigen der Taxodonten verwechselt werden konnten, nur äusserst spärlich vor. Schon früher wurde erwähnt, dass bei *Praecardium* und anderen Palaeoconchen gelegentlich Zahnreihen erscheinen, doch wurde der Unterschied zwischen beiden Ausbildungsarten dort eingehend erörtert. Ferner finden wir solche bei den Mytilidengattungen *Brachydontes* und *Crenella*, bei welchen hinter dem Wirbel eine Reihe feiner ineinander greifender Zähnchen auftritt; es wird dadurch eine Art von Schlossverbindung hervorgebracht, welche der Function nach dem Taxodontenschlosse entspricht, aber morphologisch mit diesem nicht übereinstimmt, indem es sich nur um verhältnissmässig stark vorspringende Endigungen von Sculpturrippen handelt; ausserdem liegt bei diesen Formen das lineare Ligament innerhalb der Zahnreihe. Nur bei einer einzigen Gattung tritt eine Schlossbildung auf, welche wirklich weitgehende Übereinstimmung mit derjenigen der Taxodonten zeigt, und zwar ist das der Fall bei der afrikanischen Unionidengattung *Pleiodon*.

Man unterscheidet unter den Taxodonten in der Regel zwei grosse Familien, die Arciden und die Nenculiden, welche sich der Hauptsache nach dadurch von einander unterscheiden, dass bei den ersteren die Schlosslinie gerade gestreckt oder gebogen ist, das Band äusserlich auf einer Area ausgebreitet liegt und keine Perlmutterschale vorhanden ist, während die Nueuliden mit ausgezeichneter Perlmutterbildung ausgestattet sind, eine winklig gebrochene Schlosslinie tragen und keine Area besitzen. Allerdings ist keines dieser Merkmale durchgreifend und allgemein giltig, sondern es findet sich eine Reihe von Ausnahmen, so dass eine ganz scharfe Grenze nicht gezogen werden kann.

Wir wenden uns zunächst zu der Familie der Arciden, deren wesentlichste Merkmale wir soeben kennen gelernt haben; von anderen Charakteren ist hervorzuheben, dass die Mantelränder nicht verwachsen und keine Siphonen vorhanden sind; das Ligament ist bei den meisten Formen äusserlich auf einer dreieckigen, seltener niedrigen, horizontal abgegrenzten Bandarea ausgebreitet, nur bei wenigen, aberranten, kleinen Formen ist das Band innerlich in einer kleinen Grube, wobei eine Area vorhanden ist oder fehlt.

Die Arciden bieten heute drei Haupttypen, welche durch die grossen Gattungen *Arca*, *Cucullaea* und *Pectunculus* vertreten werden.

Vergleichen wir zunächst *Arca* und *Cucullaea* mit einander, so finden wir, dass die erstere Gattung im Allgemeinen gestreckteren, meist nicht auffallend eckigen Umriss zeigt, dass die Schlosszähne in grosser Zahl vorhanden und nur wenig differenzirt sind; vollständige Gleichheit herrscht allerdings selten, sondern die seitlich gelegenen Zähne sind in der Regel etwas stärker als die unter dem Wirbel gelegenen. Dieser Typus ist im Umrisse, in der Dicke der Schalen, in der Verzierung, der Entwicklung der Bandarea und den Einzelheiten des Schlosses mannigfachen Schwankungen unterworfen; die zahlreichen Untergattungen, die darauf gegründet worden sind, haben jedoch nur untergeordneten Werth und wir können deren allmählige Entwicklung noch nicht verfolgen. Von einiger Bedeutung und Selbständigkeit ist wohl nur die im oberen Jura und in der unteren Kreide sehr verbreitete *Isoarca* mit sehr aufgetriebenen, nach vorne geschobenen, eingerollten Wirbeln und fast ganz hinter den Wirbeln gelegener Area. Der *Arca*-Typus lässt sich ohne bedeutende Verschiedenheit bis ins Silur zurück verfolgen, und gehört daher zu den sehr alten und conservativen Vorkommnissen.

Cucullaea, welche in der Jetztzeit nur mehr durch drei Arten (namentlich *Cucullaea concamerata*) und auch im Tertiär nur wenig vertreten ist, zeigt ihre höchste Entwicklung in der Kreideformation; auch aus dem Jura werden schon zahlreiche Cucullaeen angeführt, doch zeigen dieselben die Gattungscharaktere noch nicht in voller Reinheit. Die Hauptmerkmale bestehen äusserlich in gedrungener, eckiger Gestalt mit grosser Bandarea und sehr entwickelten Wirbeln; die Schlosszähne sind sehr stark verschieden, indem unter dem Wirbel einige wenige, senkrecht stehende Zähnchen stehen, während beiderseits 3—5 lang gestreckte, leistenförmige, dem geraden Schlossrande fast parallele Zahnlamellen auftreten. Endlich ist der hintere, bisweilen auch der vordere Muskeleindruck dadurch ausgezeichnet, dass derselbe auf einer mehr oder weniger stark vorspringenden, dünnen Platte angebracht, oder durch dieselbe begränzt ist.

Die scharfe Scheidung zwischen *Arca* und *Cucullaea*, welche in der Jetztwelt vorhanden ist, hat sich erst im Laufe der Zeit entwickelt; verfolgen wir die Cucullaeen in ältere Ablagerungen zurück, so geht zunächst ein Merkmal, das Vorhandensein einer Muskelplatte, verloren; dann aber finden wir unter den Formen der Jura- und Kreideformation auch solche, bei welchen die Charaktere des Schlosses weniger ausgeprägt sind die senkrecht gestellten Zähne gewinnen an Zahl und Ausdehnung, die dem Schlossrande parallelen seitlichen Zähne werden zunächst an der Vorderseite kürzer, mehr schräg und endlich fast senkrecht und dann vollzieht sich derselbe Vorgang auch am Hinterrande, so dass man alle möglichen Zwischenstufen zwischen dem Schlosse einer *Arca* und demjenigen einer *Cucullaea* zusammenstellen kann. Dem Umrisse kömmt an sich nur wenig Bedeutung zu, und so sehen wir die beiden in der Jetztwelt so scharf getrennten Gattungen *Arca* und *Cucullaea* in den mesozoischen Schichten in einander verlaufen. In noch älteren Ablagerungen scheint der Cucullaeentypus ganz zu fehlen, während *Arca* auch in alten palaeozoischen Schichten vielfach verbreitet ist, und darum kann man *Cucullaea* als einen Abkömmling von *Arca* bezeichnen.[1]

Während *Cucullaea* nach kurz dauernder, ziemlich reicher Entwicklung in der zweiten Hälfte der mesozoischen Periode sehr rasch wieder zurücktritt und nur mehr durch wenige seltene Arten vertreten wird, entwickelt sich aus ihr eine neue Gattung, *Pectunculus*, welche wir als den dritten Hauptrepräsentanten der Arciden in der Jetztwelt genannt haben, und welche jetzt, wie in der Tertiärzeit, zu den sehr verbreiteten Muschelformen gehört; auch in der Kreideformation ist die Sippe schon vertreten, doch viel weniger als in späterer Zeit.

Pectunculus hat nahezu gleichseitige, annähernd kreisrunde, derbe Schale, mit meist ziemlich gut entwickelter, dreieckiger Baudarea; das Schloss besteht aus einer bogenförmigen Reihe von Zähnen, welche unter dem Wirbel am schwächsten sind und gegen aussen an Stärke zunehmen. Die Muskeleindrücke sind kräftig vertieft, und mit mehr oder weniger entwickelten, erhabenen Leisten ausgestattet, welche den Muskelplatten von *Cucullaea* genau entsprechen, aber meist kürzer und derber entwickelt sind.

Die Bogenstellung in der Anordnung der Schlosszähne ist bei den verschiedenen Formen sehr ungleich entwickelt; bei manchen ist der Unterschied zwischen den central und den seitlich gelegenen Zähnen nicht sehr gross, und damit geht in der Regel ziemlich vollkommen bogige Entwicklung Hand in Hand. Bei anderen dagegen sind die mittleren Zähne sehr klein und geradlinig angeordnet, und nur ganz an den Seiten treten wenige, sehr kräftige Zähne übereinander auf, welche sich von den entsprechenden Gebilden bei *Cucullaea* nur durch bedeutend kürzere Gestalt unterscheiden; diese kurzen Zähne stehen übereinander und sind der Reihe nach zur Seite hinausgerückt; nur durch diese Lage der äussersten seitlichen Zähne ist bei diesen Formen eine Annäherung an die Bogenstellung gegeben; die mittleren Theile des Schlosses sind geradlinig (Vergl. z. B. *Pectunculus Fichteli* Partsch, *Pectunculus oboratus* Lam.). Der Unterschied zwischen einer solchen Form und *Cucullaea* ist augenscheinlich ein geringer. Er wird noch bedeutend vermindert durch das Dazwischentreten der Untergattung *Trigonoarca* Cour., welche in den Kreideablagerungen verschiedener Gegenden, am häufigsten in denjenigen Nordamerika's vorkömmt, und zwischen *Cucullaea* und *Pectunculus* so vollständig die Mitte hält, dass es kaum möglich ist, zu sagen, mit welcher von beiden Gattungen diese Formen mehr Verwandtschaft haben.

Den besprochenen drei Haupttypen der Arciden schliessen sich in der Jetztwelt und in jüngeren Ablagerungen einige weniger bedeutende Gattungen an, meist kleine Formen, welche namentlich durch die Lage des Ligamentes ausgezeichnet sind; das Band liegt in einer Grube mitten zwischen den Zähnen des Schlosses, die Area ist entweder vorhanden oder fehlt; hierher gehören *Limopsis*, *Trigonocoelia* und einzelne andere Sippen, die aber keinen Anlass zu eingehenderer Besprechung bieten.

Weit wichtiger ist die Gattung *Macrodon*, welche in der Jetztwelt bis auf einzelne, nicht eben typische Formen ausgestorben ist, die aber in den palaeozoischen und mesozoischen Ablagerungen eine sehr bedeutende Rolle spielt, ja in den älteren Schichten vielleicht den bedeutsamsten Typus der ganzen Familie darstellt. Im

---

[1] Die Aufstellung der umgekehrten Auffassung bei Zittel, Palaeontologie I. S. 49. dürfte wohl nur auf einem lapsus calami beruhen, da Zittel selbst die Cuculaceen nur bis in den mittleren Jura zurückdatirt, *Arca* dagegen als schon im Silur vorkommend angibt.

Allgemeinen zeigen diese Formen den Arcidentypus, jedoch mit stark excentrischen Wirbeln; die Ligamentarea ist nicht wie gewöhnlich ausgesprochen dreieckig, sondern ihre obere Begrenzungslinie ist der Schlosslinie fast parallel. Die Zähne sind vorne und hinten sehr ungleich; die vorderen sind kurz und meist schräg gestellt, während vom Wirbel ab nach rückwärts einige wenige untereinander und mit dem Schlossrande parallele, lamellenförmige Zähne verlaufen. In der Anordnung der Zähne kommen einige Schwankungen vor, welche man zur Aufstellung von Untergattungen verwendet hat; so werden Formen mit mehr horizontal gelagerten vorderen Zähnen als *Parallelodon* bezeichnet, und andere wenig abweichende Typen haben die Namen *Omalia*, *Nemodon* u. s. w. erhalten, doch sind das durchwegs Unterscheidungen von geringerer Bedeutung.

Die Gattung *Macrodon* ist nicht nur wegen ihrer grossen Verbreitung und ihres Artenreichthums von Interesse, sondern in noch weit höherem Grade ist das der Fall, weil wir es in ihr mit einem der wichtigsten Übergangsglieder zu thun haben, welches die Taxodonten an andere Ordnungen der Muscheln knüpft.

Die zweite Familie der Taxodonten bilden die Nuculiden, welche gleich den Arciden schon in uralten Ablagerungen auftreten. Die beiden Schliessmuskel sind gleich gross; die Mantelränder sind entweder ganz frei oder theilweise mit einander verwachsen, und dann treten zwei Siphonen und bisweilen auch eine Mantelbucht auf; die Kiemen sind klein, die Mundanhänge mächtig entwickelt. Die Schalen der fast ausnahmslos kleinen Formen sind gleichklappig oder zeigen nur sehr geringe Unterschiede, sie sind mit sehr kräftiger Perlmutterschale und mit einer Epidermis ausgestattet. Das Schloss besteht aus einer unter dem Wirbel im Winkel gebrochenen Reihe von zahlreichen Zähnen, zwischen denen das Ligament in der Regel genau median in einer inneren Grube angebracht ist; nur bei einigen wenigen Gattungen (*Malletia*, *Tyndaria*) ist das Band äusserlich; eine Area ist niemals vorhanden.

Was diese Nuculiden in erster Linie interessant macht, ist der Umstand, dass sie innerhalb ihres verhältnissmässig kleinen Formengebietes ganz ausserordentlichen Schwankungen in einigen Merkmalen unterworfen sind, welchen man vielfach einen sehr hohen Grad von Beständigkeit und den massgebendsten Einfluss auf die Classification zuzugestehen pflegt, nämlich in der Verwachsung der Mantellappen, dem Vorhandensein oder Fehlen von Siphonen und einer Mantelbucht. Während bei *Nucula* die Mantelränder frei sind, keine Siphonenbildung und keine Mantelbucht vorhanden ist, sind die Mantelränder bei *Leda* verwachsen und es tritt eine schwache Andeutung einer Ausbuchtung der Mantellinie auf, und *Yoldia* zeigt sogar eine sehr kräftige Mantelbucht. Es sind das Abweichungen, die für die Hauptmasse der Muscheln zu der Unterscheidung der grossen Abtheilungen der Asiphoniden und Siphoniden, der Integropalliaten und Sinupalliaten geführt haben; die Nuculiden bilden dazu eine Art von Parallelreihe im Kleinen, die aber ohne weiteres trotz Mantelbucht und Siphonen vieler Angehörigen den Asiphoniden einverleibt wird.

In der Jetztwelt sind zwei Gattungen von Nuculiden sehr artenreich und verbreitet, nämlich *Nucula* und *Leda*; bei beiden ist das Ligament in einer Grube unter den Wirbeln innerlich angebracht, und zwar zwischen den beiden Schenkeln der Reihenschlosses; der Charakter ist also ein ausgezeichnet amphidelter. *Nucula* ist von kurz gedrungener, dreieckiger oder eiförmiger Gestalt, und wie schon erwähnt, mit nicht verwachsenen Manteländern, ohne Siphonen und Mantelbucht; bei *Leda* dagegen sind die Mantelränder verwachsen, Siphonen sind vorhanden, eine Mantelbucht aber kaum angedeutet, so schwach wie sie bei verschiedenen Formen vorzukommen pflegt, die man in der Regel als integropalliat bezeichnet; ausserdem ist *Leda* durch längeren, gestreckteren Umriss charakterisirt; die Hinterseite ist geschnabelt, läuft spitz zu, trägt häufig einen oder zwei Kiele und ist bisweilen stark verlängert. An *Leda* schliesst sich ziemlich nahe die Gattung *Yoldia* an, welche durch stark entwickelte Mantelbucht ausgezeichnet ist. Die meisten dieser Formen sind Tiefseebewohner.

Ausser den genannten herrschenden Formen kommen in der Jetztzeit auch einige andere Nuculidenformen vor, welche zwar nur geringe Verbreitung haben, aber trotzdem von Wichtigkeit sind, weil sie abweichende Merkmale besitzen und dadurch Anknüpfungspunkte an andere Gruppen geben. So fehlt bei der Gattung *Sarepta* die Perlmutterschale; ebenso verhält es sich mit der Gattung *Malletia*, welche ausserdem durch den Besitz einer Mantelbucht, namentlich aber noch dadurch ausgezeichnet ist, dass das Ligament nicht innerlich, sondern äusserlich angebracht ist; dasselbe hat lineare Form, und die Hauptmasse liegt, von Nymphen gestützt in einer Furche hinter dem Wirbel, doch greift der epidermale Theil des Bandes auf die Vorderseite des Wirbels über, der amphidete Typus macht sich also auch hier geltend; nahe damit verwandt ist *Neilo* mit fast gerader Schlosslinie.

Nuculiden sind in den älteren Formationen sehr verbreitet; die tertiären und mesozoischen Typen bilden wenig Bemerkenswerthes dar, wenn auch einzelne, etwas aberrante Typen, wie *Tyndaria*, im italienischen Neogen und *Ptychostolis* im Jura von Novaja Semlja vorkommen; dagegen sind die palaeozoischen Vorkommnisse von grosser Bedeutung. Von den jetzt lebenden Gattungen werden *Leda* und *Nucula* sehr häufig aus palaeozoischen Schichten angeführt, und eine sehr bedeutende Artenzahl ist beschrieben worden; auch *Yoldia* wird citirt, doch ist meines Wissens das einzige wesentliche Merkmal dieser Gattung, die grosse Mantelbucht, noch bei keiner palaeozoischen Form nachgewiesen worden.

Was die Gattungen *Nucula* und *Leda* anlangt, möchte ich deren Auftreten in sehr alten Ablagerungen nicht in Zweifel ziehen, wenn ich auch den Verdacht nicht unterdrücken kann, dass man bei der Zutheilung zu einer oder der anderen dieser Gattungen oft etwas rasch zu Werke gegangen ist. Bisweilen sieht man bei solchen sogenannten *Nucula*- oder *Leda*-Arten sehr abweichende Schlossbildung, indem die Zähne statt zu beiden Seiten des Wirbels, nur hinter demselben angebracht sind, oder statt der langen, gebrochenen Reihe nur einige wenige ganz gleiche Zähne unter dem Wirbel stehen u. s. w. Bei einer in Einzelheiten eingehenden Revision der palaeozoischen Nuculiden dürfte hier Anlass zur Aufstellung einer oder der anderen neuen Gattung gegeben sein. Vor allem aber ist zu bemerken, dass man selbst bei sehr gutem Erhaltungszustande nur selten eine Spur eines in der Mitte der Zahnreihen gelegenen inneren Ligamentgrübchens bemerkt; im Gegentheile ist ziemlich häufig die Erhaltung eine derartige, dass man mit Bestimmtheit das Fehlen einer inneren Ansatzstelle des Bandes behaupten kann. Es ist sehr wahrscheinlich, dass die grosse Mehrzahl der Formen, welche man heute als paläozoische Arten von *Leda* und *Nucula* bezeichnet, nicht inneres, sondern äusseres Ligament hatten, wie das heute bei *Malletia* und *Neilo* der Fall ist. Allerdings schliessen wir vorläufig nur indirect auf ein solches Verhalten aus dem Fehlen einer inneren Anheftungsstelle, aber diese Folgerung ist eine durchaus sichere, und ausserdem kennen wir eine ganze Reihe altpalaeozoischer Gattungen von Nuculiden, bei welchen die äusserliche Lage des Bandes unmittelbar nachgewiesen ist, wie *Nuculites*, *Cucullella*, *Palaeoneilo*, *Ctenodonta*. Bei all diesen Formen liegt das Band äusserlich in einer linearen Grube, und während dieses Merkmal in der Jetztzeit und im Tertiär nur ganz vereinzelt bei wenigen sehr artenarmen, wenig verbreiteten und seltenen Gattungen vorkömmt, scheint es in palaeozoischer Zeit der grossen Mehrzahl der Nuculiden zugekommen zu sein.

Ein anderes, eigenthümliches Merkmal mancher der geologisch alten Nuculiden ist das Vorhandensein einer erhabenen Leiste, welche im Inneren der Schalen vom Wirbel gegen den vorderen Muskeleindruck oder geradeaus gegen unten verlauft; es zeigt sich diese Eigenthümlichkeit bei *Cucullella*, *Nuculites*, *Adranaria* und einigen anderen. Von grösserer Wichtigkeit sind die Schwankungen, die sich in der Anordnung der Schlosszähne ergeben; einige derselben wurden schon oben beiläufig erwähnt, so das Auftreten der Zähne nur auf einer Seite des Wirbels, die Reduction auf einige wenige gerade unter dem Wirbel stehende Zähne, ferner bedeutender Gegensatz zwischen den vor und hinter dem Wirbel stehenden Zähnen u. s. w. Von besonderer Bedeutung sind diejenigen Abänderungen, bei welchen die typische Anordnung der Nuculidenzähne zu zwei im Winkel zusammenstossenden Reihen verloren geht, und die Zähne eine einfache, mehr oder weniger gebogene Reihe darstellen; das ist in ausgezeichneter Weise bei der Gattung *Cyrtodonta* der Fall, in etwas geringerem Maasse bei *Nuculites*, während *Palaeoneilo* Übergänge zwischen dieser und der typischen Nuculidenentwicklung liefert; bei *Nuculites* ist die Biegung der Zahnreihe ziemlich unbedeutend.

Weitere Eigenthümlichkeiten sind in Beziehung auf die Muskulatur zu beobachten; bei manchen geologisch jungen Formen sind im Innern der Schalen, den Wirbeln genähert, einzelne (drei) kleine accessorische Muskeleindrücke zu beobachten, welche zum Ansatze für den Fussmuskel zu dienen scheinen. In mächtig gesteigertem Maassstabe tritt nun derselbe Charakter bei manchen palaeozoischen Formen hervor, für welche ich die Gattung oder wohl besser Untergattung *Myoplusia* vorgeschlagen habe. So sehen wir bei einem Theile der von Barrande unter dem Namen *Leda bilunata* vereinigten Exemplare diese accessorischen Muskeleindrücke sehr stark entwickelt (Barr. Tab. 270, f. I, 6, 10); bei einem der Stücke stehen zwischen dem hinteren Adductor und Wirbel noch zwei Muskeleindrücke, welche hinter dem ersteren kaum an Grösse und Stärke zurückbleiben, und zwei weitere, lang gestreckte Eindrücke ziehen vom Wirbel nach abwärts. Natürlich ist es sehr fraglich, ob die ausserordentlich entwickelte Muskulatur, welche solchen Ansätzen entspricht, wirklich nur für den Fuss bestimmt war, und es drängt sich die Frage auf, welche Function dieser um den Wirbel concentrirten Muskulatur zugekommen sein mag. Es werden diese Bedenken noch mehr angeregt durch eine höchst seltsame Muschelform, die Gattung *Anusculu*[1] aus dem untersten Silur Böhmens; es sind das eiförmige Muscheln mit einer kleinen Zahl von Zähnen nicht näher festgestellten Charakters unter dem wenig vorspringenden Wirbel; die birnförmigen Schliessmuskel beginnen sehr schmal in unmittelbarer Nähe des Wirbels und ziehen von da dem Rande entlang bis fast zur Mitte der Höhe der Schale; der Raum zwischen den beiden Adductoren ist in der Wirbelregion durch 4—5 lang gestreckte, kleinere Muskeleindrücke ausgefüllt. Es ist vorläufig nicht möglich, eine Deutung dieser Einrichtung oder derjenigen von *Myoplusia* zu geben; da aber *Anusculu* zu den geologisch ältesten Muscheln gehört, die wir kennen, so müssen wir ihrer sonderbaren Beschaffenheit Aufmerksamkeit schenken und die Möglichkeit im Auge behalten, dass diese Muskelanordnung bei den noch älteren, cambrischen Bivalven, eine weitverbreitete gewesen sei.

Werfen wir einen Blick auf die verschiedenen Typen der Taxodonten zurück, so finden wir, dass zwar practisch die Scheidung von Nuculiden und Arciden wenig Schwierigkeit macht, dass aber kein durchgreifendes Merkmal zur Unterscheidung beider vorhanden ist; die Perlmutterbildung liefert keine Entscheidung, da *Mallctia* und *Neilo* unter den Nuculiden derselben entbehren, und überdies für die geologisch alten Formen keinerlei Anhaltspunkt vorliegt, ob sie perlmutterglänzendes Schaleninneres hatten oder nicht. Ähnlich verhält es sich mit der Lage des Bandes; es gibt einzelne Arciden mit innerem und in den jüngeren Formationen einzelne, in den palaeozoischen Schichten sehr viele Nuculiden mit äusserem Ligament; auch das Vorhandensein einer Area ist kein durchgreifendes Merkmal der Arciden, wie *Trigonocoelia* beweist[2]. Endlich haben wir gesehen, dass die gebrochene Zahnreihe nicht allen Nuculiden zukömmt, und dass die Gestalt dieser Reihe bei *Nuculites* sanft geschweift ist; andererseits haben nicht alle Arciden gerade Schlosslinie, sondern dieselbe ist, auch abgesehen von den jungen und augenscheinlich derivirten Pectunculiden, bei manchen Formen, wie *Isoarca* und *Carbonarca* etwas gebogen.

Es wird dadurch der Gedanke an eine gemeinsame Abstammung dieser Formen natürlich nahe gelegt, zumal der gemeinsame Typus des Schlosses schon darauf hinweist; für genetischen Zusammenhang spricht zunächst der Umstand, dass unter den Nuculiden, wenn wir in geologisch sehr alte Schichten zurückgehen, die Formen auffallend an Zahl zunehmen, welche keine gebrochene Zahnreihe und kein inneres Ligament haben, also den Nuculidentypus nicht rein an sich tragen, sondern sich den Arciden nähern; es geht das so weit, dass man nur mehr die Ligamentarea als einen Unterschied nennen kann, denn die oben genannten Arciden ohne Area, welche man allenfalls als Übergangsformen aufzufassen geneigt sein könnte, sind sämmtlich geologisch sehr jungen Typen, welche allem Anscheine nach die Area secundär verloren haben. Allein auch unter den geologisch sehr alten Arciden treten Formen auf, bei welchen die Area auffallend unentwickelt ist; ich führe z. B. die *Macrodon*-Arten an, welche Hall aus dem amerikanischen Devon abbildet, und bei welchen eine ausgedehnte Ligamentfläche, wenn überhaupt vorhanden, jedenfalls nicht scharf abgegrenzt erscheint. Von sehr grosser Wichtigkeit sind jedoch zwei Formen, welche Barrande unter den Namen *Arca (?) disputabilis* und *Kossoriensis* aus dem böhmischen Untersilur abbildet, und welche ich als die Typen einer neuen Gattung *Procarca* betrachte.[3] Diese Formen haben die gerade Schlosslinie und das Schloss einer *Arca*,

---

[1] *Anusculu* oder *Babinka* Barr. a. a. O. S. 31, Tab. 266.
[2] Die Zugehörigkeit von *Nuculina* zu den Arciden scheint mir nicht unbestreitbar.
[3] Barrande, a. a. O. Tab. 265. Die Gattung *Procarca* kann folgendermassen gekennzeichnet werden: "gleichklappig, ungleichseitig, schwach gewölbt mit wenig vorspringenden Wirbeln; Oberfläche mit schwachen concentrischen Streifen;

aber es fehlt ihnen jede Spur einer Ligamentarea, und das Band dürfte daher äusserlich linear angebracht gewesen sein.

Dem Auftreten solcher Zwischenformen, wie *Nuculites*, *Praearca* u. s. w. in sehr alten Ablagerungen gegenüber dürfte kaum mehr ein Zweifel an der gemeinsamen Abstammung der Arciden und Nuculiden gestattet sein; innerhalb der Nuculiden müssen wir die Formen mit linearem äusserem Ligamente als die ursprünglicheren, diejenigen mit innerer Bandgrube als derivirte Typen betrachten. Innerhalb der Arciden konnten wir eine Entwicklungsreihe verfolgen, welche von *Arca* über *Cucullaea* und *Trigonoarca* zu *Pectunculus* führt.

Ehe die Taxodonten verlassen werden, müssen wir uns noch mit der wichtigen Frage befassen, ob wir die Herkunft derselben aus einer anderen Abtheilung der Muscheln nachweisen, oder wahrscheinlich machen können; bei einer früheren Gelegenheit habe ich auf Beziehungen zu den Palaeoconchen hingewiesen, und heute, nach abermaligem und eingehenderem Studium der einschlägigen Literatur und nach den Ergebnissen, welche in der Zwischenzeit veröffentlicht worden sind, kann ich nur an der damaligen Auffassung festhalten.

Wir haben oben bei Besprechung der Palaeoconchen gesehen, dass bei mancherlei Formen derselben, namentlich bei solchen aus den Familien der Praecardiiden und Antipleuriden die Kerbung der Schalenränder, wie sie bei gerippten Muscheln so häufig vorkömmt, auch unter den Wirbeln durchzieht, und dass die Kerben bei einer Anzahl dieser Formen sich zu wirklichen in einander greifenden Zähnen entwickeln; der Unterschied gegen eigentliche Schlosszähne besteht darin, dass bei diesen Palaeoconchen tiefe Auskerbungen des ganzen Schalenrandes auftreten, während bei anderen Muscheln die äusserste Schalenlage nicht an der Zahnbildung theilnimmt. Sonst stimmt die Scharnierverbindung mancher Praecardiiden in auffallender Weise mit derjenigen der Taxodonten überein, namentlich solcher Formen, bei welchen die Differenzierung der Zähne am geringsten ist. Was die Lagerung des Ligamentes anlangt, findet man unter den Praecardiiden sowohl Arten, bei welchen das lineare Band in einer dem Hinterrande parallelen Grube liegt, wie bei den ursprünglichen Nuculiden, als auch solche mit einem Schlossfelde, welches nur als Ligamentarea gedeutet werden kann, wie sie bei den Arciden auftritt. Die Frage ist also, ob der Unterschied in der Zahnbildung als ein sehr bedeutsamer betrachtet werden muss, so dass ein Übergang von dem einen zum anderen Typus nicht angenommen werden darf; es ist das entschieden nicht der Fall, sondern wir finden stellenweise unter den Muscheln, dass nahe verwandte Formen sich in dieser Hinsicht wesentlich abweichend verhalten. So nimmt bei *Mya truncata* auch die äusserste Schalenlage an dem Aufbaue des Ligamentlöffels der linken Klappe Theil, und ebenso betheiligt sie sich bei der den Myen verhältnissmässig nahe stehenden *Corbula* aus dem Pariser Eocän (vergl. oben, *Corbula*) an der Zusammensetzung des Zahnes der linken Klappe; betrachten wir dagegen die stärker von *Mya* abweichende *Corbula gibba* unseres Meeres, oder eine verwandte Form, so sehen wir den betreffenden Zahn mehr nach einwärts vom äussersten Rande weg gerückt, und eben so sieht man, dass derselbe den inneren Schalenlagen angehört.

Diese Beobachtung zeigt, dass dem in Rede stehenden Merkmale nur relativer Werth zukömmt, und die Differenzierung, in Folge deren bei den Taxodonten die äusserste Schalenlage nicht mehr an der Zahnbildung theilnimmt, scheint eine Folge der grösseren Dicke ihrer Gehäuse gegenüber den papierdünnen Palaeoconchen. Allerdings liegt in all dem noch kein Beweis für den genetischen Zusammenhang beider Abtheilungen, allein es tritt dazu noch das Vorkommen gewisser Formen, welche so sehr in der Mitte zwischen beiden Abtheilungen stehen, dass man nicht unterscheiden kann, ob sie auf die eine oder auf die andere Seite gerechnet

---

Muskeleindrücke und Mantellinie unbekannt; Schlossrand lang, gerade, mit zahlreichen in gerader Linie aneinandergereihten schwachen Schlosszähnen; keine Area, Ligament äusserlich, vermuthlich linear." Der wesentliche Unterschied gegen *Arca* besteht in dem Fehlen der Area und der daraus folgenden abweichenden Lagerung des Bandes. Die radial gestreifte Gattung *Pararca* Hall, welche Ähnlichkeit zeigt, hat keine ausgesprochenen Schlosszähne, sondern ihre Zähne nähern sich eher den Schlosskerben der Palaeoconchen; überdies ist die Entwicklung der Schlosslinie eine so durchaus abweichende, dass schon desshalb an eine generische Vereinigung nicht gedacht werden kann. *Pararca* ist ein Typus, von dem so schwer zu entscheiden ist, ob er den Palaeoconchen oder den Taxodonten zugerechnet werden soll. Vergl. Hall, a. a. O. Tab. 91, Fig. 21.

werden sollen. Eine solche Form ist *Nucula tenerrima* Barr.[1] aus dem böhmischen Obersilur, welche schon ganz den Charakter einer *Nucula* an sich trägt, bei welcher aber die Verbindung der Zähne mit Sculpturrippen noch in klarster Weise hervortritt; auch *Paracea venusta* Hall und *Paracardium tenuistriatum* Keys. scheinen demselben Übergangsgebiete anzugehören, soweit nach Abbildungen ein Urtheil überhaupt möglich. Durch diese Vorkommnisse wird in der That die Abstammung der Taxodonten von Palaeoconchen und die Heransbildung des Reihenschlosses aus Randkerben sehr wahrscheinlich. Allerdings dürfen wir nicht die uns namentlich aus Böhmen in solcher Menge bekannt gewordenen Praecardiiden als die unmittelbaren Vorfahren der Taxodonten betrachten, da die grosse Mehrzahl der ersteren dem Obersilur angehört, während die letzteren schon aus dem obersten Theile der cambrischen Formation, wenn auch noch in sehr ungenügender Weise, bekannt geworden sind. Wir können die Praecardiiden nur als im Schlossbaue stationär gebliebene Abkömmlinge der Stammformen auffassen, aus welchen sich die Taxodonten in der cambrischen Zeit entwickelt haben; zu diesen stehen sie in annähernd ähnlichem Verhältnisse, wie z. B. der jetzt lebende *Pygasteroides*[1] unter den Seeigeln zu den Clypeastriden und Cassiduliden, oder wie unter den Säugethieren der australische *Thylacinus* zu den alttertiären Creodonten.

Die Heterodonten.

Die grosse Ordnung der Heterodonten umfasst in der Jetztzeit fast genau die Hälfte aller bekannten Arten von Muscheln[2]; sie haben aber dieses relative Übergewicht nicht von Anfang an inne, sondern haben dasselbe erst im Laufe der Zeit erhalten; im Silur sind sie, wenn überhaupt, so jedenfalls nur überaus schwach durch eine verschwindend kleine Zahl von Arten vertreten; im Devon tritt eine beschränkte Zahl deutlich charakterisirter Formen hervor, welche sich in Kohlenformation und Perm mässig steigert. In grösserer Menge und als einen sehr wesentlichen Bestandtheil der Bivalvenfauna finden wir die Heterodonten zum erstenmale in der Trias und von da an sind sie bis auf den heutigen Tag in steter Zunahme, was ausser ihnen nur noch bei den Desmodonten der Fall ist.

Der Hauptcharakter der Heterodonten ist in der Zusammensetzung ihres Schlosses gegeben, es sind die Formen mit normalem, aus cardinalen und lateralen Zähnen zusammengesetztem Schlosse. Dazu gesellt sich aber noch eine Anzahl anderer Merkmale, so dass wir die Ordnung gut charakterisiren können: „Schale bei freien Formen stets gleichklappig, bei festgewachsenen unregelmässig entwickelt, innerlich niemals mit Perlmutterglanz; Ligament äusserlich oder innerlich, opisthodet gelagert; Schlosszähne in geringer Zahl vorhanden, in cardinale und laterale differenzirt; Cardinalzähne wechselständig, die Zahngruben der Gegenklappe ganz ausfüllend. Cardinale Zähne sehr selten, laterale bisweilen fehlend (Reductionsformen)". Zwei gleiche Schliessmuskeln. Meist mit Siphonen; mit oder ohne Mantelbucht".

Diese Merkmale lassen eine Verwechslung mit anderen Abtheilungen der Muscheln nur in sehr wenigen Ausnahmsfällen zu; von den Palaeoconchen sind sie durch das Vorhandensein eines Schlosses geschieden; von den Taxodonten trennt sie die Gliederung der Zähne in cardinale und laterale und der Mangel einer reihenförmigen Anordnung, wobei allerdings hervorgehoben werden muss, dass in palaeozoischen Schichten einige Übergangsformen zwischen beiden vorkommen; von den Schizodonten trennt sie der geschilderte Charakter der Zähne und der stete Mangel einer Perlmutterschale, welche bei den Schizodonten unabänderlich vorhanden ist. Von den Anisomyariern weichen sie durch den Charakter des Schlosses, sowie dadurch ab, dass zwei gleiche Schliessmuskel vorhanden sind.

---

[1] Vergl. Stämme d. Thierreiches, S. 383 ff., S. 579.
[2] Adams zählt in seinen Genera of recent Mollusca im Jahre 1858 etwa 1181 Arten von Muscheln auf, und zwar 2075 Heterodonten und Chamaceen, 674 Anisomyarier, 562 Schizodonten, 515 Desmodonten, 327 Taxodonten und 4 Solenomyen (Palaeoconchen?). Natürlich sind seit 34 Jahren sehr viele neue Arten beschrieben worden, doch dürften sich die Proportionen nicht stark geändert haben. Ich habe die angegebenen Ziffern durch rasche Zählung erhalten, daher sind kleine Irrthümer in denselben wahrscheinlich.

Grosse Aufmerksamkeit erfordert nur die Scheidung von Heterodonten und Desmodonten, doch ist auch hier, wenn man das Wesen der Sache einmal erfasst hat, ein Irrthum kaum mehr möglich; bei den Formen mit äusserem Ligamente ist eine Verwechslung bei normalen Typen überhaupt ausgeschlossen, die Schwierigkeiten beginnen erst bei den Heterodonten mit innerem Ligament; auch bei diesen ist grossentheils der Charakter noch sehr ausgesprochen, und bei vielen Gattungen mit ziemlich dicker Schale ist der Heterodontencharakter in der Schlossanordnung ein sehr klarer und der Knorpel ist als ein vom Schlosse ganz unabhängiges Element in die Schlossplatte eingesenkt, so dass niemand über die Natur solcher Formen, z. B. einer *Rangia*, einer *Crassatella*, in Zweifel gerathen kann. Verwickelter wird die Sache, wenn das Ligament breiter wird als die Schlossplatte, indem nun dem entsprechend eine locale Erweiterung der Schlossplatte eintreten kann, die einem Ligamentlöffel sehr ähnlich ist, ja unter Umständen geradezu als ein wirklicher Löffel bezeichnet werden muss. In diesem Falle ist in der That die Ähnlichkeit mit Desmodonten eine grosse, um so mehr, als diese Erscheinung am stärksten bei dünnschaligen Formen eintritt, bei welchen auch die Schlosszähne häufig eine Reduction erleiden. Allein auch hier ist bei aufmerksamer Prüfung die Frage fast immer mit Sicherheit zu entscheiden, und es gibt nur eine Gattung, bei der, wie unten gezeigt werden wird, die angeführten Merkmale zur Trennung von Heterodonten und Desmodonten nicht ausreichen. Betrachtet man nämlich eine der fraglichen Heterodontenformen, wie *Scrobicularia*, *Abra*, *Semele*, *Paphia*, *Mesodesma*, *Donacilla*, *Ervilia* u. s. w. in der Weise, dass die beiden Schalen in einander gepasst sind, und man nur die eine Klappe so weit aufhebt, dass man gut ins Innere und auf die Schlosspartie hineinblicken kann, dann sieht man, dass bei all diesen Heterodonten vor dem Ligamente Cardinalzähne stehen, die in der charakteristischen Weise so in einander greifen, dass die Zähne der einen Klappe die Gruben in der anderen ganz ausfüllen, und unmittelbar hinter ihnen folgt dann die Ligamentgrube oder der Löffel. Ganz anders verhält es sich bei den Desmodonten, welche nie eine geschlossene Zahnreihe vor dem Ligament zeigen; ich will nur zwei Typen anführen, die allenfalls mit den Heterodonten verwechselt werden könnten, nämlich *Mactra* und *Corbula* mit ihren Verwandten; alle anderen stehen ohnehin weit entfernter. Bei *Mactra* sieht man auf den ersten Blick eine weit klaffende Lücke zwischen den Cardinalzähnen und ist das ganze Schloss so locker gefügt, wie das bei Heterodonten nie vorkömmt. Bei *Corbula* ist die Schlossregion weit gedrungener gebaut, allein auch hier ist der Unterschied sehr auffallend, das Band liegt nicht hinter den Zähnen, sondern der grosse Zahn der rechten Klappe berührt denjenigen der linken nicht, das Ligament ist zwischen beide eingeklemmt.

Bei genügender Berücksichtigung dieser Verhältnisse wird man fast nie in Verlegenheit gerathen, ein vollständiges Exemplar sofort richtig zu beurtheilen, während allerdings einzelne Klappen oder Abbildungen kaum in allen Fällen für ein Urtheil genügen dürften.

Eine derartige Untersuchung des Schlosses lässt auch erkennen, dass die verwandtschaftliche Stellung einzelner Gattungen verkannt, und dieselben eine unrichtige Stellung mitten unter fremdartigen Typen angewiesen worden ist. So konnte ich vor einigen Jahren zeigen, dass die Beziehungen der Gattung *Rangia* missdeutet worden seien, und dasselbe ist, wie oben erwähnt, mit *Anapa* der Fall. Eine dritte in dieser Weise verkannte Gattung ist *Cumingia*, welche in der Regel neben *Scrobicularia* und *Semele*, also neben Heterodonten mit innerem Ligamente angeführt wird; in Wirklichkeit aber haben wir es mit einer Form zu thun mit ausgezeichnetem, vorspringendem Ligamentlöffel und mit einer Anordnung der Zähne, die gar nichts mit dem Heterodontentypus gemein hat; *Cumingia* ist ein typischer Desmodonte, und zwar ein Mactride mit reducirten Pseudocardinalzähnen. [1]

Allerdings gibt es unter den Heterodonten mit äusserem Ligamente eine Gattung, welche nach den Schalenmerkmalen von den Desmodonten nicht zu unterscheiden ist, nämlich *Adacna*, jene Formen des caspischen Meeres umfassend, welche in den wesentlichen Punkten der Organisation mit *Cardium* übereinstimmen,

---

[1] Ich führe die an sich ziemlich unbedeutende Gattung *Cumingia* hier speciell an, da es sonst nahe liegen würde, dieselbe als gegen meine Auffassung sprechend anzuführen. Mir selbst hat die Gattung ausserordentliche Schwierigkeiten gemacht, da eine Trennung von *Semele* nach den Abbildungen unmöglich schien; alle Zweifel zerstreuten sich augenblicklich, als ich ein Exemplar von *Cumingia* in die Hand bekam.

und mit diesem durch Übergänge verbunden sind, aber an ihrer überaus dünnen Schale keine Spur von Zähnen zeigen, und mit sehr langen Siphonen und Mantelbucht ausgestattet sind. In der That sind diese Formen anfangs als *Pholadomya* beschrieben worden, und es ist das auch ganz begreiflich. Natürlich beweist eine derartige vereinzelte Abnormität gar nichts gegen das hier eingeschlagene Eintheilungsprincip; sie liefert nur ein Beispiel, in welch' excessiver Weise die Mollusken des brakischen Wassers in allen ihren Merkmalen variiren.

Wollte man sich auf die in der Literatur verwendeten Namen verlassen, so würden sich ziemlich viele noch jetzt lebende Heterodontengattungen, wie *Astarte, Lucina, Diplodonta, Cardium* und andere bis in uralte Ablagerungen erstrecken; allein diese Angaben sind durchaus unbeglaubigt. Aus dem Cambrium kennen wir noch keine Spur von Heterodonten; auch aus dem Silur wissen wir überaus wenig, ja es liegt die genaue Abbildung und Beschreibung von *Anodontopsis Milleri* Meek aus der Cincinnati-Gruppe vor, so wäre ich sehr in Zweifel, ob man die Existenz von Heterodonten im Silur als hinreichend erwiesen betrachten könnte; an den *Lucina*-ähnlichen Formen, für welche Hall den Namen *Paracyclas* gegeben hat, ist von Zähnen nichts bekannt geworden.

Anodontopsis Milleri[2] hat keine Mantelbucht; im Schlosse sind ein kurzer vorderer, ein langer hinterer Lateralzahn und zwei Cardinalzähne in jeder Klappe vorhanden; nach diesen Eigenthümlichkeiten können nur Cypriniden[3], Luciniden, Cardiiden und Cyreniden verglichen werden. Von diesen sind die Cardiiden durch die Kreuzstellung der Cardinalzähne und die Kürze und symmetrische Anlage der Lateralen unterschieden; auch bei den Luciniden sind die Lateralen, wenn vorhanden, kurz und annähernd gleich. Es bleiben noch die Cypriniden und die Cyreniden, die in ihren nicht ganz typischen Vertretern nicht mit voller Sicherheit zu unterscheiden sind; immerhin wird die nicht ganz klare Entwicklung des vorderen Laterals eher für Cypriniden sprechen; in der ziemlich schwachen Ausbildung der Cardinalen zeigt sich übrigens auch ein Anklang an die Lucinen, und man kann daher *Anodontopsis Milleri* als eine Cyprinidenform mit Beziehungen zu Cyreniden und Luciniden bezeichnen.

Ausser dieser einen Form hat das Silur nichts geliefert, was bei Beurtheilung der Heterodonten in Betracht kommen könnte. Etwas reichlicher treten Heterodonten im Devon auf.

Unter den hervorragendsten Formen des Devon ist zunächst die Gattung *Megalodus* zu nennen, mit massiger Schlossplatte, ohne Lateralzähne oder nur mit Rudimenten von solchen, und mit eigenthümlichen Muskelleisten ausgestattet; mit den normalen Formen der geologisch jüngeren Heterodonten steht *Megalodus* nicht in näherer Beziehung, ebensowenig können wir die Gattung als eine sehr ursprüngliche betrachten; im Gegentheil ist dieselbe wegen der eigenthümlichen Entwicklung des Schlosses und der Muskelleisten als ein stark specialisirter Typus anzusehen, und kommt daher für jetzt, für unsere nächstliegenden Aufgaben nicht in Betracht. Eine zweite Gruppe devonischer Heterodonten, für welche die Gattungsnamen *Pleurophorus, Cypricardia* u. s. w. verwendet worden sind, wird gekennzeichnet durch kräftige Entwicklung der hinteren Lateralzähne, durch das Vorhandensein von zwei bis drei Cardinalzähnen, zu denen sich noch ein, von den Cardinalen allerdings nicht scharf geschiedener vorderer Lateralzahn gesellen kann. Diese Formen sind einerseits nahe mit *Anodontopsis Milleri* verwandt, andererseits schliessen sie sich auf's allerinnigste an die geologisch jüngeren Formen der Familie der Cypriniden, vor allem an die recente Gattung *Cypricardia* an.[3]

Einen weiteren Typus devonischer Heterodonten bilden Formen, welche sich durch das Fehlen der massigen Schlossplatte und der Muskelleisten von *Megalodus*, durch das Fehlen von Lateralzähnen von den Cypriniden unterscheiden; hierher gehören *Prosocoelus* Kef., ferner *Cartonotus* Salter und die als *Schizodus*

---

[1] Paleontology of Ohio, Vol. II, Tab. 12, Fig. 1.
[2] Ob diese Art wirklich zu *Anodontopsis* M'Coy gehört, ist überaus fraglich.
[3] Cypriniden mit Einschluss von *Pleurophorus* und *Palaeocardia*. Die Rechtfertigung dieser Auffassung vergl. unten.
[4] Die sogenannten *Schizodus*-Arten des Devon zeigen nicht die normalen Merkmale dieser Gattung, und namentlich fehlt ihnen die tiefe Spaltung des Zahnes der linken Klappe, welche den Schizodontentypus in erster Linie begründet; ob man alle die devonischen Formen *Cartonotus* nennen, oder ob etwa der Koninck'sche Namen *Protoschizodus* eintreten soll, bedarf weiterer Untersuchung.

bezeichneten Arten des Devon. Alle nähern sich der Familie der Astartiden, die schiefe Stellung der Zähne und die Verlängerung des hinteren Cardinalzahnes nach rückwärts lassen *Prosocoelus* als Verwandte von *Cardita* und speciell der Section *Venericardia* erkennen, während *Curtonotus* und Verwandte sich nahe an *Astarte* selbst anschliessen. Auch zu *Schizodus* sind entschiedene Beziehungen vorhanden, wenn auch eine Identification mit dieser Gattung unrichtig ist.

Bei der Erörterung der Frage, welcher Typus unter den Heterodonten als der ursprünglichste betrachtet werden solle, können offenbar nur die an *Pleurophorus* und *Cypricardia* anschliessenden Formen oder die mit *Curtonotus* verwandten Astartiden in Frage kommen, deren Hauptunterschied, da die Weichtheile dieser alten Formen unbekannt sind, in der Entwicklung der Lateralzähne bei ersterer Gruppe, deren Fehlen oder sehr schwacher Ausbildung bei der zweiten gegeben ist. Dass beide Gruppen sehr nahe mit einander verwandt sind, darüber kann keinerlei Zweifel herrschen; dafür, dass die *Cypricardia*-ähnlichen Formen primitiver sind, spricht der Umstand, dass im Allgemeinen weit häufiger Reductionserscheinungen als hinzutretende Neubildungen zu einem fertigen Gebilde wie das Muschelschloss vorkommen; ausserdem treten bei den Astartiden sehr häufig Rudimente von Lateralzähnen auf. Endlich darf auch einiges, wenn auch nicht allzugrosses Gewicht auf den Umstand gelegt werden, dass weitaus das älteste Heterodontenschloss, das wir näher kennen, dasjenige von *Anodontopsis Mülleri* Meek, mit deutlichen Lateralzähnen ausgestattet ist.

Zu diesen schwer wiegenden, aber vielleicht an sich nicht vollkommen entscheidenden Belegen für die Ursprünglichkeit des Cypricardientypus gesellt sich noch ein Argument der wichtigsten Art, nämlich das Vorhandensein von Übergängen zwischen diesen Formen und den Taxodonten. Wir haben oben bei Besprechung der Arcidien die Gattung *Macrodon* kennen gelernt, bei welcher eine auffallende Scheidung zwischen den kurzen vor dem Wirbel stehenden und den langen dem Schlossrande parallelen, hinter dem Wirbel gelegenen Zähnen hervortritt. Bei manchen scheint eine Ligamentarea ganz zu fehlen, wie das ebenfalls schon hervorgehoben wurde, und an diese schliesst sich ein Formencomplex an, für welchen die Namen *Ctenodonta* Bill., *Palaearca* Hall und *Cypricardites* Conr. gegeben worden sind. Die Wirbel sind hier wie bei *Cypricardia* sehr weit nach vorne gerückt, die Zähne gliedern sich in eine vordere Gruppe von 2—8, dazu gesellen sich nach hinten einige lange Zahnleisten. Nimmt man nun solche Formen dieser Abtheilung, bei welchen die Zähne in grösster Zahl vorhanden sind, so wird niemand daran zweifeln, dass ein Taxodontenschloss vorliegt, das zwar etwas aberrant gestaltet ist, aber doch durch *Macrodon* eng mit den anderen Angehörigen dieser Ordnung verbunden wird. Die Arten mit wenigen Zähnen nähern sich so sehr den *Cypricardia*-ähnlichen Formen, dass auch hier keine Grenze zu ziehen ist; der hintere Lateralzahn von *Cypricardia* entspricht einer hinteren Zahnleiste von *Ctenodonta*, während Cardinalzähne und vorderer Lateral aus der vorderen Zahnreihe von *Ctenodonta* hervorgegangen sind; ja gerade der Umstand, dass man bei *Cypricardia* oft nicht ganz sicher entscheiden kann, ob ein vorderer Lateral vorhanden ist, oder ob man es mit einem vordersten Cardinalzahn zu thun hat, harmonirt auf's beste mit der Thatsache, dass all diese Zähne zusammen der vorderen undifferenzierten Zahngruppe von *Ctenodonta* entsprechen. Ja die Verbindung beider Gruppen ist so innig, dass man in manchen Fällen kaum entscheiden kann, in welche von beiden eine Form gehört; gerade die schematische Zeichnung, durch welche Conrad den Typus seiner Gattung *Cypricardites* veranschaulicht, stellt einen Schlosstypus dar, den man mit gleichem Rechte zu den Taxodonten, wie zu den *Cypricardia*-ähnlichen Heterodonten stellen kann.

Diesen Thatsachen gegenüber sind wir berechtigt, die Heterodonten als Abkömmlinge der Taxodonten zu betrachten; die *Cypricardia*-ähnlichen Formen haben wir als die ursprünglichsten Heterodonten kennen gelernt, und ihnen müssen wir uns daher zunächst zuwenden. Es sind diess stark ungleichseitige Muscheln mit weit nach vorne gerückten Wirbeln, von stark querer Gestalt; der vordere Schliessmuskel, soweit die Beobachtung reicht, nicht unerheblich kleiner als der hintere, das Ligament opisthodeti und linear äusserlich angebracht. Für das Schloss ist in erster Linie ein langer und kräftiger hinterer Lateralzahn charakteristisch, ferner zwei bis drei Cardinalzähne und als unbeständigstes Element ein vorderer Lateralzahn, der den Cardinalen stark genähert, und von ihnen nicht immer sicher zu unterscheiden ist. Die Systematik dieser Formen liegt, wie das bei der unvollkommenen Kenntniss der Schlösser palaeozoischer Muscheln nicht anders zu erwarten ist, noch sehr im Argen; die hierher gehörigen Arten wurden in die Gattungen *Anodontopsis*, *Cypricardia*, *Cypricardella*, *Pleurophorus*, *Megalodon* gestellt.

Pleurophorus wird von vielen Seiten zu den Astartiden an die Seite von *Cardita* gestellt; es beruht das aber auf einer unrichtigen Deutung der Schlösser, indem man den vom Wirbel nach hinten ziehenden Zahn von *Cardita* mit dem hinteren Lateral von *Pleurophorus* parallelisirt. Dass der betreffende Zahn von *Cardita* kein Lateralzahn ist, sondern ein nach hinten verlängerter Cardinalzahn, hat zuerst P. Fischer hervorgehoben (Man. de Conch. S. 1026); es wird das sofort klar, wenn man ins Auge fasst, dass der hintere Zahn von *Cardita* am Wirbel vor dem Ligamente beginnt, während derjenige von *Pleurophorus* hinter dem Ligamente steht; *Pleurophorus* ist also überhaupt kein Astartide, sondern ein Cyprinide. Dasselbe gilt von *Palaeocardita*, welche die bekannten und überaus verbreiteten Triasformen *Cardita crenata* und *Cardita austriaca* umfasst; auch bei diesen ist ein echter hinterer Lateralzahn vorhanden, der hinter dem Ende der Ligamentgrube steht; *Palaeocardita* hat demnach mit *Cardita* und überhaupt mit den Astartiden gar nichts zu thun, sondern gehört an die Seite von *Pleurophorus* zu den Cypriniden.

Bezüglich der Stellung der Gattung *Megalodon* war man lange zweifelhaft; ihre Arten waren ursprünglich zu *Megalodus* gebracht worden (Vergl. Goldfuss, Petref. Germ.), Keferstein vereinigte sie unter dem Namen *Megalodon* und stellte sie neben *Cardita* (Zeitschr. deutsch. geol. Gesellsch., 1857, S. 158, ff.), ein Verfahren, dem sich die meisten Palaeontologen anschlossen. Neuerdings hat sich F. Freeh nach Untersuchung sehr guter Schlosspräparate gegen diese Ansicht erklärt (ebendas. 1889, S. 127), und ich schliesse mich ihm in dieser Hinsicht an, da das Vorhandensein eines weit vom Schlosse entfernten und offenbar hinter dem Ligamente gelegenen echten hinteren Lateralzahnes mit der Zutheilung zu den Carditen oder überhaupt zu den Astartiden unvereinbar ist. Allerdings kann ich Freeh weiterhin nicht folgen, wenn er *Megalodon* zu den Trigoniden bringt; um hier Verwandtschaft annehmen zu können, muss man z. B. in der rechten Klappe den hinteren Lateralzahn von *Megalodon*, der weit vom Wirbel entfernt liegt, mit dem unter dem Wirbel beginnenden hinteren Lamellenzahn der Trigoniden paralleliren; aber diese beiden Gebilde sind nicht homolog und gehen niemals ineinander über. *Megalodon* kann seinen Platz nur neben *Pleurophorus* unter den Cypriniden finden.

Nach Abschluss der palaeozoischen Zeit setzen sich diese Formen mit *Pleurophorus* und *Cypricardia* in die Trias fort, und hier gesellt sich zu ihnen die nahe verwandte Gattung *Palaeocardita*, welche in der alpinen Region ausserordentliche Verbreitung gewinnt. Im Jura ist *Cypricardia* in grosser Formenmannigfaltigkeit vertreten und setzt sich von da, an Artenzahl abnehmend, durch Kreide und Tertiär bis auf den jetzigen Tag fort, wo sie mit einigen Nebenformen (z. B. *Coralliophaga*) ein wenigstens in den Schalenmerkmalen wenig abgeändertes Überbleibsel aus uralter Zeit bildet und einigermassen vereinzelt dasteht.

Trotz dieser Eigenartigkeit bilden *Cypricardia* und ihre nächsten Verwandten ein typisches Glied der Familie der Cypriniden, welche durch Schale mit vorgeneigten Wirbeln, äusseres, opisthodetes Band, gleiche Muskeleindrücke, ganzrandigen Mantel und durch ein Schloss ausgezeichnet ist, in welchem sich 2–3 Cardinalzähne und ein langer, kräftiger hinterer Lateralzahn befinden; dazu gesellt sich bei manchen ein vorderer Lateralzahn, der aber nicht sehr entwickelt ist und den Cardinalzähnen sehr nahe steht. Im Allgemeinen bilden diese Cypriniden einen alterthümlichen Typus, welcher neben *Cypricardia* und ihren nächsten Verwandten in der Jetztwelt nur mehr durch eine Art der Gattung *Cyprina* und einige wenige Formen von *Isocardia* vertreten ist. *Cyprina* findet sich theils in typischen Repräsentanten, theils in nahe verwandten Formen, die man als Untergattungen abzutrennen versucht hat (*Venilia*, *Venilicardia*), sehr verbreitet in Jura und Kreide, spärlicher im Tertiär; von besonderem Interesse ist die jüngste, in der Jetztzeit einzige Art der Gattung, *Cyprina islandica*. Von anderen Formen ist *Isocardia* zu nennen, mit stark eingerollten Wirbeln und zusammengedrückten Zähnen, ferner *Anisocardia*, *Roudairia* u. s. w.

Im Allgemeinen sind die Cypriniden nicht sehr verbreitet, und sie sind von weit grösserer Wichtigkeit durch ihre phylogenetische Bedeutung, als durch ihre Häufigkeit oder den Werth, den sie für den Geologen als Leitmuscheln haben. In der That bilden die Cypriniden den Ausgangspunkt für eine Menge wichtiger

Formengruppen. Zunächst und am innigsten schliesst sich jene grosse Abtheilung an, welche man häufig nach dem Vorgange von Lamarck mit den Namen *Conchae* bezeichnet, und zu welcher man in der Regel ausser den Cypriniden selbst die Cyreniden, Veneriden, Donaciden, Psammobiiden, Soleniden und eine Reihe anderer Familien stellt; wir werden allerdings die Fassung dieser Abtheilung erheblich ändern müssen.

In erster Linie reiht sich an die Cypriniden die grosse und wichtige Familie der Cyreniden an, welche heute ganz auf brakische und süsse Wässer beschränkt ist, aber in der Vorzeit noch nicht so ausschliesslich diesem Aufenthalte angepasst gewesen zu sein scheint. Im ganzen Habitus stehen die Cyreniden den Cypriniden noch sehr nahe, auch die Ausbildung der Weichtheile zeigt grosse Übereinstimmung, und der einzige nennenswerthe Unterschied in den Schalenmerkmalen besteht in der stärkeren und selbstständigeren Entwicklung des vorderen Lateralzahnes bei den Cyreniden.

Die Gattung *Cyrena*, im weitesten Sinne genommen, umfasst eine sehr bedeutende Anzahl von lebenden und fossilen Arten, welche meist ziemlich ansehnliche Grösse besitzen; in jeder Klappe sind drei Cardinalzähne vorhanden; der hintere und oft auch der vordere Lateralzahn ist lang gestreckt. Diese Gattung *Cyrena*, welche heute in den brakischen Gewässern fast aller heissen Länder vorkömmt, ist im Schlossbaue und auch in anderen Merkmalen grossen Schwankungen unterworfen, und diese Abweichungen haben zur Aufstellung einer Menge von Untergattungen geführt, welche desswegen von Wichtigkeit sind, weil es vielfach möglich ist, die Abstammungsverhältnisse derselben zu verfolgen. In der Jetztwelt lassen sich vier Hauptgruppen unterscheiden, nämlich die Gattung *Cyrena* im engeren Sinne, ferner *Corbicula*, *Batissa* und *Velorita*; von diesen haben *Cyrena* und *Corbicula* grosse Verbreitung, während *Batissa* auf den Sunda-Archipel und Oceanien, *Velorita* auf Indien und Japan beschränkt ist.

Unter diesen vier Untergattungen ist *Cyrena* dadurch charakterisirt, dass der vordere Lateralzahn kurz und den Cardinalzähnen genähert ist, und dass die Lateralzähne keine Streifung zeigen; dadurch steht auch *Cyrena* den Cypriniden näher als ihre Verwandten, und wir müssen sie daher als den ursprünglichsten Typus der ganzen Familie betrachten; in der That zeigt die älteste Cyrenide, den wir kennen, *Cyrena Menkei* Dunk. aus dem unteren Lias (Angulatenschichten) vom Kanonenberge bei Halberstadt, die wesentlichen Merkmale von *Cyrena* im engeren Sinne und namentlich den kurzen, den Cardinalen genäherten vorderen Lateral. Bald treten Formen auf, die durch grössere Länge der Lateralzähne und namentlich des vorderen derselben sich sehr der Gattung *Corbicula* nähern, aber ein wesentliches Merkmal derselben, die Streifung der Lateralzähne, noch nicht besitzen, und erst später erscheinen echte Vertreter von *Corbicula*. *C. suborbicularis* Desh. aus den alteocänen Sanden von Bracheux vereint Merkmale von *Corbicula* mit solchen von *Batissa*, während *C. obtusa* Forbes aus dem englischen Oligocän *Batissa* mit *Velorita* verbindet. So sehen wir also unter den fossilen Cyreniden Europas Mittelglieder zwischen allen heute scharf geschiedenen Untergattungen, und können daraus den Stammbaum derselben leicht ableiten. Ausserdem treten in den Jura-, Kreide- und Tertiärbildungen mehrere Typen auf, die in der Jetztwelt nicht mehr vorkommen, und für welche theilweise eigene Gattungen, wie *Loxoptychodon*, *Douracpsis*, *Miodon* u. s. w., aufgestellt worden sind. Auch ausserhalb Europa's sind fossile Cyrenen sehr verbreitet, so in den Laramie-Schichten in Nordamerika[2]. In der Jetztwelt sind die *Corbicula*-Arten Amerika's denen anderer Erdtheile gegenüber durch das Auftreten einer kleinen Mantelbucht ausgezeichnet (*Neocorbicula* Fischer), und derselbe Charakter findet sich auch in grosser Verbreitung bei den zahlreichen Arten der Laramiegruppe, während er bei den fossilen Formen Europa's zwar nicht fehlt, aber doch nicht eben häufig auftritt. Man wird dadurch zu der Annahme geneigt, dass *Neocorbicula* ein seit sehr alter Zeit in Amerika einheimischer Typus ist. Grosse Ähnlichkeit mit der Cyrenenfauna der

---

[1] Für die fossilen Cyreniden vergl. Sandberger's ausgezeichnetes Werk: Land- und Süsswasserconchylien der Vorwelt. Hier findet sich auch alle ältere Literatur.

[2] Für die amerikanischen Cyreniden vergl. Ch. A. White, A review of the non-marine fossil Mollusca of North-America; 3. Annual Report of the U. S. Geological Survey, 1881/82. S. 493.

amerikanischen Laramieschichten zeigt diejenige der ungefähr gleichaltrigen Intertrappean Beds in Indien[1]. In Japan finden sich in vermuthlich jurassischen Schichten grosse Cyrenen.[2]

Unter den ausgestorbenen Abtheilungen der Cyrenen verdient nur die Untergattung *Miodon* Sandb. hervorgehoben zu werden.[3] Sie ist im Allgemeinen mit *Corbicula*, nochmehr mit den oben erwähnten Zwischenformen zwischen *Cyrena* und *Corbicula* verwandt, unterscheidet sich aber dadurch, dass in jeder Klappe nur zwei Cardinalzähne vorhanden sind. Dadurch nähern sich diese Formen, welche zuerst in den Purbeckbildungen vorkommen, in bedeutsamer Weise den Gattungen *Sphaerium (Cyclas)* und *Pisidium*, deren kleine Arten in süssen Wässern sehr verbreitet vorkommen und auch im Tertiär vielfach gefunden worden sind. In der That sind die kleinen *Miodon*-Arten, welche in der Grenzregion zwischen Jura und Kreide vorkommen, geradezu als Sphaerien beschrieben worden. Allerdings hat Sandberger gezeigt, dass das nicht richtig ist, indem *Miodon* noch lang gestreckte Seitenzähne wie *Corbicula* hat, während dieselben bei *Sphaerium* und *Pisidium* sehr kurz und weit von den Cardinalzähnen entfernt sind, etwa wie bei einem *Cardium*[3]. Jedenfalls aber nehmen diese Formen eine sehr bezeichnende Mittelstellung zwischen den Cyrenen und *Sphaerium* ein. Die Abstammungsverhältnisse der Haupttypen der Cyreniden können daher etwa folgendermassen dargestellt werden.

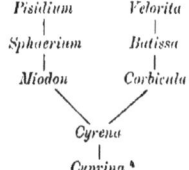

An die Cyreniden schliesst sich die heute im Brakwasser des südlichen Theiles der Vereinigten Staaten lebende Gattung *Rangia (Gnathodon)*, der einzige Vertreter der Familie der Rangiden an, welche durch den Besitz eines inneren, in einer tiefen Grube der Schlossplatte, dicht hinter den Cardinalzähnen angebrachten Ligamentes und den Besitz einer ziemlich tiefen, zungenförmigen Mantelbucht ausgezeichnet ist; nach diesen Merkmalen hatte man *Rangia* zu den Desmodonten neben *Mactra* gestellt, ohne zu beachten, dass die Schlösser beider nach durchaus abweichendem Typus gebaut sind; erst durch den Nachweis, dass das Schloss von *Rangia* Heterodontencharakter zeigt, und von demjenigen der Cyreniden in keinem nennenswerthen Punkte abweicht, wurde die richtige Stellung der Gattung erkannt, welche als ein abgezeichneter Nachkomme von *Cyrena* betrachtet werden muss.[5] Möglicherweise war übrigens diese Gattung zur Wealdenzeit in unseren Gegenden vorhanden, wenigstens beschreibt Dunker eine *Cyrena*-ähnliche Muschel mit innerem Ligament aus den norddeutschen Wealden; das Schloss ist allerdings nicht bekannt, und daher die Richtigkeit der von Dunker vorgenommenen Zuweisung zu *Rangia* nicht bewiesen, aber jedenfalls steht die betreffende Muschel des Wealden der genannten Gattung unter allen bisher beschriebenen am nächsten.[6]

Als ein weiterer Ast, welcher von der Familie der Cypriniden abzweigt, muss die ausgestorbene Familie der Cardiniiden bezeichnet werden, welche in der Trias und in der unteren Hälfte des Jura auftritt und im

---

[1] Hislop, on the Tertiary deposits associated with Traprock in the East Indies. Quart. Journ. Geol. Soc. 1860, pag. 154. — Neumayr, die Intertrappean Beds im Dekan und die Laramiegruppe im westlichen Nordamerika. Neues Jahrb. 1884, Bd. I, S. 74.
[2] E. Naumann und M. Neumayr, zur Geologie und Palaeontologie von Japan. Denkschr. Akad. Wien. 1889, Bd. 57, S. 33.
[3] Vergl. Sandberger. a. a. O. S. 52.
[4] Mit dieser Bezeichnung soll hier nicht die Gattung *Cyprina* selbst, sondern nur im Allgemeinen eine normale Cyprinidenform gemeint sein.
[5] Neumayr, zur Morphologie des Bivalvenschlosses. A. a. O. S. 23.
[6] Dunker, Monographie der norddeutschen Wealdenbildungen. S. 57, Tab. XIII, Fig 5. — Sandberger, a. a. O. S. 54, Tab. II, Fig. 10.

unteren Lias eine bedeutende Rolle spielt; die Schalen sind quer verlängert, mit äusserem Ligamente; der Hauptcharakter der Familie liegt in dem Baue des Schlosses, indem die Cardinalzähne schwach entwickelt oder ganz reducirt sind, während Lateralzähne entwickelt sind, und zwar merkwürdigerweise oft so, dass in der einen Klappe nur ein vorderer, in der anderen nur ein hinterer Lateralzahn vorhanden ist. Das ist der Fall bei der typischen Gattung *Cardinia* Ag., welche ausserdem nur bisweilen schwache Andeutungen von Cardinalzähnen hat. Diese Cardinien, welche namentlich in der Zone der *Schlotheimia angulata* ganze Schichten erfüllen, sind nahe verwandt mit der in der Trias stellenweise häufig auftretenden Gattung *Trigonodus* Sandb.[1], bei welcher die hinteren Seitenzähne kräftig, die vorderen schwach entwickelt und ausserdem gut ausgebildete Cardinalzähne vorhanden sind (zwei in der einen, einer in der anderen Klappe). Es sind nur diese zwei Gattungen, welche als sichere Vertreter der Cardjiden betrachtet werden können, obwohl noch einige weitere Genera hierher gezogen werden; so in erster Linie die Gattung *Anoplophora* Sandb.[2] aus der Trias, bei welcher Zähne im Schlosse so schwach angedeutet sind, dass man zweifelhaft bleibt, ob man es wirklich mit Zahnrudimenten oder nicht etwa blos mit Verdickungen des Schlossrandes zu thun hat; von der Entscheidung über diese Frage, die mir heute noch nicht sicher scheint, hängt es ab, ob man *Anoplophora* zu den Cardiniiden wird stellen dürfen oder nicht. Jedenfalls dürfte das nur mit den typischen Arten der Gattung geschehen, wie *Anoplophora lettica* Qu., *donacina* Schl.; dagegen müssen die sehr dünnschaligen Formen, wie *Myacites musculoides* und Verwandte ausgeschieden und zu den Palaeoconchen gestellt werden. Noch weit zweifelhafter ist die Zugehörigkeit der beiden in der Kohlenformation verbreiteten Gattungen *Anthracosia* King und *Carbonicola* M'Coy, welche zu wenig bekannt sind, um ein sicheres Urtheil zu gestatten, und dasselbe gilt von der unterdevonischen Gattung *Guerangeria* Oehlert, welche P. Fischer provisorisch und mit allem Vorbehalte zu den Cardiniiden stellt.[3]

Über die verwandtschaftlichen Beziehungen der Cardinien sind verschiedene Ansichten ausgesprochen worden; in der Regel wurden sie zu den Astartiden gebracht; Zittel stellte zuerst eine selbständige Familie der Cardiniiden auf[4], und betonte ihre Verwandtschaft mit den Astartiden und Cypriniden einerseits, mit den Unioniden andererseits, welch' letztere von Pohlig als unmittelbare Nachkommen der Cardiniiden betrachtet werden.[5] Dass diese letztere Annahme unmöglich ist und überhaupt keine nähere Verwandtschaft zwischen beiden herrscht, wird bei Besprechung der Unioniden nachgewiesen werden. Von den Astartiden trennt die Cardiniiden die bedeutende Entwicklung der Lateralzähne, und durch dieses Merkmal werden sie auf's engste an die Cypriniden geknüpft; in der That kann man die Cardiniiden als Nachkommen der Cypriniden betrachten, bei welchen Hand in Hand mit einer Verdickung des Schlossrandes eine mehr oder weniger weit gehende Obliterirung der Schlosselemente eintritt.

Cyreniden und Cardiniiden bilden zwar an sich ziemlich bedeutende Abtheilungen der Peleeypoden, sie stehen aber an Bedeutung weit zurück gegen einen dritten grossen Stamm, der sich von den Cypriniden abzweigt, und welcher, mit den Veneriden beginnend, ausser diesen noch die Familien der Donaciden, Telliniden, Scrobiculariden, Mesodesmiden und Soleniden umfasst.

Dass zwischen Cypriniden und Veneriden ausserordentlich nahe Verwandtschaft herrscht, ist seit lange bekannt, und Zittel hat die ersteren ausdrücklich als die Stammformen der letzteren bezeichnet.[6] Der

---

[1] Sandberger in Alberti, Überblick über die Trias. S. 125.
[2] Sandberger in Alberti, Überblick über die Trias. S. 133. — Zittel, Palaeontologie. Bd. II, S. 62. — Pohlig, maritime Unionen. Palaeontographica. 1880, Bd. XXVII. — v. Koenen, über die Gattung *Anoplophora* Sandb.[*] (*Unioma* Pohlig, Zeitschr. d. deutsch. geolog. Ges. 1881. Bd. XXXIII, S. 680.
[3] Fischer, Manuel de Conchyliologie. S. 1009.
[4] Zittel, Palaeontologie. Bd. II, 61.
[5] Pohlig, a. a. O.
[6] A. a. O. S. 148.

Haupiunterschied zwischen beiden Familien beruht darauf, dass bei den Veneriden eine deutliche zungenförmige oder dreieckige Mantelbucht auftritt, und dass der hintere Lateralzahn ganz oder fast ganz verschwunden ist; dagegen findet sich bei manchen ausser 2—3 Cardinalzähnen ein wohlentwickelter vorderer Lateralzahn (Lunularzahn). Das wichtigste Bindeglied bildet die Gattung *Pronoë* Ag., welche im mittleren Jura verbreitet ist und in *Pronoë trigonellaris* ein bekanntes Leitfossil für die Zone des *Harpoceras opalinum* geliefert hat; die Mantelbucht ist kaum angedeutet und der hintere Lateralzahn ist schwach und oft etwas undeutlich entwickelt, kurz die Merkmale sind in einer solchen Weise entwickelt, dass man die Gattung mit demselben Rechte zu den Veneriden, wie zu den Cypriniden stellen kann. Eine zweite Gattung, welche sich ebenfalls nahe an die Cypriniden anschliesst, aber doch schon entschieden den Veneriden angehört, ist die in der Kreideformation verbreitete Gattung *Cyprimeria*, bei welcher der hintere Seitenzahn schon ganz verschwunden ist, während die Entwicklung der Mantelbucht eine schwankende ist, bei manchen kaum stärker als bei *Pronoë*, bei anderen dagegen ansehnliche Tiefe erreicht. Die Cyprimerien, oder wenigstens ein Theil derselben, zeigt auffallend kreisförmige Gestalt und spitze, vorgeneigte, aber wenig vorspringende Wirbel, wodurch der äussere Umriss auffallende Ähnlichkeit mit demjenigen der bekannten Muschelgattung *Lucina* erhält; merkwürdigerweise tritt auch im Inneren der Schale ein Merkmal auf, welches entschieden an *Lucina* erinnert, indem der vordere Muskeleindruck auffallend verlängert und schmal ist. Man könnte daher auf die Vermuthung kommen, dass *Cyprimeria* und *Lucina* in verwandtschaftlichem Verhältnisse stehen, allein der Typus der Schlossbildung ist ein so verschiedener, dass eine derartige Annahme nicht haltbar ist. Dagegen treten unter den alten Veneriden zwei Gattungen, *Dosinia* und *Cyclina* auf, welche in der äusseren Form und in dem eigenthümlichen Umrisse des vorderen Muskels mit *Cyprimeria* übereinstimmen, und sich nur in untergeordneten Merkmalen der Schlossbildung, zum Theile durch Kerbung der Schalenränder, von *Cyprimeria* unterscheiden und als Nachkommen dieser Gattung betrachtet werden können.

Diese Formen bilden immerhin nur eine Seitenreihe, den Hauptstamm der Veneriden aber bilden die beiden Gattungen *Venus* L. und *Cytherea* Lam. (*Meretrix*) mit ihren zahlreichen Unterabtheilungen und Verwandten, welche ebenfalls Beziehungen zu *Pronoë* zeigen; zu *Venus* gehören meist ovale Formen mit deutlicher concentrischer Verzierung und gekerbten Schalenrändern, Merkmale, die allerdings nicht ganz durchgreifend sind; das wichtigste Kennzeichen ist, dass in jeder Klappe auf der breiten Schlossplatte drei divergirende Cardinalzähne stehen, während Lateralzähne ganz fehlen. *Cytherea* dagegen hat meist glatte Schalen ohne gekerbte Ränder und ausser den drei Cardinalzähnen noch einen vorderen vierten horizontal gestellten Zahn, den sogenannten Lunularzahn, der wohl mit Recht als ein Äquivalent des vorderen Lateralzahnes der Cypriniden betrachtet wird; bisweilen sind auch Spuren eines hinteren Lateralzahnes vorhanden. Nach diesen Merkmalen würde *Cytherea* als ein entschieden ursprünglicherer Typus betrachtet werden als *Venus*, und damit stimmt auch im Allgemeinen die Thatsache überein, dass *Cytherea* in den älteren Ablagerungen weit häufiger auftritt als *Venus*. Allein ganz so einfach liegt die Sache nicht; wenn man nämlich die Gattungen *Venus* und *Cytherea*, oder wenn man lieber will die Unterfamilien der Venerinen und Cythereinen [1] streng nach den Schlossmerkmalen trennt, so ergeben sich, wie das namentlich seinerzeit von M. Hörnes hervorgehoben wurde [2], nicht ganz natürliche Gruppen, und wir erhalten solche auch nicht, wenn wir die für die lebenden Formen aufgestellten Untergattungen annehmen und die fossilen Arten in dieselbe einzureihen versuchen. Die Schwierigkeit besteht wesentlich darin, dass in der Familie der Veneriden und bei ihren Verwandten vielfach eine Neigung zur Reduction der Schlosstheile herrscht, welche sich mit Vorliebe in der Unterdrückung des vorderen Lateralzahnes zu erkennen gibt. Dieser Vorgang wiederholt sich nun augenscheinlich mehrmals im Verlaufe der Zeit bei verschiedenen Formenkreisen, so dass es vielleicht noch dahin kommen könnte, dass man nur mehr von dem *Cytherea*-Stadium und dem *Venus*-Stadium der einzelnen Reihen wird sprechen können. Vorläufig sind wir allerdings noch nicht so

---

[1] Wenn man die Veneriden in Unterfamilien scheidet, so wird man am besten die vier Abtheilungen der Cythereinen, Venerinen, Dosiniinen und Tapesinen festhalten.

[2] M. Hörnes, die fossilen Mollusken des Tertiärbeckens von Wien. Abhandl. d. geolog. Reichsanst. Bd. IV. S. 117 ff. 150.

weit gekommen, und es scheint, dass die Hauptmasse von *Venus*, die Formen mit kräftiger concentrischer Sculptur und mit gekerbten Schalenrändern wirklich einen natürlichen Verband von einheitlicher Abstammung darstellt; doch kann jeden Tag dieser Schein durch das Ergebniss eingehenderer Untersuchungen Lügen gestraft werden. Daneben kennen wir aber mit voller Bestimmtheit mindestens eine Parallelreihe, in welcher Formen, die durch Umriss, glatte Schale, Mangel an Randkerbung, ganz den Charakter von *Cytherea* an sich tragen und im Schlosse die Merkmale von *Venus* annehmen; es ist das die Gruppe der *Venus umbonaria*, welche in ihren Endgliedern ein typisches *Venus*-Schloss zeigt und dasselbe, wie das Vorhandensein von Übergängen beweist, selbständig erworben hat. Schon jetzt lässt sich in ein oder dem anderen weiteren Falle das Stattfinden eines ähnlichen Vorganges vermuthen, aber Sicherheit darüber wird nur eine planmässige Einzel-Bearbeitung der fossilen Veneriden liefern.

Das Schloss von *Venus* trägt, wie erwähnt, drei Cardinalzähne in jeder Klappe, ohne Laterale; wenn aber auch dieser Grundtypus überall herrscht, so zeigt sich doch im Einzelnen manche Verschiedenheit. Die Zahnformel lässt sich folgendermassen ausdrücken: $\frac{R.\ 1\ 0\ 1\ 0\ 1\ 0}{L.\ 0\ 1\ 0\ 1\ 0\ 1}$; sind also beide Schalen in einander gefügt, so beginnt die Reihe mit dem ersten Zahne der rechten und endet mit dem dritten Zahne der linken Klappe. Unterschiede zeigen sich nun in mehrfacher Beziehung; bald sind einzelne Zähne oben gespalten, bald werden sie sehr plump und ist überhaupt die Schlossplatte so dick kalkig, dass die feineren Einzelnheiten obliteriren; häufig stellt sich der dritte Lateralzahn der linken Klappe so, dass er in die unmittelbare Verlängerung der Nymphen fällt und verschmilzt mit diesen, so dass in der linken Klappe scheinbar nur zwei Zähne vorhanden sind. Die Abänderungen ähnlicher Art sind häufig und mannigfach, ich will jedoch hier nur einen Typus hervorheben, welcher wegen seiner Wiederkehr bei anderen Formen von Wichtigkeit ist. Derselbe kömmt bei sehr vielen Arten vor, und ich führe folgende an, bei welchen ich denselben sehr gut entwickelt gefunden habe:

Venus multicostata	Sow.	*Venus hiantina*	Lam.
„ *foveolata*	Sow.	„ *rimularis*	Lam.
„ *puerpera*	L.	„ *Phillipsi*	Reeve
„ *discors*	L.	„ *cuneiformis*	Reeve
„ *Peroni*	Lam.	„ *marmorata*	Lam.
„ *scalarina*	Lam.	„ *fumigata*	Sow.

Bei all' diesen Formen, welche sehr verschiedenen Abtheilungen der Gattung *Venus* angehören, finden wir den ersten Zahn der rechten Klappe nicht sehr stark entwickelt, schwach nach vorne gerichtet, einfach, den zweiten Zahn senkrecht, stark, einfach, den dritten nach hinten gerichtet, kräftig und durch eine Furche von oben herunter gespalten; in der linken Klappe ist der erste Zahn sehr schwach nach vorne gerichtet, kräftig, einfach, der zweite deutlich nach hinten gerichtet, kräftig, deutlich gespalten, der dritte schwach, sehr nach hinten gerichtet und einfach.

Dieser Typus der Schlossentwicklung ist von grosser Bedeutung, weil er in den Grundzügen genau übereinstimmend bei der grossen und wichtigen Gattung *Tapes* wiederkehrt; *Tapes* unterscheidet sich von *Venus*, abgesehen von dem äusseren Habitus der meist concentrisch gefurchten oder gegitterten, gestreckteren flacheren und dünneren Schale, hauptsächlich darin, dass die Schlossplatte verhältnissmässig sehr dünn, die einander genähterten, auf einen Punkt zustrahlenden Zähne sehr schmal und schlank sind. In der Regel wird als ein unterscheidendes Merkmal gegen *Venus* angeführt, dass die Zähne von *Tapes* grossentheils gespalten sind, allein diese Angabe ist unrichtig; der Unterschied beruht nur darauf, dass bei den schmalen Zähnen von *Tapes* die Spaltung viel deutlicher hervortritt, als bei den plumpen Zähnen von *Venus*; aber bei der Mehrzahl der Arten von *Tapes* (z. B. *Tapes turgida*) ist nicht nur die Zahl und Stellung genau dieselbe wie bei den oben besprochenen *Venus*-Arten, sondern in beiderlei Gruppen sind auch genau dieselben Zähne gespalten, nämlich der dritte Cardinal der rechten und der zweite der linken Klappe. Eine so weit gehende Übereinstimmung selbst in den feinsten Einzelnheiten des Schlossbaues kann nur durch die Annahme genetischen Zusammenlanges genügend erklärt werden, und wir dürfen daher *Tapes* als einen im Schalenbau durch schwächere Anlage der Schlosspartien ausgezeichneten Nachkommen von *Venus* betrachten.

Wir dürfen das nu so mehr annehmen, als selbst in der heutigen Fauna noch einzelne Zwischenformen zwischen *Venus* und *Tapes* existiren; die wichtigste, welche mir bekannt ist, ist *Venus hantina* Lam., bei welcher man geradezu im Zweifel sein kann, ob sie besser zu *Venus* oder zu *Tapes* gestellt werden soll.

Allerdings stimmen nicht alle Arten von *Tapes* in dem typischen Schlossbaue genau überein, indem namentlich bei manchen eine grössere Zahl cardinaler Zähne gespalten erscheint, und zwar findet das zunächst noch bei dem zweiten Zahne der rechten, bisweilen wohl auch bei dem dritten Zahne der linken Klappe statt. Der vordere Zahn der rechten Klappe ist wie jener der linken nur sehr selten gespalten. Selbstverständlich ändert das Vorkommen derartiger Schwankungen nichts an der Bedeutung des zuerst geschilderten Zahntypus als Beweis für die Abstammung von *Tapes*; diese Gattung selbst wird dann zunächst zum Ausgangspunkte für einige nahe stehende Formen; so schliessen sich in der Kreideformation, die durch sehr gestreckte Gestalt und starke Verlängerung des hinteren Schlosszahnes ausgezeichneten Sippen *Baroda* Stol. und *Icanotia* Stol. an; ebenso sind die in Höhlungen von Steinen lebenden oder in Stein bohrenden Gattungen *Petricola* Lam. und *Venerupis* Lam. (*Rupellaria* Fleur.) nichts weiter als etwas abgeänderte und verkümmerte *Tapes*-Formen.

Nach dieser Übersicht über die einzelnen Haupttypen der Veneriden können wir den vorhandenen Beziehungen folgendermassen graphisch Ausdruck geben:

```
       Venerupis    Icanotia
          \         /
        Petricola  Baroda
            \      /
            Tapes        Cyclina
              \           /
             Venus     Dosinia
               \        /
             Cytherea¹ Cyprimeria
                   \   /
                  Pronoë.
```

Die zeitliche Aneinanderfolge dieser Gattungen stimmt insoferne recht gut mit den morphologischen Voraussetzungen, als *Pronoë* ein alter, ganz dem Jura eigenthümlicher Typus ist, als auch *Cyprimeria* zu den älteren Formen gehört und ganz auf die Kreideformation beschränkt ist, während *Dosinia* in der Kreide beginnt und sich von da in jüngere Ablagerungen fortsetzt. Weit unvollständiger sind dagegen die positiven Anhaltspunkte bezüglich der Hauptreihe; wollte man all' die Formen, welche den Namen *Venus* erhalten haben, auch wirklich zu dieser Gattung stellen, so würde diese bis weit in die palaeozoische Zeit zurückreichen, allein das sind nur flüchtige Bestimmungen nach einer entfernten Ähnlichkeit im äussern Umriss; auch aus der Trias sind noch keine Veneriden bekannt; erst mit dem Jura wird das anders, hier ist *Cytherea* vorhanden und auch *Venus* scheint schon vorzukommen, dagegen ist *Tapes* nicht mit Sicherheit bekannt; mit Bestimmtheit kennen wir diese erst aus der Kreideformation, doch ist das, was wir über die Schlossbildung geologisch alter Veneriden wissen, so mangelhaft, dass demselben nur wenig positive Bedeutung beigemessen werden darf.

Mit der Besprechung der Veneriden haben wir abermals ein Formengebiet betreten, dessen Angehörige durch den Besitz einer Mantelbucht ausgezeichnet sind; die Veneriden und die oben genannten Familien, welche mit ihnen zusammenhängen, bilden den einen Hauptbestandtheil der in den älteren Systemen aufgestellten Abtheilung der „Sinupalliaten", unter welchem Namen mit ihnen die Desmodonten zusammengeworfen wurden; in Wirklichkeit sind, wie schon erwähnt, beide Gruppen nicht näher mit einander verwandt:

---

[1] Da die Verbindung zwischen *Pronoë* und *Cytherea* nicht ganz klar hergestellt ist, so sind die Namen dieser beiden Gattungen nur durch eine Punktreihe verbunden.

die mächtige Entwicklung der Siphonen und das damit zusammenhängende Auftreten einer Mantelbucht stellen nur übereinstimmende Anpassung an gleiche Lebensverhältnisse, an den vorwiegenden Aufenthalt in selbstgegrabenen Löchern im Sande oder Schlamme des Meeresbodens dar.

Bei der Untersuchung der in der Kreideformation auftretenden Muscheln haben die Palaeontologen stets grosse Schwierigkeiten gefunden. Angehörige der Veneridengattung *Tapes* von anderen Formen zu unterscheiden, welche zu der Familie der Telliniden gehören und hier zu der Gattung *Psammobia* oder einer verwandten Sippe gerechnet werden. Gelang allerdings die Präparation des Schlosses, so war die Entscheidung nicht schwierig, denn abgesehen von schwächerer Entwicklung, beträgt die Zahl der Cardinalzähne bei den Telliniden höchstens zwei, während bei *Tapes* deren drei vorhanden sind. Man kam dadurch zu der Ansicht, dass hier zwei sehr verschiedene Gruppen von Muscheln sich äusserlich im höchsten Grade ähnlich werden, ohne wirklich verwandt zu sein. Diese Ansicht scheint mir jedoch nicht richtig, und es scheint mir nicht schwer nachzuweisen, dass zwischen beiden Gruppen wirklich enge Beziehungen herrschen.

Um uns dieses Verhältniss klar zu machen, nehmen wir ein Exemplar von *Asaphis*, am besten ein grosses Stück der bekannten *Asaphis deflorata* L. und vergleichen dessen Schloss mit demjenigen einer typisch entwickelten *Tapes* mit dem oben eingehend geschilderten Schlossbaue, bei welchem der dritte Zahn der rechten und der zweite der linken Klappe gespalten sind. Stellung und Gestalt jedes einzelnen der sechs Zähne und namentlich der beiden gespaltenen sind sehr charakteristisch, und wenn man nun die vier Zähne von *Asaphis* genau betrachtet, so erkennt man sofort, dass jeder derselben im *Tapes*-Schlosse sein genaues Ebenbild hat, und zwar in der folgenden Weise:[1]

	Tapes			*Asaphis*	
erster Zahn rechts	.	.	. erster Zahn rechts		
*dritter	„	„	. . . *zweiter	„	„
*zweiter	„	links	. . . *erster	„	links
dritter	„	„	. . . zweiter	„	„

Die Übereinstimmung in der Gestalt der einzelnen Zähne ist eine so vollständige, dass wir mit voller Bestimmtheit das Schloss von *Asaphis* als ein *Tapes*-Schloss bezeichnen können, aus welchem der zweite Zahn der rechten und der erste der linken Klappe verloren gegangen sind, wie es die beistehende Formel zeigt:
$$R. \; 1\,0\,2\,0\,3\,0$$
$$L. \; 0\,1\,0\,2\,0\,3.$$
Das Ergebniss ist demnach, dass bei *Asaphis* in der rechten Klappe vorne ein einfacher und hinter demselben ein gespaltener, in der linken umgekehrt vorne ein gespaltener und hinten ein einfacher Zahn steht, und dieses Verhältniss kehrt unverändert bei allen mir bekannten Telliniden mit vier Zähnen wieder, so weit nicht eintretende Obliteration die Einzelnheiten verwischt hat. Es sind das Merkmale, welche für die Gesammtorganisation unbedeutend und physiologisch unwichtig sind, aber gerade in der Beständigkeit solcher, an sich kleiner Merkmale, liegt ein schwerwiegender Beweis für genetischen Zusammenhang. In den anderen Schalenmerkmalen ist höchstens die etwas stärkere Entwicklung der Bauchnymphen im Vergleiche zu *Tapes* vorhanden; in den Weichtheilen scheinen nach der Litteratur keine Abweichungen von solcher Bedeutung vorhanden zu sein, dass sie der Annahme eines genetischen Zusammenhangs Schwierigkeiten machen würden.

Wir sehen somit dass ein Glied der Familie der Telliniden von einem Veneriden abstammt. Die Telliniden, welche in der Kreidezeit zum erstenmale auftreten und dann in Tertiär und Jetztzeit eine grosse Rolle spielen, sind quer verlängerte, oft hinten geschnabelte und klaffende Muscheln mit 1—3 Cardinalzähnen in jeder

---

[1] Die mit Sternchen bezeichneten Zähne sind gespalten.

Klappe, zu denen sich bisweilen Seitenzähne gesellen; manche Formen sind auch ganz zahnlos. Das Ligament ist äusserlich auf erhöhten Nymphen angebracht, die Mantelbucht tief.[1]

Allerdings finden wir in der jetzigen Fauna so wenig wie im Tertiär vollständige Übergänge, welche *Asaphis* mit den übrigen Telliniden verbinden würde, doch handelt es sich bei dem Unterschiede nicht um irgend wesentliche Merkmale, sondern nur um die etwas aufgetriebenere Gestalt und die Radialrippung der Schalen. In älteren Ablagerungen scheinen Übergänge vielleicht vorhanden, allein man kennt die Schlösser der einzelnen Arten zu wenig, um das auch nur mit einiger Sicherheit behaupten zu können. Jedenfalls aber ist die Übereinstimmung im Schlossbaue und in der ganzen Organisation mit anderen Telliniden eine so grosse, dass ein Zweifel an dem Zusammenhange nicht möglich ist. Wir wenden uns zuerst zu der sehr artenreichen Gattung *Tellina* L., die man in eine Menge ziemlich überflüssiger Unterabtheilungen zerspalten hat. Man zählt in dieser Gattung etwa 400 lebende Arten und gegen 100 fossile, welche bis in die Kreideformation zurückreichen; die Schalen sind meist quer verlängert, zusammengedrückt, sehr oft etwas ungleichseitig, indem das geschnabelte und gekielte Hinterende meist etwas nach einer Seite umgebogen ist; die Mantelbucht ist sehr breit und tief. Das Schloss ist mehrfachen Schwankungen unterworfen; typisch und weitaus am verbreitetsten ist die Anordnung, welche bei bedeutender Abschwächung des Schlosses doch zwei Cardinalzähne in jeder Klappe zeigt, und zwar stets, soferne die Einschrumpfung nicht schon eine sehr weitgehende ist, in der bei *Asaphis* beobachteten Anordnung, dass der vordere Zahn der linken und der hintere der rechten Klappe gespalten ist. Bei einzelnen Tellinen geht der Schwund des Schlosses so weit, dass ein oder der andere Cardinalzahn verloren geht; doch muss man bei der Feststellung dieses Verhältnisses sehr vorsichtig zu Werke gehen und stets eine Anzahl von Exemplaren untersuchen, da man sonst durch einen zufälligen Bruch dieser überaus zarten Zähnchen leicht irregeführt werden kann.

Zu den Cardinalzähnen gesellen sich häufig auch laterale, die allerdings nicht bei allen Arten vorhanden sind, aber sie treten bei der Mehrzahl vorne und hinten auf, bei einigen ist auch nur ein Lateralzahn vorhanden. Wir gelangen hier zu einem Punkte, der wenigstens auf den ersten Anblick Schwierigkeiten zu bieten scheint; wir haben gesehen, dass das Auftreten eines vorderen und hinteren Lateralzahnes ein ursprüngliches und alterthümliches Merkmal darstellt, dieselben waren bei den Cypriniden vorhanden, erloschen bei den Veneriden und bei *Asaphis*, und erscheinen nun bei den Telliniden, deren Eigenschaft als derivirter Typus dadurch in Frage gestellt erscheinen könnte. Allein eine genaue Betrachtung der Seitenzähne von *Tellina* widerlegt eine derartige Auffassung; dieselben zeigen nämlich einen ganz anderen Mechanismus und andere Anlage, als die Seitenzähne der Cypriniden und geben sich dadurch als eine Neubildung, nicht als ein altes Erbstück zu erkennen. Bei *Tellina* treten die Lateralzähne nur in einer, und zwar in der rechten Klappe auf, der linken fehlen sie, und die Verankerung der Lateralzähne geschieht in der Weise, dass der Schalenrand der linken Klappe sehr schwach vorgezogen, sich zwischen den Schalenrand der rechten Klappe und den Lateralzahn hineinschiebt, und so eine Art von Articulation erzielt wird. Unter diesen Umständen dürfen wir *Tellina* als eine abgeleitete Form, und zwar als den Nachkommen eines *Asaphis*-ähnlichen Grundtypus betrachten.

Eine weitere Gruppe der Telliniden, welche ebenfalls im Vergleiche zu *Asaphis* einen derivirten Typus darstellt, bilden die Gattungen *Psammobia* Lam. (*Gari* Schum.) und *Hiatula* Mod., welche untereinander ausserordentlich wenig verschieden sind. Äusserlich weicht *Psammobia* von *Asaphis* durch dünnere Schale, zusammengedrückter Gestalt und stark vorragende, wulstige Bandnymphen ab; im Inneren bekundet der Schlossbau die nahe Verwandschaft beider, indem sich das Psammobienschloss ganz auf den schon mehrfach genannten *Asaphis*-Typus zurückführen lässt. Die Schlosszähne von *Psammobia* sind stark reducirt, aber bei einigen sind deren noch zwei auf jeder Seite vorhanden, von denen einer in jeder Klappe gespalten ist (z. B. *Psammobia solida* Gr.); dann aber schreitet die Reduction weiter fort und es geht zunächst ein Zahn verloren, aber nicht bei allen derselben. Bei *Ps. praestans* Desh. und *occidens* Lam. verschwindet der vordere Zahn der

---

[1] P. Fischer (Man. de Conch.) hat die Telliniden in zwei Familien der Psammobiiden und der Telliniden getrennt, und diese an ganz verschiedenen Stellen des Systems, die einen bei seinen Dibranchiaten, die anderen bei den Tetrabranchiaten untergebracht.

(Neumayr.)

rechten Klappe, bei *Ps. ornata* Desh., *rubicunda* Desh., *coerulescens* Lam., *amethystina* Reeve, *affinis* Reeve, *zonalis* Lam., *castrensis* Chemn., *respertina* Lam. dagegen der hintere Zahn der linken Klappe; nach dem Schema von *Asaphis*, nach welchem auch *Psammobia* gebaut ist, geht immer der ungespaltene Zahn verloren. Bei *Psammobia concexa* Reeve endlich ist sowohl der Vorderzahn der rechten, als der Hinterzahn der linken Klappe eingegangen, es bleibt also in jeder Klappe nur der Spaltzahn übrig. Ich bin hier etwas näher auf diese Einzelnheiten eingegangen, um zu zeigen, wie überaus beständig hier der Schlosstypus bleibt und von wie grosser Bedeutung derselbe in phylogenetischer Richtung ist.

Hiatula Mod. (*Solenotellina* Blainv.) ist mit *Psammobia* sehr nahe verwandt; sie unterscheidet sich hauptsächlich durch starkes Klaffen der Schalen und noch wulstigere Entwicklung der Nymphen; vielleicht hätte man, wie Stoliczka mit Recht bemerkt, die Gattungen kaum von einander getrennt, wenn nicht *Psammobia* rein marin, *Hiatula* brakisch wäre: das Schloss ist bei seiner Reduction ähnlichen Schwankungen unterworfen, wie wir sie bei *Psammobia* kennen gelernt haben, das Eingehen auf Einzelnheiten in dieser Richtung ist überflüssig. Überhaupt würde *Hiatula* hier kaum erwähnt sein, wenn wir die Gattung nicht später als Übergangsform zu einer anderen Familie nennen müssten.

An die Telliniden schliesst sich eine Anzahl anderer Familien an,[1] die wir der Reihe nach kennen lernen müssen; wir betrachten in erster Linie die Familie der Scrobiculariden, welche namentlich die Gattungen *Semele* Schum., *Syndosmya* Reel. (*Abra* Leach) und *Scrobicularia* umfasst; diese Formen sind weniger verlängerten Arten von *Tellina* sehr ähnlich und unterscheiden sich dadurch, dass das Ligament innerlich in einer schräg vom Wirbel nach hinten ziehenden Grube gelegen ist. In allen übrigen Punkten ist aber die Übereinstimmung mit *Tellina* eine so vollständige, dass an der innigsten Zusammengehörigkeit nicht zu zweifeln ist Allerdings geht Hand in Hand mit dem Eintritte des Ligamentes auf die Schlossplatte eine bedeutende Reduction der Cardinalzähne vor sich, aber wenigstens die ursprünglicheren Formen der drei Gattungen haben jederzeit zwei Cardinalzähne, und wenn auch an keiner dieser zarten Lamellen eine Spaltung zu sehen ist, so beobachtet man wenigstens in Übereinstimmung mit dem Schlosstypus von *Asaphis* und *Tellina*, dass in der rechten Klappe der hintere, in der linken der vordere Cardinalzahn der stärkere ist (z. B. *Semele corrugata*). Bei manchen Arten geht dann, wie bei verschiedenen Telliniden, in jeder Klappe oder auch nur in einer derselben ein Cardinalzahn verloren. Selbst die Lateralzähne von *Semele* sind wie bei *Tellina* nur in der rechten Klappe entwickelt und zeigen die oben geschilderte Art der Verbindung mit der Gegenklappe.

Diese auffallende Übereinstimmung gestattet uns die Scrobiculariden als Tellinen mit innerem Ligament und mithin als Heterodonten aufzufassen, während ich sie früher als Desmodonten und nächste Verwandten der Mactriden betrachtet hatte. Die Unnatürlichkeit eines Verfahrens, welches die Scrobiculariden von den Telliniden trennt, ist von P. Fischer und P. Pelseneer mit Recht gerügt worden und auch ich habe mich durch eingehende Untersuchung von der wahren Verwandtschaft dieser Gattungen überzeugt, aber auch davon, dass sie in der ganzen Anlage des Schlosses vollständig von den Mactriden abweichen, wie das unten bei Besprechung der Mesodesmatiden eingehender gezeigt werden soll. Die beiden grossen Ordnungen der Heterodonten und der Desmodonten verschwimmen also doch nicht mit einander, wenn auch das Auftreten eines Ligamentlöffels bei Angehörigen beider Abtheilungen habituelle Ähnlichkeit hervorbringt. Glücklicherweise ist man dabei nicht allein auf die subtile Untersuchung der Schlösser angewiesen, sondern die Trennung wird leicht, sobald das Thier vorliegt, indem hier ein auffallendes Merkmal auftritt. Während nämlich bei den Scrobiculariden ebenso wie bei den Telliniden und den später zu besprechenden Donaciden und Mesodesmatiden die Siphonen vollständig von einander getrennt sind und stark divergiren, sind bei den Mactriden, der

---

[1] Die Stellung eines Theiles der nun folgenden Familien habe ich in meiner ersten Arbeit über die Morphologie des Bivalvenschlosses, in welcher ich dem Vorhandensein eines Ligamentlöffels zu grossen Werth beilegte, verkannt.

[2] Die Gattung *Cumingia*, welche in der Regel hierher gestellt wird, gehört zu den Mactriden; über die Gattungen *Montrousieru, Theora, Leptomya, Thyella, Cholulina, Cusperella, Scrobicularia*, von denen ich nie ein Exemplar gesehen habe, erlaube ich mir kein Urtheil.

einzigen Desmodontengruppe, mit der eine Verwechslung stattfinden könnte, die Siphonen bis ans Ende mit einander verbunden und von einer gemeinsamen Epidermisscheide überzogen.

Eine zweite Gruppe, welche ebenfalls den Telliniden sehr nahe steht, ist die Familie der Donaciden, welche durch dreieckige oder keilförmige Gestalt und vollständig geschlossene, an den Rändern gekerbte Schalen ausgezeichnet ist; die Vorderseite ist meist länger als die abgestutzte Hinterseite, welche die Mantelbucht trägt. Das Ligament ist äusserlich; im Schlosse sind entweder jederseits zwei Cardinalzähne vorhanden, oder es ist einer derselben durch Reduction verloren gegangen. Die typische Anordnung der Zähne, wie sie bei den Telliniden hervortritt, ist bei den Donaciden in der Regel nicht deutlich entwickelt; trotzdem lässt sich nachweisen, dass dieselbe Regel auch hier herrscht, indem der hintere Zahn der rechten Klappe in der Regel gespalten ist, während eine Spaltung des vorderen Zahnes der linken Klappe wenigstens bei einzelnen Arten bemerkbar ist. Die vorne und hinten vorhandenen Lateralzähne sind meist schwach entwickelt und nach dem oben geschilderten *Tellina*-Typus gebaut.

Dass Donaciden und Telliniden nahe mit einander verwandt sind, kann bestimmt behauptet werden, zumal sich an die typische Gattung *Donax* L. die nahe verwandte *Iphigenia* Schum. anschliesst, deren Arten sich wenigstens theilweise in der äusseren Gestalt den Tellinen nähern und diese mit *Donax* zu verbinden scheinen. Trotzdem scheinen mir die vorhandenen Daten nicht hinreichend, um ein bestimmtes Urtheil über das gegenseitige Verhältniss von *Tellina* und *Donax* zu gestatten. Es ist möglich, dass eine der beiden Gattungen von der anderen abstammt, wahrscheinlicher aber wohl, dass sie aus gemeinsamer Wurzel hervorgehende Parallelreihen darstellen. Die Entscheidung darüber muss ferneren Untersuchungen überlassen bleiben und grosse Vorsicht in dieser Beziehung empfiehlt sich um so mehr, als auch bezüglich der geologischen Verbreitung der Donaciden, welche etwa Aufschluss zu geben geeignet wäre, noch erhebliche Unsicherheit herrscht. *Donax* selbst geht bis in die Kreideformation zurück; im Jura aber tritt die Gattung *Isodonta* Buv. (*Sowerbyia* Orb.) auf, welche Ähnlichkeit mit *Donax* zeigt und von der Mehrzahl der Palaeontologen und Conchyliologen zu den Donaciden gestellt wird. Die äussere Form, die Mantelbucht stimmen damit ganz wohl überein und auch das Schloss erinnert beim ersten Anblick an *Donax*, allein die sehr entwickelten Lateralzähne erregen doch Bedenken und auch die Entwicklung der Cardinalzähne lässt sich kaum an den Donaciden-typus anknüpfen, indem in der rechten Klappe zwei kräftige, durch eine dreieckige Grube getrennte Cardinalzähne vorhanden sind, zwischen welche ein starker Zahn der linken Klappe eingreift. Gerade die gleichartige Entwicklung der beiden grossen Cardinalzähne der rechten Klappe, auf welche der Name anspielt, steht in Widerspruch zu dem Gegensatze, welcher bei Telliniden und Donaciden zwischen den beiden Cardinalen einer und derselben Klappe zu herrschen pflegt. Aus diesem Grunde neige ich mich mehr der Ansicht zu, dass *Isodonta* sich zunächst an *Tancredia* und mit dieser an die Luciniden, speciell an *Corbis* und Verwandte anschliesse und hier den Sinnpalliatentypus dieser Gruppe bilde. Jedenfalls ist diese Frage noch nicht spruchreif.

Wie sich an die Telliniden mit ihrem äusseren Ligamente die Scrobicularidien als derivate Seitenreihe mit innerem Bandknorpel anschliessen, so stellen die Mesodesmatiden eine Gruppe dar, welche man als Donaciden mit innerem Ligament bezeichnen muss. In der äusseren Gestalt stimmen diese Formen auffallend mit *Donax* überein und unterscheiden sich davon nur durch die Lage des Ligamentes auf einem innerlich gelegenen Träger und die dadurch hervorgerufenen Veränderungen des Schlosses; auch das Thier stimmt wesentlich mit *Donax* überein und hat, wie es bei letzterer Gattung der Fall ist, vollständig getrennte und divergirende Siphonen; dadurch unterscheidet sich *Mesodesma* bedeutend von den Mactriden, mit welchen *Mesodesma* dagegen im Schlosse die meiste Verwandtschaft zeigen soll. Auch ich war früher derselben Ansicht, die sich aber bei genauerer Untersuchung als unhaltbar erscheint, und ich muss hier diesen Gegenstand erörtern, da nichts den fundamentalen Unterschied zwischen heterodontem und desmodontem Schlossbaue so klar vor Augen führt, als der Nachweis ihrer durchgreifenden Abweichung selbst in Fällen, in welchen sie dem oberflächlichen Blicke ganz übereinstimmend scheinen.

Um die Schlossbildung der Mesodesmatiden zu verstehen, nehmen wir am besten ein grosses Exemplar einer Form aus der amerikanischen Untergattung *Ceronia* zur Hand. Hier liegt ein kleines Stück des Ligamentes äusserlich; durch einen schmalen Ausschnitt, dicht hinter den Wirbeln, tritt dieses dann nach innen auf die Schlossplatte und liegt hier in einer etwas löffelartig vorragenden gerundeten Grube, welche grösseren Theils vom Wirbel nach hinten gerichtet ist, aber auch etwas vor den Wirbel vorgreift. Diese Ligamentgrube nimmt jenen Raum fast ganz ein, auf welchem sonst die Cardinalzähne stehen. Diese sind aber nicht verschwunden, sondern nur durch die Bandgrube aus ihrer Lage geschoben und dabei durch die ausserordentliche Beschränkung des Raumes auf ein Minimum reducirt. Bei guten, vollständig unbeschädigten Exemplaren, z. B. von *Cermia donacina*, findet man in dem kleinen Raume der Schlossplatte, der nach hinten durch den Ligamentausschnitt, nach unten durch die Ligamentgrube, nach oben durch den Wirbel abgegrenzt wird, zwei winzige Zahnlamellen als Überbleibsel der Cardinalzähne, wie sie bei *Donax* vorhanden sind. Noch mehr eingeengt als bei diesen stattlichsten Formen der ganzen Familie sind die Cardinale bei anderen Angehörigen derselben. Bei *Mesodesma* in engerem Sinne (in der Fassung von Adams, Typus *Mesodesma Nove Zelandicum*) ist an der angegebenen Stelle nur ein Zahn vorhanden, bei unserer gemeinen kleinen *Donacilla cornea* ist auch dieser verschwunden und kein Rest der Cardinalzähne mehr vorhanden. Da die Rudimente, auch wo sie noch erhalten sind, nicht functioniren und die Verankerung der beiden Schalen nicht wirksam vermitteln können, sind an deren Stelle die Lateralzähne sehr stark entwickelt und treten von beiden Seiten bis unmittelbar an die Ligamentgrube heran.

Gerade in dem geschilderten Verhalten der Cardinalzähne zu der Ligamentgrube liegt der entscheidende Heterodontencharakter; beide Theile stehen einander ganz fremd gegenüber, die Ligamentgrube vergrössert sich und es bleibt in Folge dessen auf der Schlossplatte kein Raum mehr für die Cardinalzähne übrig. Ganz anders verhält es sich bei den Desmodonten und speciell bei *Mactra*, deren Schloss scheinbar demjenigen von *Mesodesma* am ähnlichsten ist; hier sind die sogenannten Zähne umgebildete Ränder oder Medianleisten des Ligamentträgers; sie können zwar höher oder niederer, dicker oder dünner sein, ihre Lage und Länge aber sind durch Lage und Gestalt des Ligamentträgers unmittelbar bestimmt, sie wachsen mit der Länge der Seitenränder des Löffels, vor allem aber ist es ganz undenkbar, dass die Zähne bei *Mactra* durch den Träger bei Seite geschoben oder durch Beeinträchtigung des Raumes verkleinert werden. In dem einen Falle haben wir zwei unabhängige fremde Elemente, deren eines durch seine Vergrösserung das andere einengt; im anderen Falle sehen wir zwei zusammengehörige, in Correlation stehende Organe, die gleichzeitig und Hand in Hand wachsen oder schwinden. *Mesodesma* ist daher eine echte Heterodontenform, und die Grenze zwischen dieser Abtheilung und derjenigen der Desmodonten eine durchaus scharfe.[1]

Als letzte Familie, welche von den Telliniden abzweigt, führen wir die Soleniden an, mit ihren langgestreckten, scheidenförmigen, vorne und hinten stark klaffenden Schalen; Cardinalzähne sind jederseits ein oder zwei vorhanden, klein und von hakenförmiger Gestalt; bisweilen sieht man eine Spaltung des einen oder des anderen von ihnen, meist eines hinteren, doch ist es mir nicht gelungen, eine Gesetzmässigkeit in dieser Richtung herauszufinden. Das Ligament liegt äusserlich auf wulstigen Nymphen. Diese Familie, als deren wichtigste Gattungen *Solenocurtus* Blainv., *Pharella* Gray, *Pharus* Leach, *Cultellus* Schum., *Siliqua* Meg., *Ensis* Schum. und *Solen* L. genannt zu werden verdienen, tritt zum erstenmale in der oberen Kreide auf, wo

---

[1] Dass die Gattung *Anapa* nicht hierher, sondern zu den Mactriden gehört, wurde schon oben erwähnt. Eine andere Gattung, welche allgemein aber irrthümlich zu den Mesodesmatiden gestellt wird, ist *Ervilia*; die Kleinheit der recenten Formen erschwert eine richtige Beurtheilung, dagegen ist die Sache ziemlich leicht zu überblicken, wenn man ein Exemplar der verhältnissmässig grossen und derb gebauten *Ervilia podolica* aus den sarmatischen Ablagerungen des Wiener Beckens zur Hand nimmt. In der rechten Klappe steht ein kräftiger dreieckiger Zahn, vor welchem eine sehr schmale Zahngrube und hinter welchem unmittelbar die Ligamentgrube liegt; der Zahn bildet die vordere Randleiste der Ligamentgrube, wie bei *Corbula*; am Hinterrande der Ligamentgrube findet sich eine feine Zahnleiste. In der linken Klappe ist zunächst der Schalenrand vorne etwas zahnartig vorgezogen und dieser Vorsprung greift in die zwischen Schalenrand und Dreieckzahn gelegene schmale Grube ein; dann folgt eine Grube für den grossen Zahn der rechten Klappe, dann eine schwache Zahnleiste, welche die Ligamentgrube nach vorne abgrenzt und hinter dieser ist der Schalenrand wieder etwas zahnartig erhoben. Es ist das charakteristische Desmodontenentwicklung, die Zähne und zahnartige Gebilde stehen in innigster Beziehung mit den Rändern des Ligamentträgers. Ihre richtige Stellung dürfte *Ervilia* in der Nähe von *Corbula* finden. Das Thier von *Ervilia* ist nicht bekannt.

sie durch die Gattungen *Solenocurtus*, *Pharella* und *Siliqua* vertreten ist; allerdings werden aus älteren Ablagerungen vom Devon an Arten der Gattung *Solen* angeführt, die aber ausser ihrer Ähnlichkeit im äusseren Umrisse mit den Soleniden nichts gemein haben; wir haben diese Formen oben unter den Namen *Palaeosolen* und *Solenopsis* in der Abtheilung der Palaeoconchen kennen gelernt.

Die extremsten Gattungen der Soleniden, z. B. *Solen* mit der überaus lang gestreckten, rechteckigen Gestalt, den endständigen Wirbeln und dem am Vorder- und Hinterrand gar nicht eingeengten Lumen der sehr weit klaffenden Schalen bieten ein ziemlich fremdartiges Bild, es reihen sich aber daran andere Formen mit gerundeten Ecken, bei welchen die Wirbel mehr und mehr nach rückwärts rücken, so dass bei manchen *(Solenocurtus)* nur geringe Ungleichseitigkeit vorhanden ist; auch klaffen diese Typen weniger und dadurch erhalten dieselben Ähnlichkeit mit den Tellinidengattungen *Psammobia* und *Hiatula*; gerade die letztere Gattung steht *Solenocurtus* so nahe, dass man wenigstens nach den Schalencharakteren zweifeln kann, wo man die Grenze ziehen soll. Hier besteht ein überaus inniger Zusammenhang zwischen Telliniden und Soleniden, wie das schon lange erkannt worden ist und den prägnantesten Ausdruck in dem von Blainville der Gattung *Hiatula* gegebenen Namen *Solenotellina* erhalten hat.

Wir sind damit am Schlusse jenes grossen Formenkreises angelangt, welchen wir mit dem Namen der *Conchacea* bezeichnen; wir haben gesehen, dass auf diesem Gebiete wenigstens die Hauptzüge des genetischen Zusammenhanges festgestellt werden können. Für einen Theil der Gattungen wurden schon an früherer Stelle die muthmasslichen Beziehungen in Gestalt von Stammbäumen aufgezeichnet; hier mag noch eine graphische Darstellung der Verwandtschaftsverhältnisse der von *Tapes* abzweigenden Gruppen gegeben werden.

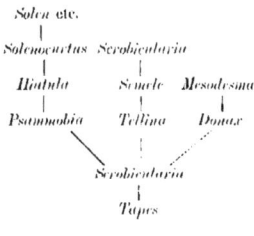

Nachdem wir den einen Hauptast der Heterodonten, jenen der *Conchacea*, in seinen wichtigsten Verzweigungen kennen gelernt haben, kehren wir zu den ursprünglichsten palaeozoischen Typen der Heterodonten, zu *Anodontopsis*, *Pleurophorus* und den *Cypricardia*-ähnlichen Formen zurück, welche mit vorderen und hinteren Lateralzähnen und mit 2—3 Cardinalzähnen ausgestattet sind. An diese schliesst sich ebenfalls in palaeozoischen Ablagerungen eine weitere Gruppe von Muscheln an, bei welchen die Lateralzähne verloren gegangen sind, deren Abstammung von Typen mit Lateralzähnen aber daraus hervorgeht, dass bei ihren Nachkommen häufig Rudimente von Lateralen auftreten (z. B. bei *Astarte*). Allerdings sind unsere Kenntnisse dieser Formen, wie überhaupt der meisten palaeozoischen Heterodonten noch sehr unvollkommen. Es reiht sich hier die devonische Gattung *Cartonotus* Salter an, sehr ungleichseitig mit fast endständigem Wirbel und einem Schlosse, welches in einer Klappe einen, in der anderen zwei Cardinalzähne zeigt; links ist ein grosser Zahn vorhanden, welcher in eine grosse, von einem stärkeren vorderen und einem schwächeren hinteren Zahne begrenzte Grube der rechten Klappe eingreift.[1] In dieselbe Gruppe reiht sich die Gattung *Protoschizodus* Kon. *(Niobe)* aus dem belgischen Kohlenkalke, mit zwei Cardinalzähnen in der linken und einem in der rechten

---

[1] Salter, Quart. Journ. Geol. Soc. 1863. Bd. 19, S. 491.

Klappe.[1] Weitere Angehörige derselben Gruppe finden sich unter den als *Schizodus* angeführten Arten, und namentlich unter den geologisch älteren Vorkommnissen, welche diesen Namen erhalten haben, und für welche unten die Gattung *Kefersteinia* aufgestellt werden wird. Die Gattung *Schizodus* King ist für permische Arten gegründet worden, welche nicht dem Heterodonten-, sondern dem Schizodontentypus angehören und sich insbesondere durch die tiefe Zweitheilung des mittleren Hauptzahnes der linken Klappe auszeichnen; später aber hat man in dieses Genus eine Menge von älteren Formen eingereiht, welche nicht die charakteristisch gespaltenen Cardinalzähne zeigen, wie sie unten geschildert werden sollen, sondern ein Heterodontenschloss, welches demjenigen von *Protoschizodus* nahe steht; wir werden weiter unten eingehender auf diese Arten zurückkommen, und deren Beziehungen zu verschiedenen Formen prüfen.

Das Bestehen von Beziehungen zwischen *Schizodus* und der *Cartonatus*-Gruppe kann in keiner Weise geleugnet werden, jedenfalls aber steht dieser letzteren die Familie der Astartiden und namentlich die Gattung *Astarte* ebenfalls sehr nahe, so dass das Vorhandensein wirklicher, genetischer Verwandtschaft nicht bestritten werden kann. Die Astartiden sind dickschalige, gleichklappige Formen, mit 1—3 kräftig entwickelten Cardinalzähnen aber ohne Lateralzähne oder nur mit Rudimenten von solchen. Das Band ist kräftig, äusserlich, die Muskeleindrücke oval, über dem vorderen ist meist ein kleiner Fussmuskeleindruck zu sehen. Diese Definition passt vollständig auf jene palaeozoischen Formen, und wenn auch das allein für sich noch nicht entscheidend ist, so kommt doch noch dazu, dass auch der ganze Charakter der Bezahnung, nicht nur die Zahl der Zähne auffallend an *Astarte* erinnern, ja ich zweifle nicht, dass man *Cartonatus*, *Protoschizodus* u. s. w., wenn sie im Jura gefunden worden wären, einfach als Untergattungen von *Astarte* betrachtet und sie bei diesem Genus eingereiht hätte. Gewiss ist die Übereinstimmung eine so grosse, dass wir jene palaeozoischen Formen als die Vorläufer von *Astarte* betrachten müssen.[2]

Die Gattung *Astarte* selbst umfasst meist concentrisch gefaltete oder gefurchte, daneben auch glatte Formen, meist mit je zwei Cardinalzähnen in jeder Klappe, von denen der vordere der rechten Klappe durch Grösse und Dicke hervortritt. Wann die ersten echten Astarten auftreten, ist zur Zeit noch kaum mit Sicherheit festzustellen. Bisher ist aus der ganzen palaeozoischen Zeit kein Vorkommen von *Astarte* durch ein Schlosspräparat festgestellt, doch treten in jungen palaeozoischen Ablagerungen einzelne Muscheln auf, die äusserlich einer *Astarte* sehr ähnlich sind. Die ältesten sicheren Arten finden sich in der Trias (z. B. *Astarte triasina* Schl. und *Antoni* Gieb. des Muschelkalkes), dann aber folgt während der Jura- und Kreideformation, und namentlich während der ersteren Formation eine ganz überraschende Mannigfaltigkeit der Entwicklung. Neben den normalen kleinen und mittelgrossen Arten mit ausgesprochenen concentrischen Rippen zeigen sich hier auch grosse, glattschalige Arten, die zu den stattlichsten Angehörigen der damaligen Muschelfauna gehören, so die sogenannten Praeconien[3] des oberen Jura, die stark verlängerte *Seebachia* aus der unteren Kreide Südafrika's u. s. w. Mit dem Beginne der Tertiärformation sind die Astarten stark im Rückgange begriffen, der sich bis heute fortsetzt, wo die Astarten auf eine geringe Zahl meist in den kalten Meeren, weniger in den kühlen Wässern der Tiefe, lebenden Arten beschränkt sind. Es ist das einer jener wichtigen und bemerkenswerthen Fälle, in welchen die Überbleibsel eines geologisch alten Typus sich nicht, wie man es gewöhnlich als Regel betrachtet, in heissen, sondern in kalten Regionen erhalten haben.

---

[1] So die Beschreibung; die von de Koninck gegebenen Abbildungen stimmen allerdings nur zum Theile damit überein. Frech weist darauf hin, dass unter dem Namen *Protoschizodus* wahrscheinlich Verschiedenartiges zusammengeworfen wird.

[2] In der Regel wird angegeben, dass die Astartiden bisweilen Lateralzähne führen; diese Angabe beruht einerseits auf der morphologisch unrichtigen Deutung des bei *Cardita* und Verwandten vom Wirbel nach hinten ziehenden Zahnes als Lateralzahn, andererseits auf der irrthümlichen Einreihung der zu den Cypriniden gehörigen Gattungen *Pleurophorus* und *Palaeoconcha* bei den Astartiden.

[3] Vergl. G. Böhm, zur Kritik der Gattung *Praeconia*; Zeitschr. deutsch. geol. Ges. 1882. Bd. 34, S. 618. Böhm hat nachgewiesen, dass die ursprüngliche Definition von *Praeconia* eine unrichtige ist, und dass die Formen sich eng an *Astarte* anschliessen. Die Unterschiede von den typischen Astarten scheinen mir aber doch so gross, dass man *Praeconia* wohl als Untergattung von *Astarte* wird gelten lassen müssen.

Als eine besondere Eigenthümlichkeit nicht aller, aber mancher Astarten, die am deutlichsten bei der oben genannten Untergattung *Scobachia* hervortritt, ist das Vorkommen einer senkrechten Streifung der Cardinalzähne zu nennen, ein Merkmal, welches sonst bei Heterodonten nur sehr vereinzelt auftritt, während es bei der Ordnung der Schizodonten ausserordentlich verbreitet ist.

Neben *Astarte* im weitesten Sinne bildet einen zweiten Haupttypus der Astartiden jenes Formengebiet, das man unter dem Namen *Cardita* Brug. ebenfalls im weitesten Sinne zusammenfassen kann (mit Einschluss von *Mytilicardia*, *Venericardia* u. s. w.). Von *Astarte* unterscheidet sich *Cardita* am auffallendsten durch das Auftreten einer ganz abweichenden Schalenverzierung, indem alle hierher gehörigen Formen mit kräftigen Radialrippen ausgestattet sind; wichtiger als diese äussere Abweichung sind jedoch die Unterschiede im Schlossbaue, indem zunächst alle Zähne schräg nach hinten gerichtet sind; die Zahl der Cardinalzähne beträgt 2—3, und der letzte derselben erstreckt sich in der Regel dem Schalenrande fast parallel sehr weit nach rückwärts, so dass derselbe in der Regel als Lateralzahn betrachtet wird; wie jedoch oben erwähnt wurde, ist diese Deutung eine unrichtige, indem der betreffende Zahn nicht hinter dem Ligamente steht, wie das für einen hinteren Lateralzahn charakteristisch ist, sondern mit seiner Spitze bis unter den Wirbel reicht.

Es wurde schon oben erwähnt, dass einige geologisch ältere Formen, die man bisher zu *Cardita* gerechnet oder wenigstens dieser Gattung untergeordnet hatte, sich von dieser Gattung durch das Auftreten eines echten hinteren Lateralzahnes unterscheiden, wodurch nicht nur die Aufstellung einer eigenen Gattung *Palaeocardita*, sondern auch deren Ausscheidung aus dem Formenkreise der Astartiden und ihre Unterbringung bei den Cypriniden gerechtfertigt wird (Typus *Palaeocardita crenata* und *P. austriaca* aus der oberen Trias der Alpen). Nach dieser Abtrennung scheinen die echten Carditen erst im Jura aufzutreten. Trotzdem aber scheint, so weit ein Urtheil nach Abbildung und Beschreibung möglich ist, ein Schlosstypus, welcher sehr an denjenigen der Carditen erinnert, schon in uralten devonischen Ablagerungen durch die Gattung *Prosocoelus* vertreten [1] und auch die noch heute lebenden, lang gestreckten Arten der Untergattung *Mytilicardia* erinnern durch ihren Umriss, wie durch die auffallend geringere Grösse des vorderen Muskeleindruckes, an sehr alterthümliche Cyprinidenformen.

Als ein sehr aberranter Astartidentypus mag noch die Gattung *Opis* genannt werden, welche in allen mesozoischen Formationen verbreitet ist. Sehr stark vorragende, eingerollte oder gekrümmte Wirbel, eine sehr tief eingesenkte Lunula und eine in der Regel vom Wirbel nach hinten verlaufende Kante verleihen diesen Muscheln ein charakteristisches Aussehen, während sie durch das Vorhandensein nur eines Zahnes in jeder Klappe als Reductionsformen gekennzeichnet sind.

An die Astartiden schliessen sich als eine nahe verwandte Familie die Crassatelliden an, welche sich von ersteren nur dadurch unterscheiden, dass das Ligament innerlich in einer Bandgrube liegt; es ist dies eine Erscheinung, welche in den verschiedensten Abtheilungen der Heterodonten vorkommt, und *Crassatella* verhält sich genau ebenso zu *Astarte*, wie *Raugia* zu *Cyrena* oder *Corbicula*, wie *Scrobicularia* zu *Tellina*, oder *Mesolesma* zu *Donax*. Die Crassatellen treten zuerst in der unteren Kreide auf, sind in oberer Kreide und Eocän sehr verbreitet, im jüngeren Tertiär und in der Jetztzeit aber stark im Rückgange.

Im Vergleiche zu dem grossen Stamme der *Conchacea* zeigt die Gruppe, welche Astartiden und Crassatelliden umfasst, geringe Mannigfaltigkeit, und auch in der Entwicklung der Weichtheile entfernt sich diese Abtheilung weit weniger von dem ursprünglichen Typus; es gilt dies in erster Linie von den Siphonen, welche bei den Astartiden und Crassatelliden gar nicht oder nur sehr wenig entwickelt sind und nie zur Bildung einer Mantelbucht Anlass geben, während bei der *Conchacea* lange Siphonen auftreten und die grosse Mehrzahl der Formen mit starker Mantelbucht ausgestattet ist. Die Astartacea stellen also einen conservativen Typus dar.

---

[1] Keferstein, über einige deutsche devonische Conchiferen aus der Verwandtschaft der Trigonaceen. Zeitschr. d. deutsch. geol. Ges. 1857. Bd. IX, S. 149. Früher wurde in der Regel auch die Gattung *Megalodon* aus dem Devon hierhergerechnet; nachdem aber Frech bei *Megalodon* das Vorhandensein eines Zahnes nachgewiesen hat, welcher nur als ein echter hinterer Lateralzahn gedeutet werden kann, ist diese Ansicht widerlegt. Vergl. Frech, Zeitschr. d. deutsch. geol. Ges. X, 1889, S. 127 ff. Taf. XI, Fig. 2.

Neben *Conchacea* und *Astartacea* fassen wir als die dritte grosse Hauptabtheilung der Heterodonten unter dem Namen der *Lucinacea* die drei Familien der Luciniden, Cardiiden und Tridacniden zusammen; allerdings lässt sich diese Vereinigung nicht mit derselben Bestimmtheit wissenschaftlich begründen, mit welcher das bei den beiden vorhergehenden Stämmen geschehen konnte, da zwar ein inniges Verwandtschaftsverhältniss zwischen Luciniden und Cardiiden zu herrschen scheint, aber der Nachweis von Zwischenformen, welche einen vollständigen Übergang herstellen, noch nicht möglich ist. Als ein wichtiges Schalenmerkmal der hierher gerechneten Formen kann die Entwicklung der Lateralzähne gelten, so weit diese nicht reducirt oder obliterirt sind; wir finden nämlich wenigstens als typische Bildung kurze, kräftige, weit vom Wirbel entfernte, annähernd gleich starke Lateralzähne vorne und hinten in jeder Klappe, ein Charakter, welcher in dieser Entwicklung fast der Gesammtheit der übrigen Heterodonten fremd ist, und nur aus ausnahmsweise den Cyrenidengattungen *Pisidium* und *Sphaerium* zukommt. Allerdings kann diese Ausbildung der Lateralzähne nicht als ein in allen oder in den meisten Fällen der systematischen Praxis richtig leitendes Merkmal bezeichnet werden, da eine Reduction sehr häufig eintritt, aber es ist darum morphologisch nicht minder bedeutsam, dass all' die Formen sich auf solche zurückführen lassen, bei welchen die geschilderte Anordnung der Laterale herrscht.

Wir wenden uns zunächst zu der Familie der Luciniden, welche mit Sicherheit in allen tertiären und mesozoischen Ablagerungen, sowie in der permischen Formation[1] nachgewiesen ist; die Frage, ob dieselbe in noch ältere Bildungen zurückgeht, lässt sich heute noch nicht mit Sicherheit beantworten; wir kennen allerdings bis zurück ins Silur Muscheln, welche äusserlich der Gattung *Lucina* in der auffallendsten Weise gleichen, allein über die Bildung des Schlosses und überhaupt bezüglich aller Merkmale, mit Ausnahme von Umriss und Verzierung der Schale, wissen wir bis jetzt gar nichts und somit ist auch die Annahme, dass diese alten Formen, für welche Hall die Gattung *Paracyclas* aufgestellt hat, in Wirklichkeit zu den Luciniden gehören, noch unerwiesen. Wir werden allerdings sehen, dass wichtige Wahrscheinlichkeitsgründe für die Vermuthung vorliegen, dass die Familie hohes geologisches Alter besitzt, aber ein Beweis fehlt.

Die Luciniden oder wenigstens die meisten derselben zeigen einen ziemlich charakteristischen und leicht kenntlichen Gesammtcharakter, allein es wird ausserordentlich schwer, die Wesenheit desselben kurz in Worte zu fassen und eine Diagnose zu geben, welche alle Angehörigen umfasst, alles Fremde ausschliesst; der Grund hiefür liegt in der Variabilität gerade solcher Merkmale, welche sonst als beständig gelten und zur Kennzeichnung der Familien verwendet werden, und namentlich das Schloss ist von ganz abnormer Veränderlichkeit. Als die normale Entwicklung darf diejenige betrachtet werden, bei welcher in jeder Klappe unter dem Wirbel zwei ziemlich schwache divergirende Schlosszähne stehen, ausser denen vorne und hinten je ein kurzer, weit vom Wirbel abstehender Lateralzahn vorhanden ist. Die bedeutenden Veränderungen, welche an diesem Typus vor sich gehen, bestehen namentlich in Reductionserscheinungen, indem einer der Cardinalzähne zurücktritt, oder diese beide verschwinden, so dass nur die Lateralzähne zurückbleiben, oder es gehen umgekehrt diese letzteren verloren und die Cardinalen erhalten sich, oder beide Kategorien abortiren und das Scharnier ist dann ganz zahnlos. Ähnlich verhält es sich mit den Schliessmuskeln, welche bei der Mehrzahl der Luciniden gross und stark entwickelt sind; bei *Lucina* und einer Reihe verwandter Gattungen hat der vordere Muskeleindruck eine charakteristische Gestalt, indem derselbe sehr stark verlängert ist, und die Mantellinie sich nicht an dessen hinteres oder unteres Ende, sondern ganz weit vorne ansetzt, so dass der grösste Theil des Eindruckes in das Innere des von der Mantellinie umschlossenen Raumes hineinragt. Allein auch dieses auffallende Kennzeichen ist nicht allen Luciniden gemein, und manche derselben verhalten sich in dieser Beziehung ganz wie die Vertreter anderer Familien (namentlich *Fimbria*, *Ungulina* u. s. w). Auch andere Merkmale, insbesondere die rauhe Beschaffenheit des Schaleninneren, sind nicht ganz beständig, während wieder andere, z. B. rundliche oder quer ovale Gestalt, einfacher Mantelrand, äusseres Ligament, bei so vielen verschiedenen Familien vorkommen, dass sie zur Charakterisirung einer einzelnen nicht dienen können. So kommt es, dass es bisher noch

---

[1] Waagen. Salt Range Fossils. A. a. O. S. 201 ff.

nicht gelungen ist, eine auf den Schalenmerkmalen beruhende, auch nur annähernd befriedigende Definition dieser so natürlichen und eng zusammenhängenden Familie zu geben, und es zeigt sich das sehr klar, wenn man in den verschiedenen Handbüchern die Diagnose der Luciniden aufsucht.

Übrigens steht es nicht viel besser, wenn man die Weichtheile mit heranzieht; auch in dieser Beziehung, und namentlich in der Entwicklung der Kiemen und der Mündung der Siphonen herrschen grosse Abweichungen, während der lang gestreckte, wurmförmige Fuss ein wichtiges, gemeinsames Merkmal bildet. Wohl hat man die Formen mit vier Kiemenlamellen als eine Familie der Unguliniden von den eigentlichen Luciniden mit zwei Kiemenlamellen zu trennen gesucht, ja dieselben sogar in ganz verschiedene Hauptabtheilungen der Muscheln gebracht, die Unguliniden zu den Tetrabranchiaten, die Luciniden zu den Dibranchiaten. Allein die Formen beider Gruppen stehen in so innigem Zusammenhange, dass ihre Trennung eine unnatürliche genannt werden muss, und es bleibt nichts anderes übrig, als die Luciniden als eine in wichtigen Merkmalen der Schalenbildung wie der Weichtheile überaus stark variirende, aber trotzdem zusammenhängende Abtheilung zu betrachten.

Den Haupttypus der Familie bildet die Gattung *Lucina*, deren rundliche, sehr variable Schale meist durch sehr wenig vorspringende Wirbel und häufig auch durch eine vom Wirbel nach rückwärts ziehende Falte ausgezeichnet ist; im Schlosse zeigt sich keinerlei Beständigkeit, indem von der vollständigen Bewehrung desselben mit zwei Cardinalen und zwei lateralen Zähnen in jeder Klappe alle Zwischenstufen bis zu vollständiger Zahnlosigkeit vorkommen. Das wichtigste und beständigste Merkmal der Schale bildet der oben geschilderte, verlängerte Muskeleindruck, welcher in den von der Mantellinie umschlossenen Raum hineinragt. Dieser Charakter scheint bei allen Angehörigen von *Lucina* im weiteren Sinne (mit Einschluss von *Loripes*, *Codakia* u. s. w.) vorhanden, bei den meisten übrigen Luciniden dagegen zu fehlen.

Dieses Kennzeichen dient auch dazu, um die Schalen von *Lucina* von der kleinen Formengruppe der Unguliniden zu unterscheiden. Bei dieser Abtheilung, zu welcher man *Ungulina* und *Diplodonta* rechnet, liegt der vordere Muskeleindruck, wie bei der Mehrzahl aller Muscheln, in der unmittelbaren Verlängerung der Mantellinie, während in der äusseren Erscheinung, im Schlossbaue u. s. w., vollständige Übereinstimmung mit *Lucina* herrscht. Allerdings bildet auch die Aneinanderfügung von Mantellinie und Muskeleindruck kein ganz durchgreifendes Merkmal, indem bei gewissen Formen von *Diplodonta* wenigstens der Anfang der charakteristischen Bildung von *Lucina* schon ausgesprochen hervortritt.

Weder die Unterscheidung von Unguliniden einerseits, von Luciniden andererseits, noch die eben besprochenen Abweichungen der Musculatur fällt mit der oben erwähnten Sonderung nach den Kiemen zusammen.[2] Immerhin wird man Luciniden und Unguliniden als zwei Unterabtheilungen einander gegenüberstellen können. Wenn wir nun diese beiden Typen näher miteinander vergleichen und erwägen, welcher von beiden als der primitivere betrachtet werden muss, so kommen wir zu keinem ganz bestimmten Ergebnisse, indem jede der beiden Gruppen in einzelnen Merkmalen mehr, in anderen weniger von der vermuthlichen Grundform sich entfernt zu haben scheint als die andere. Dass die Ausbildung von vier Kiemenblättern einen ursprünglicheren Zustand darstellt, als das Vorhandensein von zwei, wurde schon dargelegt, und ebenso wird die Entwicklung des vorderen Schliessmuskels bei den Ungulinen, als die bei den Muscheln allgemein verbreitete, als eine primitive betrachtet werden müssen im Vergleiche zu der sehr aberranten bei *Lucina*; endlich stellt auch die einfache Siphonalöffnung der Unguliniden der doppelten bei den Luciniden gegenüber eine Bildung dar, welche dem Stammtypus noch näher steht. Ganz entgegengesetzt verhält es sich mit den Mantellappen, welche bei den Unguliniden

---

[1] *Arinus* Sow. (Cryptodon Turton), sehr dünnschalig und ganz zahnlos, schliesst sich am besten unmittelbar an *Lucina* an.
[2] Man hat versucht nach dem Vorhandensein von zwei oder vier Kiemen Luciniden mit Einschluss von *Fimbria* von den Unguliniden zu trennen, und dabei noch als weiteres Merkmal die geschilderten Verhältnisse der Musculatur, worin das Vorhandensein einer Siphonalöffnung bei den Unguliniden von zweier bei den Luciniden von Bedeutung sein soll (Fischer, Man. Conch. pag. 1097). Das trifft jedoch nicht zu, indem *Fimbria* in der Bildung des vorderen Schliessmuskels mit den Unguliniden übereinstimmt und auch nur eine Siphonalöffnung hat. — Bei den lebenden Ungulinen und Diplodonten fehlen die Lateralzähne oder sind nur durch schwache Rudimente angedeutet, doch kommt dieses Verhältnis auch bei den Lucinen sehr häufig vor.

weit stärker verwachsen sind, als bei den Luciniden, und auch die Schlossbildung der ersteren, bei welcher die Lateralzähne fehlen, ist wenigstens im Vergleiche zu derjenigen der Lucinen mit Lateralzähnen eine reducirte. Die Grundform, aus der beide Abtheilungen sich entwickelt haben könnten, müsste demnach eine Combination der Merkmale im angegebenen Sinne gezeigt haben.

Der Nachweis einer solchen Stammform auf palaeontologischem Wege ist natürlich insoferne nicht möglich, als die Merkmale der Kiemen, der Siphonalöffnung und der Mantelverwachsung bei fossilen Exemplaren nicht erhalten sind, und wir sind daher auf die Verfolgung der Verschiedenheit im Schlosse und in der Musculatur angewiesen. Im Jura sind schon beide Muskeltypen nebeneinander vorhanden, derjenige der Ungulinen tritt z. B. bei *Lucina pulchra* Zittel et Goub.[1] und *Lucina circumcisa* Zitt. et Goub. aus den Coralline von Glos in der Normandie auf, während die allerdings nicht ganz klaren Zeichnungen bei Buvignier[2] theilweise reinen Lucinencharakter zu zeigen scheinen. Dabei haben aber *Lucina pulchra* und *circumcisa*, welche in der Musculatur mit den Ungulinen übereinstimmen, wohlentwickelte Lateralzähne, und zeigen also in dieser Hinsicht den Lucinencharakter, ja man kann sagen, dass, so weit Schalencharakter in Betracht kommen, diese Arten die Eigenthümlichkeiten beider Abtheilungen vollständig miteinander vereinigen. Aus älteren als jurassischen Ablagerungen haben wir über die Musculatur der Luciniden keinerlei nähere Nachrichten; bei den *Paracyclas*-Arten der palaeozoischen Zeit fehlt uns vollends jeder Anhaltspunkt.

Natürlich wird dadurch die Aufsuchung einer Stammform für die Luciniden und der Nachweis ihrer Verwandtschaft mit den bisher besprochenen Heterodonten sehr erschwert; immerhin lässt sich nicht verkennen, dass die oben besprochene *Anodontopsis Milleri* Meek aus den untersilurischen Cincinnatischichten von Nordamerika, welche in Beziehungen zu den Cypriniden, specieller zu den Cypricardien steht, in der Anordnung ihrer Zähne auch Anklänge an die Lucinen zeigt. Es soll natürlich desswegen nicht behauptet werden, dass gerade *Anodontopsis Milleri* die gemeinsame Stammform der *Conchacea* und der *Lucinacea* sei; es geht daraus aber wenigstens soviel hervor, dass in jener frühen Urzeit sehr generalisirte Heterodontentypen existirten, welche den gemeinsamen Ausgangspunkt für die späteren Formen liefern konnten.

Als eine letzte Unterabtheilung der Luciniden kann man mit Stoliczka[3] die Corbiden betrachten, welche in der heutigen Schöpfung nur durch wenige Arten der Gattung *Corbis* Cuv., (*Fimbria*, *Gafrarina*) vertreten ist; diese schliessen sich in der Entwicklung der Kiemen an *Lucina* an, haben aber nur eine Siphonalöffnung, und auch in der Gestalt der Muskeleindrücke weichen sie von *Lucina* ab und zeigen den normaleren Charakter, wie er bei den Unguliniden vorhanden ist. Das Schloss zeigt jederseits zwei Cardinalzähne und einen vorderen und hinteren Lateralzahn, weicht also von dem typischen Lucinidenschlosse nicht wesentlich ab; dagegen ist die Gesammterscheinung der mehr quer verlängerten, derberen und mit Gitterverzierung ausgestatteten Schale eine von den übrigen Luciniden wesentlich abweichende.

Unter diesen Umständen bietet die Unterscheidung der recenten Formen keinerlei Schwierigkeiten, dieselben stellen sich erst ein, wenn man auch die geologisch älteren, namentlich die mesozoischen Formen herbeizieht. Hier ist *Corbis* mit einer Reihe von Untergattungen (*Mutiella*, *Sphaeriola*, *Sphaera*, *Fimbria*, *Corbicella*, *Fimbriella*) durch sehr zahlreiche Arten vertreten, und ihnen schliesst sich eine Anzahl ausgestorbener Sippen, wie *Tancredia*, *Isodonta*, *Quenstedtia* und *Unicardium* mit mehr oder weniger Sicherheit an. Bei den älteren *Corbis*-Arten geht die Gittersculptur verloren, auch die quer verlängerte Gestalt macht einer gerundeten Platz, und bei der bis in die Trias zurückreichenden Untergattung *Sphaeriola* fehlen die Lateralzähne; damit fallen aber alle wirklich unterscheidenden Merkmale gegen die Ungulinen weg, und es ist einigermassen der Willkühr überlassen, ob man eine vorkommende Form hierhin oder dorthin stellen will; ich wüsste ausser der bedeutenderen Grösse und Dicke der Schale und der reinen äusserlichen Lage des Bandes keinen Unterschied zu nennen. Ich halte es allerdings nicht für wahrscheinlich, dass hier ein wirklicher Zusammenhang stattfindet,

---

[1] Zittel et Goubert, Note sur le Gisement de Glos, suivie de la description des fossiles du Coral-rag. Journ. Conch. 1861. Tab. VIII, Fig. 14; Tab. XII, Fig. 5.
[2] Buvignier, Statistique de la Meuse. Tab. X, Fig. 3—11.
[3] A. a. O. S. 211.

sondern es scheint nur äussere Ähnlichkeit vorzuliegen; dagegen scheinen die gerundeten und sehr schwach verzierten *Corbis*-Arten mit zwei Lateralzähnen wirklich in naher Beziehung zu jenen oben erwähnten Zwischenformen zu stehen, welche die Schalenmerkmale der Ungulinen und Luciniden in sich vereinigen.

Unter den ausgestorbenen Gattungen mag *Tancredia* Lyc. *(Hettangia)* zunächst genannt werden, deren Arten im Jura in grosser Zahl verbreitet sind und sich auch in Trias- und Kreideformation finden; im äusseren Umrisse weichen die Tancredien von den bisher besprochenen Luciniden durch ihren quer dreieckigen Umriss ab, der ihnen ein etwas fremdartiges Ansehen verleiht, so dass man die Gattung bei den Donaciden einzureihen versucht hat. Das Schloss zeigt in der rechten Klappe einen oder zwei, in der linken einen Cardinalzahn, die hinteren Lateralzähne sind gut entwickelt, die vorderen dagegen fehlen oder sind nur sehr schwach; der Hauptcharakter des Schlosses beruht darin, dass ein grosser stark entwickelter Zahn der linken Klappe zwischen zwei Cardinalzähne der rechten eingreift, von denen der hintere der stärkere ist; die Mantellinie ist ganzrandig.

In sehr inniger Beziehung zu *Tancredia* steht die früher besprochene *Isodonta*, welche geradezu als die Sinupalliatenform von *Tancredia* bezeichnet werden darf.

Isodonta wird ziemlich allgemein den Donaciden zugerechnet, ich habe aber gezeigt, dass trotz aller Ähnlichkeit die Bezahnung nach anderem Typus entwickelt und das Vorhandensein wahrer Verwandtschaft sehr unwahrscheinlich ist; natürlich gilt das in noch verstärktem Maasse von *Tancredia*, welcher noch überdies die Mantelbucht fehlt. Es ist das ein Gegenstand von nicht ganz untergeordneter Bedeutung; wir haben oben gesehen, dass wichtige Gründe zu der Annahme einer Abstammung der Donaciden von einer *Asaphis*-ähnlichen Form und daher mittelbar von den Tapesinen, also von Muscheln mit Mantelbucht sprechen, und es wäre daher ein innerer Widerspruch, wenn schon in der Trias eine integropalliate Donacidenform anträte.

Als eine Reductionsform desselben Formenkreises muss die jurassische Gattung *Quenstedtia* mit schwacher Mantelbucht gelten, bei welcher die ganze Bezahnung sich auf einen Zahn in der rechten Klappe beschränkt, während die linke Klappe nur die entsprechende Zahngrube trägt. *Unicardium*, mit einem kleinen Cardinalzahn in jeder Klappe und einer langen äusseren Leiste, welche das Band trägt, schliesst sich als Reductionsform unmittelbar an *Corbis* im weiteren Sinne an.

Die Cardiiden oder Herzmuscheln bilden eine wichtige Familie, deren Abstammung und nächste Verwandtschaft noch nicht ganz klar gestellt ist, indem weder weitreichende Übergänge fossiler Schalen zu einer der anderen Familien hinüberführen, noch auch die Organisation der Weichtheile mit einer der letzteren ausgesprochene Ähnlichkeit zeigt. Die normalen Vertreter der Cardiiden haben nach vorne offenen Mantel, grossen, meist geknieten Fuss, zwei sehr kurze Siphonen und jederseits zwei ungleiche Kiemen; die Schalen sind meist an den Rändern gekerbt, an der Oberfläche radial gerippt oder gestreift, die Wirbel kräftig vorspringend; das Schloss hat in jeder Klappe zwei Cardinalzähne, welche eigenthümlich schräg kreuzförmig gestellt sind, und ausserdem treten in jeder Klappe vordere und hintere Lateralzähne auf, welche von den Cardinalen ziemlich weit entfernt und kurz sind. Zwei ovale Muskeleindrücke sind vorhanden; die Mantellinie ist bei den normalen Typen ganzrandig.

Allerdings gilt auch diese Beschreibung nur für die typischen Vertreter der Familie, denn hier, wie bei den Luciniden, stellt sich eine so grosse Variabilität in allen Merkmalen ein, dass auch nicht eines derselben sich als stichhältig erweist; von einiger Beständigkeit ist überhaupt nur die Schlossbildung, allein auch in dieser Richtung werden wir die grössten Veränderungen kennen lernen. In allen Beziehungen schliessen sich an die Diagnose die Glieder der Gattung *Cardium* L. (im engeren Sinne) an, mit ihren aufgetriebenen, ziemlich dicken, fast gleichseitigen Schalen, deren Wirbel stark vorspringen und deren Oberfläche mit derben, häufig gedornten oder beschuppten Rippen bedeckt ist. Dieser Sippe gehören in der Jetztwelt einige der allerhäufigsten Arten unserer europäischen Meere an, wie *C. edule*, *C. aculeatum*; daneben hat man eine Menge lebender Gattungen und Untergattungen unterschieden, welche aber wenigstens theilweise nicht von grosser Bedeutung sind. Als einige der auffallenderen und wichtigeren Typen mögen *Trachycardium* Moem. mit sehr aufgetriebener, dünner, klaffender Schale hervorgehoben werden, und *Laevicardium* Swains., etwas verlängert, auf der Aussenseite glatt und nur an den Rändern gekerbt, oder mit einer Sculptur, bei welcher Vorder- und Hinterseite berippt, die Mitte dagegen glatt ist. Einen sehr auffallenden Typus bildet *Hemicardium* Klein, mit hohen, schmalen Klappen, welche vorne ganz abgeplattet sind und mehr oder weniger senkrecht abfallen; ein vorspringender Kiel scheidet Vorder- und Hinterseite der Muschel, in deren Profilansicht die herzförmige Gestalt auffallend hervortritt. Diese und manche andere Gruppen lassen sich unter den lebenden Formen und ebenso unter denjenigen der Tertiärzeit festhalten; die meisten derselben aber erweisen sich als nicht mehr anwendbar für die geologisch älteren Cardien der mesozoischen Periode; hier lässt sich der normale gerippte *Cardium*-Typus festhalten, innerhalb dessen sich allerdings Anklänge an diese oder jene der später wohl unterscheidbaren Sippen zeigen, aber dieselben sind noch nicht hinreichend differenzirt. Dagegen treten einige selbständige, heute erloschene Gattungen neben *Cardium* in diesen älteren Schichten auf.

Die wichtigste unter diesen Sippen ist *Protocardia* Beyr., durch ihre eigenthümliche Sculptur ausgezeichnet, indem die Vorderseite und Mitte der Schalen concentrische Streifen trägt, während auf der Hinterseite kräftige Radialrippen auftreten; häufig ist eine seichte Mantelbucht vorhanden. Im Baue der Zähne tritt wenigstens bei manchen der ganz normale Cardientypus mit gekreuzten Cardinalzähnen auf, allein das gilt nicht von allen, und namentlich bei *Protocardia Parbeckensis* Lor. aus dem obersten Jura findet sich eine Entwicklung der Zähne, bei welcher zwar nach der Zahl der Schlosselemente noch volle Übereinstimmung mit den normalen Cardiiden herrscht, aber die Kreuzstellung der Cardinalzähne einer etwas schrägen Nebeneinanderordnung Platz gemacht hat; dasselbe Verhältniss scheint nach der Zeichnung bei *Protocardia Philippiana* aus dem unteren Lias von Halberstadt zu herrschen,[1] und unter den echten über die ganze Schalenoberfläche gestreiften Cardien finden wir eine solche Anordnung bei *Cardium Terquemi* Martin (aus dem unteren Lias von Frankreich.[2]) Durch diese Anordnung weicht die genannte Art erheblich von dem Cardientypus ab und nähert sich den Angehörigen anderer Familien, und es ist eine für die Beurtheilung der Cardiiden im Allgemeinen wichtige Frage, ob diese Einrichtung eine secundäre Abweichung von der gewöhnlichen Cardienentwicklung darstellt, oder eine primäre Eigenthümlichkeit.

Um darüber schlüssig zu werden, wäre es nothwendig, das geologische Alter der Cardiiden in Betracht zu ziehen; allein gerade in dieser Beziehung liegen ganz aussergewöhnliche Schwierigkeiten vor; gerade aus den älteren und ältesten Formationen hat man ohne irgendwelche Berechtigung alle möglichen gerippten Muscheln als Cardien bestimmt. Natürlich ist es nicht eben einfach, alle diese Angaben zu sichten und zu prüfen; so weit meine Erfahrung reicht, glaube ich aber sagen zu dürfen, dass in der ganzen palaeozoischen Periode kein *Cardium* und überhaupt kein Cardiide existirt[3], und dass sie selbst in der Triasformation noch überaus spärlich sind und erst ganz gegen Ende derselben auftreten. Der älteste sichere Vertreter ist *Protocardia rhaetica* (*Cardium rhaeticum* Mer.) und daneben scheinen auch schon echte Cardien vorzukommen, z. B. *Cardium cloacinum* Qu., doch ist auch hier die Richtigkeit der Bestimmung nicht ganz ausser Zweifel.[4]

Die ältesten Cardiidenschlösser, von denen wir nähere Kenntniss haben, diejenigen von *Cardium Philippianum* und *Terquemi*, zeigen keine Kreuzstellung der Zähne, sondern die Zähne stehen in schräger

---

[1] Dunker, über die im Lias von Halberstadt vorkommenden Versteinerungen. Palaeontographica, Bd. I. S. 116, Tab. XVII, Fig. 6.

[2] J. Martin, Paléont. stratigr. de l'Infralias dans le dép. Côte d'Or. Mém. Soc. Géol. France, Sér. II. Vol. VII, Mém. 1, Tab. V. Fig. 16—20.

[3] Für keine der angeblichen Arten der Gattungen *Cardium*, *Hemicardium* u. s. w. aus palaeozoischer Zeit liegt ein Schlosspräparat vor, die Formen waren vermuthlich alle zahnlos. Dass *Conocardium*, *Laadicardium*, *Praecardium* und Verwandte mit den Cardiiden gar nichts zu thun haben, habe ich früher ausführlich dargelegt.

[4] Einen etwas älteren Vertreter der Cardiiden erblicken wir vielleicht in der kürzlich von S. v. Wöhrmann aus den Cardita-schichten der Alpen beschriebenen Gattung *Myophorocardium* (*Cypricardia rostrata* Schafh. Vergl. S. v. Wöhrmann, die Fauna der sogenannten Cardita- und Raibler Schichten in den nordtiroler und bayrischen Alpen, Jahrb. geol. Reichsaust. 1889. S. 226. Tab. X. Fig. 10—14). Diese interessante kleine Form zeigt im Schlossbaue Anklänge an *Cardium*, doch scheint mir der Vergleich mit *Corbis* noch näher liegend. Eine Verwandtschaft zu *Myophoria* kann ich dagegen nicht erkennen.

Lage neben einander, und daraus geht wenigstens mit grosser Wahrscheinlichkeit hervor, dass die letztere Anordnung, die auch sonst stellenweise wiederkehrt, die ursprüngliche ist.

Wie dem auch sei, mit dem Wegfalle der Kreuzstellung der Cardinalzähne verschwindet das einzige durchgreifende Merkmal gegen die Luciniden und speciell gegen *Corbis* aus der Diagnose der Cardien; dass damit das Vorhandensein wirklicher genetisch naher Verwandtschaft zwischen beiden Gruppen Hand in Hand geht, möchte ich aber nicht mit voller Bestimmtheit behaupten. Wohl ist der Habitus mancher *Corbis*-Formen von demjenigen der Protocardien nicht sehr verschieden, indem bei denselben Vorder- und Hinterseite radiale Streifung zeigen, nicht aber die Schalenmitte; die Zahl und Stellung der Cardinalzähne ist dieselbe, und vor Allem ist die Entwicklung der zwei kurzen weit vom Wirbel entfernten Lateralzähne in hohem Grade charakteristisch; man wird daher der Annahme, dass die Cardiiden von *Corbis*-ähnlichen Luciniden abstammen, eine gewisse Wahrscheinlichkeit nicht absprechen können, trotzdem aber ist die Verbindung beider Typen keine so innige, dass man das Stattfinden eines Zusammenhanges mit voller Bestimmtheit behaupten könnte.

Wir wenden uns wieder zur Betrachtung einzelner Formen der mesozoischen und speciell der jurassischen Cardiiden; wir heben in erster Linie *C. corallinum* Leym. hervor, eine bekannte Art der Korallenablagerungen des oberen Jura. Es ist dies eine grosse, dickschalige Form, höher als breit, mit wohl entwickelten Radialrippen verziert, das Schloss in normaler Weise sehr kräftig entwickelt; im Allgemeinen hat *C. corallinum* den normalen Cardicutypus und schliesst sich z. B., wie G. Böhm richtig hervorhebt, mehr an das lebende *C. pseudolima* Lam. an. Nur in einem wichtigen Merkmale weicht *C. corallinum* von seinen übrigen Gattungsgenossen ab, indem der hintere Muskeleindruck auf einer erhabenen, aber nicht frei ins Innere der Schale vorspringenden Leiste angebracht ist. Für uns ist gerade diese Einrichtung von Bedeutung, weil durch dieselbe *C. corallinum* zu einem Bindeglied wird, durch welches eine ziemlich aberrante Formengruppe, die jurassische Gattung *Pachyrisma* Morr. sammt ihren Verwandten, an die normalen Cardiiden geknüpft wird. [1]

Die Gattung *Pachyrisma*, welche im mittleren und oberen Jura auftritt, umfasst grosse, dickschalige, glatte oder nur schwach gestreifte, herzförmige Muscheln, welche in ihrer äusseren Erscheinung sehr wesentlich von den Cardien abweichen; sie stimmen in dieser Hinsicht auffallend mit der bald zu besprechenden Gattung *Megalodus* überein, welche im Devon zuerst auftritt und in der alpinen Trias sehr grosse Verbreitung gewinnt. Lange Zeit hielt man in Folge dessen die Pachyrismen für die nächsten Verwandten und ihr Nachkommen der Megalodonten, bis G. Böhm nachwies, dass trotz aller äusseren Ähnlichkeit der Schlossbau beider Gattungen in seiner Grundanlage ein durchaus verschiedener sei, und von wirklich nahem Zusammenhange daher nicht die Rede sein könne; im Gegentheil ergab es sich, dass das Schloss von *Pachyrisma* vorne und hinten mit Lateralzähnen ausgestattet ist, welche mit denjenigen der Cardien übereinstimmen, und dass das Schloss von *Pachyrisma* nichts weiter ist als ein sehr plumpes und durch die Dicke seiner Elemente und der Schale überhaupt etwas entstelltes Cardienschloss.

Abgesehen davon finden wir aber bei *Pachyrisma* ein Merkmal, in welchem es sich von *Cardium* entfernt, indem der hintere Muskeleindruck auf einer erhabenen, frei ins Innere der Schale hineinragenden Leiste steht; für diese Leiste finden wir nun das Analogon in der oben erwähnten schwachen Leiste von *Cardium corallinum*. Da überdies diese letztere Art dem noch nicht extrem ausgebildeten *Pachyrisma septiferum* (*Cardium septiferum* Auct.) auch sonst nahe steht, so kann auch kein Bedenken gegen die Annahme einer Verwandtschaft mit den äussersten Vertretern von *Pachyrisma*, wie *Pach. columbella, Beaumonti* u. s. w. erhoben werden. [1]

---

[1] Für die folgenden Auseinandersetzungen vergl. namentlich: G. Böhm, über die Beziehungen von *Pachyrisma, Megalodon, Diceras* und *Caprina*. Zeitschr. deutsch. geol. Ges. 1882, S. 602. — G. Böhm, Beiträge zur Kenntniss der grauen Kalke in Venetien. Ebenda, 1884, S. 737. — L. v. Tausch, über die Beziehungen der neuen Gattung *Durga* Böhm zu den Megalodonten, speciell zu der Gattung *Pachymegalodon*. Verhandl. geol. Reichsanst. 1885, S. 163. — G. Böhm, die Gattungen *Pachymegalodon* und *Durga*. Zeitschr. deutsch. geol. Ges. 1886, S. 728.

Allerdings kann *Cardium corallinum* nicht als die Stammform von *Pachyrisma* betrachtet werden, da erstere Art geologisch jünger ist als die älteren Pachyrismen, und überdies in den Gattungen *Pachymegalodon*[1] und *Durga* Vertreter des Pachyrismentypus schon im Lias vorhanden sind; diese Sippen stehen *Pachyrisma* sehr nahe, unterscheiden sich aber durch den Mangel der Muskelleiste, sowie durch das Auftreten eines accessorischen Muskeleindruckes auf einem der Cardinalzähne, und stehen den Cardien näher als *Pachyrisma*; in welcher Weise die Abzweigung des ganzen Stammes von den Cardien stattgefunden hat, lässt sich heute noch nicht mit Bestimmtheit angeben.

All' die Cadiiden, welche wir bisher besprochen haben, sind Bewohner des Meeres; nur vereinzelte unter ihnen, z. B. *Protoc. purbeckensis* des oberen Jura, treten in brakischen Ablagerungen auf. In der Jetztwelt kommen manche marine Arten, z. B. *C. edule*, gelegentlich auch in schwächer gesalzenen Binnenbecken, in Ästuarien von Flüssen u. s. w. vor, und die Exemplare von solchen Standorten sind in der Regel an der dünnen Schale und an der schwachen Entwicklung des Schlosses sofort zu erkennen. Allein neben solchen Ausnahmsfällen gibt es noch eine grosse und wichtige Abtheilung der Cardiiden, welche ausschliesslich nur in schwach gesalzenem Wasser leben. Diese Limnocardien, wie wir sie mit einem von Stoliczka vorgeschlagenen Namen bezeichnen wollen, treten uns zuerst im Miocän entgegen, wo sie anfangs noch eine ziemlich untergeordnete Rolle spielen. Sie erscheinen im unteren Miocän von Oberschwaben; eine sehr viel grössere Stelle nehmen sie in den dem obersten Miocän angehörigen sarmatischen Ablagerungen Osteuropas und der aralocaspischen Region ein, um dann in den Congerienschichten von Südosteuropa, der Umgebung des Schwarzen Meeres, der Caspi und Aral, und in den Küstenländern des griechischen Archipels ihre weitaus grösste und wahrhaft staunenswerthe Entwicklung zu finden.

Ausläufer dieser Limnocardienfauna finden sich auch in Italien und im Rhonebecken in Frankreich. Die wichtigsten Fundorte dieser Limnocardien, deren Abstammung von solchen der sarmatischen Stufe sich in einigen Fällen bestimmt nachweisen lässt, bilden die Umgebung von Wien, Arpad und Hidas in Ungarn, Agram in Kroatien, eine Anzahl von Localitäten in Rumänien, die Steppenkalke von Odessa und die Umgebung der Strasse von Kertsch am Schwarzen Meere.

Nach Ablagerung der Congerienschichten tritt ein Rückgang in der Entwicklung der Limnocardien ein, sie erhalten sich aber während der ganzen pliocänen und diluvialen Zeit und kommen noch heute im Caspi und Aral und in einigen kleineren Seen der Umgebung, sowie in den Limanen und Flussmündungen der nördlichen Hälfte des Schwarzen Meeres in einer Anzahl ausgezeichneter Formen vor; die Hauptentwicklung befindet sich im Caspischen Meere.

Das Hauptinteresse dieser Vorkommnisse liegt für uns in der ganz ausserordentlichen Variabilität, welche diese Limnocardien offenbar unter der Einwirkung äusserer Verhältnisse, des Lebens in schwach gesalzenem Wasser, annehmen, und welche so excessiv ist, dass kaum ein Merkmal der Familie der Cardiiden mehr bei ihnen erhalten bleibt; diese Erscheinungen sind umso bemerkenswerther, als die abnormen Schwankungen ebensowohl in den Weichtheilen als in den Schalencharakteren sich geltend machen, ein Beweis, dass jenen so wenig wie diesen ein unbedingter oder auch nur ein besonders überwiegender Werth für die Ermittlung der verwandtschaftlichen Beziehungen zukömmt. Die Wichtigkeit dieser Erscheinungen wird es rechtfertigen, wenn wir hier wenigstens einigermassen auf Einzelnheiten eingehen. Es handelt sich dabei nicht um systematische Fragen; es ist von ziemlich geringer Bedeutung, ob man die Limnocardien oder nur deren extreme Vertreter als eine besondere Familie von den Cardiiden trennen, ob man die Gattungen *Adacna*, *Monodacna*, *Didacna*, *Myocardia*, *Prosodacna*, *Uniocardium* u. s. w. als selbständig gelten lassen will oder nicht; für uns handelt es

---

[1] Da bei *Pachymegalodon* die hintere Muskelseite zu fehlen scheint, und überdiess ein accessorischer Muskeleindruck auf einem der Schlosszähne vorhanden ist, so kann die Gattung nicht mit *Pachyrisma* vereinigt werden. Ob es zweckmässig sein wird, *Pachymegalodon* und *Durga* zu vereinigen, ist eine Frage, die uns hier nicht weiter angeht.

sich nur darum, Betrag und etwaige Richtung der Abänderung genau kennen zu lernen und dadurch ein Urtheil über die Wirkung äusserer Einflüsse zu gewinnen.

Was die Entwicklung der Weichtheile anlangt, so sind wir natürlich auf die wenigen recenten Arten angewiesen, deren Thier man kennt; unter diesen sind *Adacna vitrea* und *lacriuscula* von Bedeutung: man findet hier einen langen verwachsenen Doppelsipho, welcher sehr an denjenigen der extremsten Desmodonten erinnert; in Verbindung damit treten mächtig entwickelte Muskeln zur Zurückziehung der Siphonen und eine grosse Mantelbucht hervor. Es sind das Merkmale, welche für ein *Cardium* ganz unerhört sind, und da die Schale zugleich die Schlosszähne verliert, papierdünn wird und eine Verzierung annimmt, welche sehr an diejenige von *Pholadomya* erinnert, so ist es gar nicht zu verwundern, dass man solche Formen geradezu bei *Pholadomya* untergebracht oder sie wenigstens bei den Desmodonten eingereiht hat. Allerdings bezieht sich diese Umgestaltung nicht auf alle Merkmale, sondern in mancher Beziehung bleibt, wie W. v. Vest hervorhebt, der Cardiencharakter erhalten, so in der Form des Fusses, in dem Mangel einer Verwachsung der Mantelränder nach vorne u. s. w. Bei *Didacna trigonoides*, deren Schalen sich weit weniger vom Cardientypus entfernen, sind auch die Unterschiede in den Weichtheilen geringfügig, Mantelbucht und Siphonen sind nicht entwickelt.

Darauf beschränkt sich so ziemlich, was wir über die Weichtheile von Limnocardien wissen; dass auch viele fossile Formen mit grossen Siphonen ausgestattet waren, geht aus dem Auftreten einer grossen Mantelbucht bei manchen derselben hervor; bei anderen ist die Bucht klein, wieder anderen fehlt sie ganz. Was die Schalenmerkmale anlangt, so sind wir in der günstigen Lage, die Betrachtung auf eine sehr viel grössere Anzahl von Arten ausdehnen und dadurch ein allgemeineres Urtheil gewinnen zu können, da die Zahl der bekannten Limnocardien sich auf weit über 100 beläuft. Die auffallendste Erscheinung, welche sich dabei geltend macht, besteht darin, dass man nicht eine specielle Richtung angeben kann, nach welcher die Abänderung stattfindet, wie man wohl etwa erwarten könnte, nachdem die Umgestaltung der Einwirkung eines bestimmten äusseren Factors, des Lebens in schwach gesalzenem Wasser, zugeschrieben werden muss. Es macht sich im Gegentheile ein regelloses und excessives Schwanken nach den verschiedensten Richtungen hin geltend. Zunächst sollte man erwarten, dass diejenigen Abweichungen, welche man z. B. bei *Cardium edule* bei gelegentlichem Aufenthalte in Brakwasser in schwachem Maasse hervortreten sieht, nun bei den Limnocardien in gesteigertem Maasse sich geltend machen. Man würde also annehmen, dass die Schalen dünner, die Verzierung undeutlicher, das Schloss schwächer werden. In der That ist das sehr häufig der Fall, und das Extrem in dieser Richtung sehen wir z. B. bei der schon genannten *Adacna vitrea*, bei welcher die Schale überaus dünn ist und die Schlosszähne ganz verschwunden sind, während bei anderen Arten jede Spur von Sculptur fehlt. Allein ebensogut können wir die auffallendsten Beispiele für das Gegentheil vorführen; bei den von Tournouër unter dem Namen *Prosodacna* zusammengefassten Formen, z. B. bei *Pr. Neumayri* Fuchs, ist die Schale kolossal verdickt und die Schlosszähne massig, während bei Arten wie *Cardium cristagalli* Roth, *histiophora* Brus., *Messi* Brus. Rippen von geradezu abnormer Höhe auftreten, wie sie in so mächtiger Entwicklung im ganzen Bereiche der Muscheln kaum wiederkehren dürften. Wenn wir aber auch nur eine einzelne Abänderungsrichtung ins Auge fassen, so finden wir die grösste Unregelmässigkeit; bei der Reduction des Schlosses werden bald die Cardinalzähne ergriffen, sie werden schwach oder verschwinden ganz, während noch sehr kräftige Lateralzähne vorhanden sind; bald sind es umgekehrt die Lateralzähne, die in Rückbildung begriffen sind, während die Cardinalen vorläufig bleiben; das Endresultat allerdings ist auf beiden Wegen vollständige Rückbildung. Auch in der äusseren Form bekunden sich die schroffsten Gegensätze, die einen sind überaus flach (*Cardium planum*), andere sehr stark aufgetrieben (*Prosodacna*), viele fast gleichseitig, andere mit ganz excentrischem Wirbel u. s. w.

Es ist also das Bild der äussersten Veränderlichkeit nach den verschiedensten Richtungen, welches uns die Limnocardien unter dem Einflusse des Aufenthaltes in schwach gesalzenem Wasser zeigen; der nächstliegende Schluss ist wohl der, dass unter der Wirkung geänderter Verhältnisse zunächst die Charaktere ins Schwanken gerathen und dass dann die einzuschlagende Richtung der Abänderung durch secundäre Nebenumstände bedingt wurde. Es erinnert das lebhaft an die von Darwin mitgetheilte Beobachtung von Blumenzüchtern,[1] dass, wenn eine Pflanze überhaupt nur in den Zustand gesteigerter Variabilität nach einer Richtung eintritt, bald auch Veränderungen nach beliebigen anderen Richtungen erfolgen.

Es sind wichtige Betrachtungen, zu welchen die Verhältnisse der Limnocardien Anlass geben; wir gehen jedoch auf diesen Gegenstand hier nicht weiter ein, da aus einem einzelnen Falle nicht wohl ein allgemein giltiges Urtheil abgeleitet werden kann.

An die Cardiiden wird in neuerer Zeit von einigen Forschern die Familie der Tridacniden angeschlossen,[2] und so weit es in diesem etwas schwierigen Falle möglich ist, ohne eigene Prüfung der Materialien ein Urtheil abzugeben, möchte ich diese Ansicht als ziemlich begründet bezeichnen. Die echten Tridacniden kommen fast nur lebend in den Korallriffen des Indischen und Pacifischen Oceans vor, fossil finden sie sich nur in den jungen Korallenablagerungen an den Ufern des Rothen Meeres. Alle Angaben über das Vorkommen von *Tridacna* in Europa dürfen unbedingt als irrig betrachtet werden. Die alten Angaben über Funde von *Tridacna* bei Nizza und bei Dives in der Normandie werden schon längst als auf Irrthum beruhend betrachtet, und auch die von Pusch als aus polnischen. Tertiärbildungen stammend abgebildete *Tridacna media* kann nicht als authentisch betrachtet werden.[3] Das im Jahre 1837 abgebildete Exemplar lag ohne Fundortsangabe in einer Privatsammlung von polnischen Tertiärversteinerungen, und wir dürfen sicher annehmen, dass es sich dabei um eine Verwechslung handelt; die marinen Miocänbildungen Osteuropa's sind in dem halben Jahrhundert, das seither verflossen ist, so vielfach ausgebeutet und untersucht worden, dass eine so überaus auffallende und grosse Muschel, wenn sie wirklich vorkäme, der Aufmerksamkeit gewiss nicht entgangen wäre.

Die Tridacniden, welchen als typische Vertreter die beiden bekannten Gattungen *Tridacna* Brug. und *Hippopus* Lam. zugehören, haben fast ganz verwachsene Mantelränder mit drei weit von einander abstehenden Öffnungen für Byssus, Kiemen und After; der Fuss ist klein, mit grossem, mächtig entwickelten Byssus. Das wichtigste Merkmal der Weichtheile, das auch in der Schalenbildung häufig zum Ausdrucke kömmt, ist die Entwicklung der Schliessmuskel; an der Stelle, an welcher bei zweimuskeligen Muscheln der vordere Muskeleindruck liegt, trägt *Tridacna* nur den Eindruck eines kleinen Fussmuskels; nahezu central stehen unmittelbar nebeneinander zwei sehr grosse, starke Muskel, von denen gewöhnlich der vordere als Schliessmuskel, der hintere als Fussmuskel bezeichnet wird; diese Ansicht ist aber falsch; an jedem Spiritusexemplar von *Tridacna* überzeugt man sich mit Leichtigkeit, dass auch der hintere Muskel als eine feste compacte Masse einfach von einer Schale zur anderen verläuft. Es wird dadurch wahrscheinlich, dass hier vorderer und hinterer Schliessmuskel nebeneinander in die Schalenmitte gerückt sind; bei *Hippopus* ist nur ein centraler Muskel vorhanden. Bei *Tridacna* trägt die dreieckige, annähernd gleichseitige oder etwas nach vorne verlängerte Muschel wenige, kräftige Rippen; unmittelbar vor dem Wirbel klaffen die Schalen sehr stark und bieten eine Öffnung für den Durchtritt des Byssus; das Schloss ist ganz nach hinten geschoben; vordere Lateralzähne fehlen ganz, in jeder Klappe ist ein schräg nach hinten gerichteter Cardinalzahn entwickelt, sowie hintere Lateralzähne, welche sehr an diejenigen von *Cardium* erinnern; bei *Hippopus* fehlt die klaffende Öffnung der Vorderseite.

Ich habe die Beschreibung der Tridacniden hier etwas ausführlicher mitgetheilt, weil sie uns bei der Prüfung der Hypothesen zum Ausgangspunkte dienen muss, welche bezüglich der Abstammung der Tridacniden von den Cardien aufgestellt worden sind; *Lithocardium acicularae* Lam. aus dem Eocän des Pariser Beckens, *Byssocardium emarginatum* Desh. ebendaher und *Byssocardium Andreae* Tourn. aus dem Oligocän von Gaas

---

[1] Darwin, das Variiren der Thiere und Pflanzen im Zustande der Domestication. (l.) Deutsche Ausgabe. Bd. II, S. 346.
[2] Vergl. Woodward. Manual of Mollusca. — R. Tournouër. sur une nouvelle espèce de coquilles des marnes de Gaas voisine de Tridacna. Bull. Soc. Géol. 1882. Vol. X, pag. 221. — Munier-Chalmas, sur le genre Byssocardium. Ibid. pag. 228. — Fischer, Man. de Conch.
[3] Pusch. Polens Paläontologie, pag. 55, Tab. VI, Fig. 6.

werden als die Bindeglieder bezeichnet, welche die Tridacniden an die Cardien knüpfen. Indem wir uns der Hauptsache nach dieser Auffassung anschliessen, müssen wir allerdings den Vorbehalt machen, dass es nicht die normalen Formen der Gattung *Cardium* sind, an welche sich diese Reihe anschliesst, sondern die stark ungleichseitigen Hemicardien mit ganz vorne gelegenem Wirbel und abgestutzter Vorderseite. An diese schliesst sich *Lithocardium* noch sehr nahe an, unterscheidet sich aber durch vollständigen Schwund der vorderen Lateralzähne, durch beginnende Reduction der Cardinalzähne, deren in einer Klappe einer, in der anderen zwei vorhanden sind, endlich durch die Entwicklung der Adductoren, von denen der vordere sehr klein, der hintere gross und subcentral ist. Bei *Byssocardium emarginatum* erinnert die sehr ungleichseitige Gestalt mit den endständigen Wirbeln und der abgestutzten Vorderseite noch sehr an Lithocardien, aber in jeder Klappe ist nur mehr ein schiefer Cardinalzahn, das Schloss weicht in keiner wesentlichen Beziehung mehr von demjenigen von *Tridacna* ab, und auch der vordere Byssusausschnitt ist bereits vorhanden; während in diesen Merkmalen der *Tridacna*-Charakter schon entschieden vorwiegt, herrscht in der äusseren Gestalt noch der Hemicardientypus. Allein auch dieser ändert sich bei *Byssocardium Andreae*, indem hier die Vorderseite nicht mehr senkrecht abgestutzt, sondern schräg vorwärts geneigt und die Ungleichseitigkeit nicht stark ausgesprochen ist; der Umriss steht zwischen demjenigen von *Byssoc. emarginatum* und demjenigen von *Tridacna*, nähert sich aber mehr dem letzteren, und auch der Byssusausschnitt ist schon ganz wie bei *Tridacna*. Die Musculatur der Byssocardien ist leider nur sehr unvollkommen bekannt.

Von *Byssoc. emarginatum* besteht keine hinreichende Zeichnung; soweit aber nach den vorhandenen Abbildungen und nach der Beschreibung ein Urtheil möglich ist, scheint mir *Byssoc. Andreae* näher mit *Tridacna* als mit *Byssoc. emarginatum* verwandt, und die Vereinigung mit diesem letzteren zu einer Gattung daher etwas bedenklich; vermuthlich wird für *Byssoc. Andreae* eine neue Gattung errichtet werden müssen, welche in die Familie der Tridacniden anstatt in jene der Cardiiden zu stellen sein wird, während *Byssoc. emarginatum* ungefähr auf der Grenze beider bleibt.

Hiermit schliessen wir die Betrachtung der typischen Heterodonten ab, deren fortwährend aufsteigende Entwicklung wir von den schwachen Anfängen in palaeozoischer Zeit bis zu dem Stadium verfolgen konnten, in welchem sie die vorherrschende Abtheilung unter den Muscheln bilden, ein Zustand, welcher noch heute besteht; ja, es hat den Anschein, als befände sich der Stamm noch jetzt in Zunahme.

Was die Abstammungsverhältnisse anlangt, so konnte auf den Zusammenhang der ursprünglichsten Heterodonten mit den Taxodonten hingewiesen werden; auf diese Grundformen konnte die Mehrzahl der grossen Familien der Heterodonten bestimmt zurückgeführt werden, während allerdings für zwei wichtige Zweige, für die Lucinidien und die Cardiiden, der Zusammenhang mit dem Hauptstamm noch etwas hypothetisch bleibt, wenn auch für die Richtigkeit der aufgestellten Ansicht über die Verwandtschaftsverhältnisse dieser Formen wichtige Wahrscheinlichkeitsgründe sprechen.

Die Schizodonten.

Die Formen, welche wir hier unter dem Namen der Schizodonten als eine Ordnung zusammenfassen, haben in vieler Beziehung mit den Heterodonten Verwandtschaft, und es bietet viele Schwierigkeit, die wahren Beziehungen beider richtig zu beurtheilen. Zu den Schizodonten rechnen wir die Familie der Trigoniden, welche in der palaeozoischen Periode beginnt, in Jura- und Kreideformation ihre Hauptblüthe erreicht, heute aber nur mehr in wenigen Arten in den australischen Gewässern lebt; ferner gehört hieher die Familie der Unioniden, welche zuerst im Jura oder wenigstens an dessen oberster Grenze auftritt und von da an stets die wichtigste Abtheilung unter den Süsswassermuscheln geblieben ist. Die Charaktere dieser Ordnung der Schizodonten lässt sich etwa folgendermassen zusammenfassen: „Mantelränder meist frei; Siphonen in der Regel fehlend; jederseits mit zwei ungleich grossen Kiemen. Schalen, abgesehen von Verzerrungen, gleichklappig, mit kräf tiger Epidermis, sehr schwacher Prismenschicht und mächtig entwickelter Perlmutterlage; zwei annähernd gleiche Schliessmuskeln. Schloss schizodont oder auf den Schizodontentypus zurückführbar. Ligament äusserlich, theils schwach amphidet, theils opisthodet entwickelt."

Für die Unterscheidung von den Heterodonten genügt bei hinreichender Erhaltung das Vorhandensein der Perlmutterschale vollkommen, da eine solche bei jener Abtheilung nie vorkommt; allein bei den geologisch älteren Formen ist dieser Charakter nicht sichtbar, und hier müssen die Schlossmerkmale entscheiden, welche auch an sich von weit grösserer Bedeutung sind. Der Perlmutterglanz der inneren Schalenschicht bildet zwar ein Merkmal, das die Unterscheidung der beiden Ordnungen sehr erleichtert, aber er gibt denn doch nur ein accessorisches Hilfsmittel zur Erkennung ab.

Den ursprünglichen Typus der Ordnung bilden die Trigoniden mit den drei Gattungen *Schizodus*, *Myophoria* und *Trigonia*, während die Unioniden stark aberrante Formen darstellen. Die Trigoniden sind dreieckige oder ovale, seltener annähernd viereckige Muskeln, gleichklappig, stark ungleichseitig, mit stark nach vorne gerückten Wirbeln, welche entgegen der gewöhnlich geltenden Regel bei der Mehrzahl der Formen und am ausgesprochensten bei *Trigonia* selbst nach rückwärts gebogen (opisthogyr) sind; auch bei *Schizodus* findet sich gewöhnlich dasselbe Verhältniss, während bei *Myophoria* die Wirbel meist ohne Drehung oder schwach nach vorwärts gebogen sind. Vereinzelt kommen aber auch prosogyre Trigonien und opisthogyre Myophorien vor. Vom Wirbel verläuft in der Regel nach hinten und unten eine Kante, welche den grösseren Vordertheil der Schale von dem meist abweichend verzierten Hintertheile, dem Schlossfeld oder der Area trennt.

In der rechten Klappe finden sich zwei kräftige Lamellenzähne, welche vom Wirbel aus stark divergirend, der eine nach vorne, der andere nach hinten verlaufen, so dass unter dem Wirbel selbst kein Zahn steht. In der linken Klappe steht bei normaler Entwicklung ein tief gespaltener Dreieckzahn, welcher als zwei Lamellenzähnen entsprechend betrachtet werden muss und sich von innen zwischen die beiden Lamellenzähne der rechten Klappe einschiebt; ausserdem treten vom Wirbel stark nach vorne und hinten divergirend zwei Zahnlamellen auf, welche die beiden Zähne der rechten Klappe von aussen umfassen. Ein anderer wichtiger Charakter, der aber den geologisch älteren Trigoniden fehlt und sich erst im Laufe der Zeit einstellt, besteht in einer sehr kräftigen senkrechten Riefung der Schlosszähne; die erhabenen Leisten an den Zähnen der einen Klappe passen genau in die Furchen zwischen den Leisten der anderen Klappe, und in dieser Weise wird eine feste Verankerung der Schale hervorgebracht.

Das entscheidende Merkmal der Schizodonten bildet die Theilung der Schlosszähne in eine vordere und in eine hintere Gruppe, während die Mitte des Schlosses, in welcher bei den Heterodonten der Schwerpunkt der Zahnbildung liegt, hier ohne Zahn bleibt; nur diejenigen Formen, bei welchen dieser Schizodontentypus klar ausgesprochen ist, können hierhergerechnet werden. Dieser Gesichtspunkt muss namentlich festgehalten werden, wo es sich darum handelt, die Verhältnisse der geologisch älteren Trigoniden zu ähnlichen Formen zu untersuchen; es wird in dieser Hinsicht in der Regel nicht mit der nöthigen Schärfe vorgegangen, und namentlich macht sich das in der Abgrenzung der Gattung *Schizodus* geltend, in welcher man mehrfach Dinge vereinigt, welche nicht zusammengehören. Die Gattung *Schizodus* ist bekanntlich für permische Arten, wie *Schizodus obscurus*, *Schlotheimi*, *rossicus*, aufgestellt worden, bei welchen die Theilung der Zähne in eine vordere und hintere Gruppe und namentlich, was entscheidend ist, die tiefe Spaltung des Mittelzahnes der linken Klappe typisch entwickelt ist, und nur solche Formen, welche diesen Charakter zeigen, dürfen hier eingereiht werden. Ausserdem sind die typischen Vertreter der Gattung ausgezeichnet durch das stete Fehlen einer senkrechten Streifung auf den Schlosszähnen, die ziemlich grosse Entfernung des vorderen Muskeleindruckes und das Fehlen einer zu dem letzteren herabziehenden Schalenleiste; die Wirbel sind meist opisthogyr.

Wir erhalten auf diese Weise eine ziemlich scharf umgrenzte Gruppe von Arten, welche nach dem heutigen Stande unserer Kenntniss auf die permische Formation beschränkt ist. Allerdings hat man der Gattung *Schizodus* einen weit grösseren Umfang zu geben gesucht; in der Regel rechnet man hierher alle den Schizodeuten überhaupt nahestehenden Formen der älteren Ablagerungen, welche aber namentlich dadurch abweichend gebildet sind, dass in der linken Klappe ein compacter Dreieckzahn statt des Spaltzahnes vorhanden ist. Mit Recht hat sich Frech neuerdings gegen diese Behandlung des Gegenstandes erklärt und darauf hingewiesen, dass *Schizodus* nur eine specielle Seitenreihe des Trigonidenstammes darstelle, und dass jene geologisch alten Formen jedenfalls den Myophorien näher stehen. Er ist ferner der Ansicht, dass alle bisher als *Myophoria* und *Schizodus* bezeichneten Formen in eine Gattung *Myophoria* zusammengezogen werden sollten, innerhalb deren *Schizodus* (im engeren Sinne) eine Untergattung bilden würde.

Dieser letzteren Ansicht kann ich mich allerdings nicht vollinhaltlich anschliessen, sondern nehme einen etwas abweichenden Standpunkt ein. Die ältesten in Betracht kommenden Formen, welche wir kennen, stammen aus dem Devon und sind ursprünglich als Angehörige der Gattung *Megalodus* beschrieben worden, so *Megalodus truncatus* und andere, deren Verwandtschaft zu *Schizodus* und *Myophoria* schon oft hervorgehoben worden ist. Dass sie mit *Schizodus* nicht zunächst verwandt sind, wurde schon erwähnt und wir müssen daher zunächst das Verhalten jener devonischen Formen zu den Myophorien ins Auge fassen.

Die Gattung *Myophoria* wurde von Bronn für die Trigoniden der Trias gegründet und charakterisirt durch das Vorhandensein einer Leiste, welche den dem Schlosse sehr nahe gelegenen vorderen Muskeleindruck von innen umfasst. Mit Recht ist jedoch hervorgehoben worden, dass in Wirklichkeit die Abgrenzung der Gattung mehr auf geologischer Grundlage, nach dem Vorkommen in der Triasformation, erfolgte, als auf Grund palaeontologischer Merkmale, und in dieser Richtung ist eine Änderung unbedingt nothwendig. So wird man z. B. ganz mit Waagen übereinstimmen müssen, wenn er gewisse Formen der indischen Permbildungen mit *Myophoria* vereinigt, man wird sich aber auch bei näherer Prüfung überzeugen, dass die Myophorien der Trias sehr verschiedenartige Elemente enthalten, die im Schlossbaue weit voneinander abweichen.

Man muss sich zunächst darüber schlüssig machen, was als typische Entwicklung der Gattung *Myophoria* zu gelten hat, und offenbar können wir als solche nur diejenige betrachten, welche bei den Formen der Trias am häufigsten auftritt; demnach wären die Myophorien charakterisirt durch schizodontes Schloss, in welchem aber der Mittelzahn der linken Klappe weniger stark gespalten ist als bei *Schizodus*, ferner durch schwache Streifung der Zähne, endlich durch die bekannte Muskelleiste; die Wirbel sind meist prosogyr oder ungedreht, selten opisthogyr.

Vergleichen wir nun diese Formen mit den analogen Vorkommnissen des Devon, so finden wir als Hauptunterschiede der letzteren das Fehlen von Streifen an den Schlosszähnen und die ungespaltene Beschaffenheit des Mittelzahnes der linken Klappe; beide Merkmale können an sich als bedeutsam gelten, aber beide treten unter Verhältnissen auf, welche geeignet sind, deren Gewicht zu vermindern. Dass Streifung der Zähne bei den devonischen Formen nicht beobachtet worden ist, stellt nur ein negatives Argument dar, dessen Bedeutung noch dadurch beeinträchtigt wird, dass die Zahl der überhaupt untersuchten Schlosspräparate eine sehr geringe ist. Andererseits ist die Streifung der Zähne durchaus nicht bei allen Trias-Myophorien nachgewiesen, freilich vermuthlich nur deswegen, weil die Beobachtung des Merkmales in der Regel eine sehr schwierige ist. Die Sachlage ist demnach so, dass es sehr wahrscheinlich ist, dass die devonischen Formen alle ungestreifte Zähne hatten, während die Streifung vielleicht bei allen triadischen Formen vorhanden war; aber wir sind weit davon entfernt, einen wirklichen Beweis dafür in Händen zu haben.

Kann man bei dem eben besprochenen Merkmale das Vorhandensein eines durchgreifenden Unterschiedes zwar nicht beweisen, aber doch vermuthen, so können wir bezüglich des zweiten Charakters, der Spaltung des mittleren Zahnes in der linken Klappe, das Vorhandensein von Bindegliedern mit vollster Bestimmtheit behaupten, indem diese Spaltung bei manchen Formen der Trias eine sehr schwache ist oder auch ganz fehlt.

Soweit wir die Thatsachen bisher kennen gelernt haben, ist in denselben kein entscheidender Grund vorhanden, warum man nicht die devonischen mit den triadischen Trigoniden zu einer Gattung unter dem Namen *Myophoria* vereinigen sollte. Gehen wir nun aber einen Schritt weiter, so ergeben sich allerdings ganz erhebliche Schwierigkeiten, wenn wir die sogenannten Myophorien oder Schizodonten der devonischen und der Kohlenformation nicht in Verbindung mit ihren geologisch jüngeren Nachfolgern, sondern in ihren Beziehungen zu den Zeitgenossen betrachten. In erster Linie muss hiebei hervorgehoben werden, dass diese alten Formen noch keine Spur des schizodonten Baues in ihrem Schlosse erkennen lassen, sondern dass die Anordnung der Zähne noch ganz typisch diejenige der Heterodonten ist. Ausserdem stehen diese Formen mit ihren zwei Cardinalzähnen in der rechten, mit drei in der linken Klappe durchaus nicht allein für sich da, sondern sie schliessen sich, wie oben gezeigt wurde, aufs allerinnigste jenen primitiven Astartiden an, welche wir als die *Cartonotus*-Gruppe bezeichnet haben; mit diesen bilden die sogenannten Myophorien des Devon ein untrennbar zusammengehöriges Ganzes, von dem zwar eine Verbindung zu den Myophorien der Trias leitet, welches aber wohl in noch engerer Beziehung zu den Astartiden steht und diesen namentlich durch die heterodonte Zahnbildung näher gerückt ist.

Fassen wir das Ergebniss dieser Darlegung zusammen, so besteht es darin, dass die sogenannten devonischen Myophorien zusammen mit *Cartonotus*, *Protoschizodus*[1] und einzelnen anderen eine Gruppe bilden, an welche sich zwei geologisch jüngere Abtheilungen, die Astartiden und die Trigoniden, innig anschliessen; wir können daher die *Cartonotus*-Gruppe mit sehr grosser Wahrscheinlichkeit als den Ausgangspunkt betrachten, von dem Astartiden und Trigoniden ihren Ursprung genommen haben; dabei hat die erstere Familie den Heterodontencharakter beibehalten, die letztere dagegen den Schizodontencharakter angenommen; im Schlossbaue stellen also die Astartiden den conservativen, die Trigoniden den abändernden Typus dar. Wir können die sogenannten Myophorien des Devon ebenso wie die ganze *Cartonotus*-Gruppe bei den Astartiden einreihen, ohne die Diagnose dieser Familie zu verändern, wir müssten aber den wesentlichsten Charakter, die schizodonte Anordnung des Schlosses, aus der Definition der Trigoniden weglassen, um die devonischen Formen in diese Familie einreihen zu können. Die Abzweigung und Differenzirung der Trigoniden hat erst in nachdevonischer Zeit begonnen; wir können den Beginn derselben erst da ansetzen, wo uns schizodonte Schlossbildung zuerst entgegentritt, und daher können wir auch die noch typisch heterodonten Formen des Devon trotz aller Übergänge mit den schizodonten Arten der Trias in eine Gattung zusammenstellen; es wird daher nothwendig, jene alten Formen aus dem Devon generisch zu sondern. Ich schlage für dieselben die neue Gattung *Kefersteinia* vor, welche durch heterodonten Schlosstypus mit drei Cardinalzähnen in der linken und zwei in der rechten Klappe, Fehlen von Lateralzähnen, ungestreifte Beschaffenheit der Zähne und hohe Lage des vorderen Muskeleindruckes in der Nähe des Schlosses ausgezeichnet ist; den Typus der Gattung mag *Kefersteinia (Megalodus) truncata* Goldf. aus dem mittleren Devon bilden.

Aus dieser Gattung *Kefersteinia* haben sich die Trigoniden im Verlaufe der zweiten Hälfte der palaeozoischen Zeit entwickelt, und zwar bilden den ursprünglichsten Typus, wie Frech ganz richtig bemerkt, die Myophorien, welche den Kefersteinien noch sehr nahestehen; überhaupt hat die Differenzirung nur sehr langsam Platz gegriffen, so dass neben typischen Myophorien mit ausgesprochenen Spaltzähnen lange Zeit hindurch sich Übergangsformen erhalten, bei welchen die Spaltung nicht oder nur schwach angedeutet ist. Solche finden sich mehrfach unter den Myophorien der Trias, und neben ihnen erscheinen noch einige verwandte triadische Formen, für welche S. v. Wöhrmann die Gattungen *Myophoriopis* und *Astartopis* aufgestellt hat; Wöhrmann schliesst daraus mit Recht auf das Vorhandensein verwandtschaftlicher Beziehungen zwischen Astartiden und Trigoniden, er lässt es aber nach der Beschaffenheit des ihm vorliegenden Materiales unentschieden, ob sich die Astartiden durch die erwähnten Formen aus den Myophorien entwickelt haben oder ob *Astartopis* und *Myophoriopis* wenig veränderte Nachkommen von Zwischengliedern aus älterer Zeit darstellen. Wir haben gesehen, dass das letztere der Fall ist.

Wenn wir somit zu dem Ergebnisse gelangt sind, dass die Trigoniden durch *Kefersteinia* auf *Cartonotus* und durch diesen also mittelbar auf Formen, wie *Anodontopsis* (*Pseudaxinus*) zurückgehen, so ist damit keine

---

[1] Wie Frech hervorgehoben hat, umfasst de Koninck's Gattung wahrscheinlich heterogene Elemente; es mögen in der That sich Formen unter diesem Namen verbergen, welche sich den Myophorien innig anschliessen, den normalen Typus aber bilden Muscheln mit zwei Cardinalzähnen in der einen mit einem in der anderen Klappe, und diese stehen den Astarten überaus nahe.

neue Auffassung gegeben, sondern wir kommen dadurch zu derjenigen Auffassung der Abstammungsverhältnisse, welche Waagen vor einer Reihe von Jahren gegeben hat.

Wenn wir die Abgrenzung der Trigoniden nach den besprochenen Grundsätzen durchführen, so finden wir die Familie zuerst in permischen Ablagerungen, und zwar durch die beiden Gattungen *Schizodus* und *Myophoria* vertreten. Bei *Schizodus*, einer ausschliesslich permischen Gattung, sind die Wirbel in der Regel etwas opisthogyr, die Schalen unverziert, die Schlosszähne ungestreift, der Mittelzahn der linken Klappe stark gespalten, die Muskeleindrücke ziemlich weit vom Schlosse entfernt und durch keinerlei Leisten gestützt. Diese Gattung ist sehr verschieden beurtheilt worden; während die einen sie als synonym mit *Myophoria* betrachten und einziehen wollen, betrachten andere sie als den Grundtypus der Trigoniden überhaupt. Die letztere Ansicht ist jedenfalls unhaltbar; der sehr stark gespaltene Mittelzahn der linken Klappe erweist *Schizodus* als eine hoch modificirte Form, während in der Lage der Schliessmuskeln eine Sonderstellung den anderen Trigoniden gegenüber gegeben ist, welche darauf schliessen lässt, dass keine veränderten Nachkommen dieser Gattung in späteren Ablagerungen auftreten, sondern dass dieselbe einen sterilen Seitenzweig des Trigonidenstammes darstellt, wie das von Frech hervorgehoben worden ist.

Auch nach Ausscheidung dieser Formen macht sich unter den noch übrig bleibenden Myophorien ganz auffallende Mannigfaltigkeit in äusserer Erscheinung, wie im Schlossbaue geltend und namentlich in letzterer Hinsicht sind die Abweichungen weit grösser, als z. B. unter den Trigonien des Jura und der Kreide; von solchen Formen, bei welchen eine Spaltung des Mittelzahnes in der linken Klappe noch kaum angedeutet ist, gelangen wir bis zu anderen, bei welchen an dieser Stelle schon zwei vollständig voneinander getrennte Zähne vorhanden sind, welche also in dieser Hinsicht noch über *Trigonia* hinausgehen und den extremsten Typus darstellen, den wir unter den Trigoniden überhaupt kennen. Ich habe für die folgende Zusammenstellung namentlich die Arbeiten von F. Frech, Steinmann und v. Wöhrmann benützt und dazu meine eigenen, neuen Anschauungen gefügt. Wir können unter den Myophorien von Perm und Trias (nach Ausschluss von *Schizodus*) folgende Formengruppen unterscheiden:

1. *Laeves.* Glatt, ungerippt. *Myophoria ovata, orbicularis.*
2. *Carinatae.* Eine Arealkante verläuft vom Wirbel nach hinten und unten; ausserdem bisweilen noch einzelne weitere Radialrippen, keine concentrische Verzierung. *Myoph. laevigata, vulgaris, pes anseris, Raibliana.* Die einfachen Formen dieser Gruppe stehen in der äusseren Gestalt den Kefersteinien des Devon überaus nahe, wie das Frech an dem Beispiele von *Myophoria laevigata* aus der Trias und *Kefersteinia* der Trias gezeigt hat. Es ist vorgeschlagen worden für diese und die vorhergehende Gruppe den Namen *Neoschizodus* Giebel als Sectionsbezeichnung in Anwendung zu bringen.
3. *Flabellatae.* Mit zahlreichen Radialrippen. *Myoph. costata, Goldfussi, Whateleyae, harpa* u. s. w. Erinnern in der Sculptur etwas an die lebenden Trigonien Australiens.
4. *Elegantes.* Vorderseite bis zur Area concentrisch gestreift; Arealkante sehr deutlich, vor ihr eine Radialfurche. *Myoph. elegans, postera.* Als Vorläuferin, bei der aber die Arealfurche noch nicht vorhanden ist, kann *Myoph. subelegans* Waag. aus den permischen Productuskalken der Salt-Range in Indien gelten. Die *Elegantes* stehen offenbar zu den costaten Trigonien des Jura in inniger Beziehung.

Myoph. decussata Mü. von St. Cassian bildet einen aberranten Seitenzweig, welcher durch abnorme Entwicklung der vorderen Zahnlamelle der linken Klappe ausgezeichnet ist; dürfte mit *Groeneuraldia* v. Wöhrm. in Verbindung zu bringen sein.

Als Gruppe der *Myophoria lineata* unterscheidet Frech solche Formen, welche sich von den *Elegantes* durch Grösse des Dreieckzahnes in der linken Klappe unterscheiden.

5. *Heminajus* nov. gen. Ich stelle diese neue Gattung für die durch v. Wöhrmann in ihrem Schlossbaue näher untersuchte *Myophoria fissidentata* aus den Raibler-Schichten auf.[1] Hier finden wir eine Steigerung

---

[1] v. Wöhrmann, die Fauna der sogenannten *Cardita*- und Raibler Schichten in den nordtiroler und bairischen Alpen. Jahrb. geol. Reichsanst. 1889. Bd. XXXIX, S. 217, Taf. VIII, Fig. 17—19.

des Schizodontencharakters bis zu einem Grade, der bei keinem anderen Vertreter der Trigoniden wiederkehrt; der gespaltene Dreieckzahn der linken Klappe zerfällt nämlich in zwei selbstständige Zähne, es ist das also jener Charakter, welcher für die Unioniden oder Najaden im Gegensatze zu den Trigoniden bezeichnend ist. In der rechten Klappe dagegen ist nichts vorhanden, was an die Unioniden erinnert; namentlich ist die Umgestaltung des hinteren Zahnes zu einer langgestreckten Leiste noch nicht vollzogen.[1]

Die Blüthezeit der Myophorien bildet die Triasformation; in Jura und Kreide treten an ihre Stelle die Trigonien, welche während dieser Periode in Europa eine ausserordentlich grosse Rolle spielen, mit Beginn des Tertiär aber aus unseren Gegenden bis auf geringe Spuren verschwinden, um sich in der australischen Region bis auf den heutigen Tag zu erhalten.

Die Trigonien,[2] durch Schönheit und Grösse unter den mesozoischen Muscheln hervorragend, unterscheiden sich, abgesehen von den fast ausnahmslos bedeutenderen Dimensionen und der reicheren Verzierung, namentlich dadurch von den Myophorien, dass der von einer Leiste gestützte vordere Muskeleindruck weiter nach oben gerückt ist und wenigstens mit seinem oberen Theile nicht mehr unter, sondern neben dem vorderen Schlosszahne liegt; das Schloss ist ausgezeichnet schizodont, die Zähne stets sehr kräftig gerieft, die Wirbel fast ausnahmslos nach hinten gebogen, während sie bei *Myophoria* in der Regel gar nicht oder nach vorne gedreht sind.

Die marinen Formen der Trigoniden bilden den normalen Typus der Schizodonten; ihnen schliessen sich aber manche und gerade die bezeichnendsten und, wie wir sicher annehmen dürfen, ursprünglichsten Vertreter der überaus formenreichen Familie der Unioniden, der verbreitetsten unter den Süsswassermuscheln, so innig an, dass wir auch diese den Schizodonten beizählen müssen, wenn auch bei manchen unter diesen überaus variablen Thieren ganz abnorme Schlossbildungen vorkommen.

Die Veränderlichkeit der Unioniden ist eine so ausserordentlich grosse und bezieht sich auf so wichtige Merkmale, dass es fast auf Schwierigkeiten stösst, eine scharfe Kennzeichnung zu entwerfen, wenn man auch praktisch nie in Verlegenheit gerathen wird, welche Formen man hierher zu stellen hat. Der beständigste Charakter, fast der einzige, welcher allen hierher gehörigen Formen ausnahmslos zukömmt, ist die Zusammensetzung der Schale mit sehr entwickelter meist brauner oder olivenfarbiger Epidermis, mit sehr schwacher Prismenschicht und sehr starker Perlmutterlage. Die beiden Klappen sind, von Verzerrungen (Drehung, Anwachsung) abgesehen, gleich und fast ausnahmslos ungleichseitig; die Wirbel sind, wie bei den meisten Süsswassermuscheln, in der Regel mehr oder weniger corrodirt. Die Schalenränder sind nicht gekerbt, das Ligament äusserlich oder halb innerlich, gewöhnlich amphidet angeordnet, doch verschwindet bei einzelnen Formen die vor dem Wirbel gelegene epidermale Verlängerung des Ligamentes. Bei allen normalen Formen sind zwei Schliessmuskel von annähernd gleicher Stärke vorhanden, von denen der vordere einen etwas kleineren, aber tieferen Eindruck hat als der hintere; ausserdem sind noch in der Regel kleine accessorische Ansätze für die Fussmuskel namentlich neben dem vorderen Adductor vorhanden; bei sehr dünnschaligen Formen werden alle Eindrücke sehr undeutlich oder verschwinden ganz. Bei der ganz abnormen Gattung *Mülleria*, welche lebend in Südamerika vorkömmt, fehlt der vordere Muskel vollständig, der hintere Adductor ist ziemlich weit nach innen gerückt, und so trägt die Schale ganz den Charakter einer einmuskeligen Form, eines Monomyariers. Allerdings aber ist die Jugendschale dieser seltsamen Muschel, welche im Alter austernartig unregelmässig erscheint, gleichklappig und es sind zwei Schliessmuskel vorhanden, so dass der Verlust des einen sich deutlich als eine secundäre Abänderung zu erkennen gibt. Die Mantellinie ist ganzrandig. Das Schloss ist den allergrössten Schwankungen unterworfen; während die normalen Formen sich ganz dem Schizodontentypus anschliessen, treten bei anderen Modificationen ein, welche sich dem Zahnbaue der Heterodonten

---

[1] *Heminajas* nov. gen. Schale glatt, oval, ungleichseitig; Schloss schizodont; in der linken Klappe mit vier Zähnen, von denen zwei nach vorne, zwei nach hinten gerichtet sind; in der rechten Klappe zwei Zähne, von denen der vordere grösser und gespalten ist; $\frac{R.0 1 N 0 8 1 0}{L.1 0 1 0 1 0 1}$. Eine Leiste verläuft vom Schloss zum vorderen Muskeleindrucke. Typus *Heminajas (Myophoria) fissidentata* v. Wöhrm. aus den Raibler Schichten der Alpen.

[2] Für die Trigonien vergl. namentlich Lycett, Monograph of the British fossil Trigonidae. Palaeontograph. Soc. 1872—79.

Eintheilung der Bivalven.

und der Taxodonten nähern, und bei mehreren Gattungen, unter welchen *Anodonta* am bekanntesten ist, gehen die Schlosszähne ganz verloren.

Auch in der Entwicklung der Weichtheile treten die grössten Verschiedenheiten auf; die meisten haben einen grossen, beilförmigen Fuss, aber den Ätherien fehlt der Fuss ganz; bei der Mehrzahl sind die Mantelränder frei und keine Siphonen vorhanden; bei *Mutela*, *Castalia*, *Spatha* und ihren Verwandten tritt eine Verwachsung der Mantelränder ein und Siphonen sind vorhanden.

So gewaltige Veränderlichkeit tritt namentlich bei Conchylien des süssen und brakischen Wassers auf und wir haben schon in den Brakwasserardien einen ähnlichen, wenn auch nicht so extremen Fall kennen gelernt. Trotz aller Veränderlichkeit wird man aber doch nie in Verlegenheit kommen, eine Unionidenform zu verkennen: kräftige Perlmutterschale[1] kömmt ausserdem nur bei den Trigonien, den Nuculiden und den später zu besprechenden Aviculiden (im weitesten Sinne) vor; von den Trigonien unterscheiden sich die Unioniden sofort dadurch, dass sie nie einen geschlossenen ∧ Zahn in der linken Klappe haben · die Nuculiden weichen durch ihr gebrochenes Reihenschloss ab, und die Aviculiden sind durch das Vorhandensein zweier sehr ungleicher Muskeleindrücke charakterisirt, so dass eine Verwechslung bei hinreichender Erhaltung kaum möglich ist. Schwieriger wird allerdings die Frage, wenn durch den Versteinerungsprocess die Entscheidung, ob Perlmutterlage vorhanden war, unmöglich gemacht ist: das ist namentlich bei verschiedenen geologisch alten Formen der Fall, die man zu den Unioniden gerechnet hat, doch ist es jetzt wohl als sicher anzunehmen, dass alle Angaben über das Vorkommen in vorjurassischen Ablagerungen unrichtig sind und sich theils auf irgendwelche Palaeoconchen, theils auf Heterodonten aus der Familie der Cardiniiden beziehen. Die ältesten Unioniden, welche wir aus Europa kennen, stammen aus der Grenzregion zwischen Jura- und Kreideformation, aus den Purbeck- und Wealdenbildungen,[2] dann folgen einige Arten aus der oberen Kreide, in grösserer Menge treten sie aber erst im Tertiär auf und erreichen im mittleren Pliocän Südosteuropas, in den sog. Paludinenschichten, die grösste Entwicklung, die sie in unseren Gegenden überhaupt gefunden haben. Möglicherweise sind etwas älter als unsere frühesten europäischen Formen einige Unionen, welche in Juraschichten Nordamerikas gefunden worden sind; sie stammen namentlich aus den Atlantosaurus-Schichten von Colorado und Wyoming, ferner aus den Black Hills von Dacota,[3] doch ist es nicht möglich diese Ablagerungen, aus welchen nur Reste von Reptilien und Süsswasserconchylien bekannt sind, genau mit europäischen Ablagerungen zu parallelisiren; von manchen werden sie mit dem europäischen Purbeck und Wealden verglichen, von anderen für älter gehalten. Auch die Kreide- und Tertiärschichten von Nordamerika haben viele Unionen geliefert. Von anderen aussereuropäischen Vorkommnissen sind diejenigen der Intertrappean Beds in Indien zu erwähnen,[4] welche der obersten Kreide anzugehören scheinen, und diejenigen der jungtertiären Ablagerungen von Omsk in Sibirien.[5] Die Arten aus den Paludinenschichten der kleinasiatischen Inseln schliessen sich ganz an die gleichalterigen Typen des südöstlichen Europa an.

Die überaus zahlreichen Formen der Unioniden können sehr natürlich in drei Unterabtheilungen gebracht werden, welche z. B. in dem Adams'schen Handbuche als selbständige Familien betrachtet werden; es sind die Unioninen, die Mutelinen und die Ätherinen. Die erste dieser Gruppen umfasst normale, nicht festgewachsene Muscheln mit freien Mantelrändern und ohne Siphonen; die zweite unterscheidet sich davon durch hinten verwachsene Mantelränder und das Vorhandensein von Siphonen; die Ätherinen endlich sind durch Anheftung und Festwachsung an einen fremden Körper unregelmässig und austernartig gestaltet.

---

[1] Die Perlmutterbildung gewisser Desmodonten ist eine sehr schwache.

[2] Vergl. namentlich Sandberger, Land- und Süsswasserconchylien der Vorzeit. — Struckmann, die Wealdenbildungen. In diesen Werken findet sich auch die frühere Literatur über den Gegenstand.

[3] Ch. A. White, Review of the non-marine fossil Mollusca of North-America. Third Annual Report of the United States Geological Survey. 1881/82, pag. 105. — Ch. A. White, on the fresh-water invertebrates of the North-American Jurassic. Bull. of the U. S. Geol. Survey. 1886, Nr. 29.

[4] Hislop, on the Tertiary deposits associated with Traprock in the East Indies. Quart. Journ. Geol. Soc. 1860, pag. 154. Medlicott and Blanford, Geology of India. S. 311. ff.

[5] E. v. Martens. Süsswasserconchylien aus Sibirien. Zeitschr. deutsch. geol. Gesellsch. 1871.

Über fossile Mutelinen und Ätherinen ist nur sehr wenig bekannt; die äthiopische Gattung *Aetheria* findet sich in den Süsswasserablagerungen des Isthmus von Suez, welche einem ehemaligen Arm des Nil entsprechen, während jetzt die Gattung dem ganzen Unterlaufe des Stromes fehlt und erst ober dem ersten Katarakte auftritt.[1] Zu der ebenfalls äthiopischen Mutelidengattung *Spatha*, welche durch einen sehr entwickelten, hinteren accessorischen Muskeleindruck und an Stelle eines Schlosses durch das Auftreten einer langen Leiste längs des ganzen Schlossrandes ausgezeichnet ist, wird von Sandberger eine Art aus den Süsswasserablagerungen der obersten Kreide von Valdonne und Fuveau in der Provence (*Unio galloprovincialis* Math.) gerechnet.[2] Es verdient hervorgehoben zu werden, dass unter den Muteliden manche Gattungen Parallelformen zu gewissen Typen der Unioninen darstellen; so entsprechen sich *Unio* und *Castalia*, *Anodonta* und *Leila*, *Metaptera* und *Hyria*.

Im Gegensatze zu den Mutelinen und Aetherinen spielen die Unioninen in den älteren Süsswasserbildungen eine sehr bedeutende Rolle, und die Zahl ihrer Arten dürfte sich dort schon über 200 erheben, allerdings noch sehr viel weniger als die Zahl der lebenden Formen. Man hat versucht, die Menge dieser Typen in eine grosse Zahl von Gattungen zu zerlegen, aber abgesehen von einigen ganz aberranten Vorkommnissen, die man fossil nicht kennt, hängen die meisten Unioninen so enge mit einander zusammen, dass man nur zwei oder drei Sippen unterscheiden kann.

In der Jetztwelt haben die Unioninen grosse Verbreitung, aber dieselbe ist sehr ungleichmässig. Nur zwei Gebiete sind es, in welchen eine erstaunliche Menge mit von einander abweichenden und auffallend charakteristischen Formen, in zahllose Varianten zersplittert, neben einander vorkommen; es sind das der südliche Theil von China und in noch höherem Grade das Wassergebiet des Mississippi in Nordamerika. Diese zwei Regionen sind aber nicht nur durch die Zahl, sondern auch durch die Beschaffenheit ihrer Unionen ausgezeichnet; während sonst meist ziemlich indifferente Formen auftreten, wimmelt es hier von Arten, welche bald durch vorspringende, häufig eingerollte Wirbel, bald durch sehr ungleichseitige Gestalt, sehr dicke oder reich verzierte Schale, durch massige Schlosszähne oder irgend ein ähnliches aussergewöhnliches Merkmal hervorragen.

Vergleichen wir nun damit die Unionen der Vorzeit, so finden wir ein einziges Vorkommen, welches sich an Mannigfaltigkeit und Formenpracht den Unionen den heutigen Faunen des südlichen China und des Mississippigebietes an die Seite stellen kann. Es sind das die mittelpliocänen Paludinenschichten des südöstlichen Europas, Süsswasserbildungen, welche in ziemlich ähnlichem Gesammthabitus, aber mit unglaublichem Wechsel in den Einzelheiten von Croatien, und Ungarn bis Kos und Rhodus an der kleinasiatischen Küste verfolgt worden sind.[3] Diese Ablagerungen haben schon gegen 100 verschiedene Unionen geliefert und die grosse Mehrzahl erweist sich in derselben Weise ausgezeichnet, wie die Formen in den Gebieten des Yang-tse-kiang und des Mississippi. Man kann sogar eine Reihe paralleler Formen aus diesen drei Gebieten anführen.

Betrachten wir die Unionen anderer Ablagerungen, so finden wir, dass die geologisch jüngeren Arten Europas den jetzt lebenden Typen unserer Gegenden, den normalen und ziemlich indifferenten Gruppen des *Unio pictorum*, *tumidus*, *bataeus* u. s. w. aufs nächste verwandt sind. In älteren Schichten sind die Unioniden

---

[1] Th. Fuchs, die geologische Beschaffenheit der Landenge von Suez. Denkschr. d. Wiener Akad. 1877, Bd. 38. — Auch *Spatha rubens* findet sich hier.
[2] Sandberger, Land- und Süsswasserconchylien der Vorzeit. S. 95.
[3] Für diese überaus reiche Unionenfauna vergl. namentlich: M. Hörnes, die fossilen Mollusken des Wiener Beckens, Bd. II. — Th. Fuchs, Beiträge zur Kenntniss fossiler Binnenfaunen, Jahrb. d. geolog. Reichsanst. Wien. 1870, Bd. 20, S. 343. — Brusina, Fossile Binnenmollusken aus Dalmatien, Kroatien und Slavonien. Agram 1874. — Neumayr und Paul, die Congerien- und Paludinenschichten und ihre Fauna. Abhandl. d. geol. Reichsanst. Wien. 1875, Bd. VII. Heft 3. — Penecke, Beiträge zur Kenntniss der Fauna der slavonischen Paludinenschichten. Beitr. zur Palaeontologie Österreich-Ungarns. 1884, Bd. III. S. 87. — Porumbaru, Etudes géologiques des environs de Crajova. Paris. 1881. — Cobalcescu, Studii geologice si paleontologice asepra unu terunari tertiare diu cenile parti ale Romaniei. Memoriile geologice ale scolei militare din Jasi. Bucuresci 1883. — Fontannes, Contribution à la faune malacologique des terrains néogènes de la Roumanie. Archives du Musée d'histoire naturelle de Lyon. 1886, Bd. IV.

in Europa überhaupt nicht sehr gut vertreten: die ältesten Formen, diejenigen der Purbeck- und Wealden schichten haben ein ziemlich alltägliches Aussehen, die Schlösser sind aber noch nicht bekannt geworden und ein endgiltiges Urtheil über die Verwandtschaftsverhältnisse in Folge dessen nicht möglich. In der oberen Kreide treten Unionen auf, die wenig auffallende Charaktere zeigen, daneben aber eine Form, welche der Untergattung *Margaritana*, der Flussperlmuschel, angereiht wird, sowie die Mutelidengattung *Spatha*, deren nächste Verwandte jetzt der äthiopischen Region angehören. Im älteren Tertiär finden sich vorwiegend indifferente Unionen und Anodonten, daneben vereinzelt auch schon auffallende und dickschalige amerikanische Typen (*Unio Michaudi* Desh.); erst im Miocän aber wird dieser Typus herrschend, um dann, wie schon erwähnt, im mittleren Pliocän seine höchste Blüthe zu erreichen.

Die hier geschilderten Verhältnisse führen uns zu sehr schwierigen und verwickelten Fragen über die Abstammung verschiedener Gruppen von Süsswasserconchylien und wenn wir damit auch von dem nächsten Gegenstande der Betrachtung etwas abschweifen, so sind die Probleme, welche hier vorliegen, für die ganze Auffassung der Descendenzerscheinungen von so ausserordentlicher Bedeutung, dass wir dieselben unmöglich übergehen können. Wie erwähnt, kommen in den Laramieschichten von Nordamerika, also auf der Grenze zwischen Kreide und Tertiär, mehrere Unionentypen vor, welche nahe Beziehungen zu den jetzigen Formen des Mississippigebietes zu zeigen scheinen; diese Annäherung an die heutige Fauna desselben Gebietes beschränkt sich aber nicht auf die Flussmuscheln, sondern ganz analoge Fälle stellen sich noch mehrfach ein; so findet sich die specifisch nordamerikanische Melanidengattung *Goniobasis* in den Laramieschichten, ebenso die Paludinidengattung *Campeloma* und die Limnaeidensippe *Acella*, welche beide in der Jetztwelt nur in Nordamerika auftreten. Die Gattung *Tulotoma* der Laramieschichten findet sich heute nur mehr im Coosaflusse in Nordamerika und in dem See von Talifu in der Provinz Yünnan im südlichen China. Auch ausserdem lassen sich noch einzelne ähnliche, wenn auch weniger bedeutsame Analogien anführen. Diese Thatsachen haben mehrere amerikanische Forscher zu der Auffassung veranlasst, dass die Süsswasserconchylien von Nordamerika der Hauptsache nach autochthon seien, sich schon mit der Zeit der Laramiegruppe eingebürgert und seither persistirt haben. Allerdings fehlen manche dieser Typen in den dazwischen liegenden Schichten, doch wird das nur der Unvollständigkeit der Überlieferung, nicht einer Unterinittenz zugeschrieben. Ja, Wetherby ist sogar zu der Annahme geneigt, dass die Hauptzüge der geographischen Verbreitung der Süsswassermollusken Nordamerikas theilweise wenigstens nicht nur bis in die palaeozoische, sondern in die archaische Zeit zurückreichen, eine Ansicht, der ich allerdings in keiner Weise beipflichten kann.[1]

Wenn wir aber auch diese letztere Anschauung nicht theilen, so können wir uns doch nicht verhehlen, dass es schwerwiegende Gründe sind, welche für das hohe autochthone Alter der nordamerikanischen Süsswassermollusken sprechen, und dass das namentlich für die Beziehungen der Laramiefauna zu der jetzigen gilt. Gehen wir nun aber weiter und vergleichen wir die jetzigen Süsswassermollusken Nordamerikas mit denjenigen anderer Gegenden, so treffen wir auf eigenthümliche Schwierigkeiten; nur beiläufig sei erwähnt, dass manche der Formen, welche heute auf Nordamerika beschränkt sind, zur Zeit der Ablagerung der Laramieschichten oder zu einer davon wenig entfernten Periode nicht so beschränkt waren. So kommen *Acella* und einige Unionen, welche denjenigen der Laramieschichten nahe stehen, in den gleichaltrigen Intertrappean Beds Indiens vor;[2] die merkwürdige Gattung *Pyrgulifera*, welche heute in Tanganyika-See in Centralafrika lebt, war ungefähr gleichzeitig in den Laramieschichten Amerikas und in der oberen Kreide Europas vorhanden;[3] die grossen

---

[1] Ausser dem schon oben citirten Werke von White, Review etc. vergl. folgende Aufsätze: Ch. A. White, on the Antiquity of certain subordinate Types of Fresh-water and Land Mollusca. Sillim. Journ. 1880, Vol. 20, pag. 41 — Ch. A. White, on certain conditions attending the Geological Descent of some North American types of Fresh-water Mollusks. Ibid. 1882. Vol. 23, pag. 382. — A. G. Wetherby, on the Geographical distribution of certain Fresh-water Mollusks of North America. Journal of the Cincinnati Society of natural history. 1881, Vol. III, S. 317. — A. G. Wetherby, certain Fresh-water Mollusks of North America, Ibid. 1881, Vol. IV, S. 156.

[2] Neumayr, die Intertrappean Beds im Dekan und die *Laramie*-Gruppe in Nordamerika. Neues Jahrb. 1884, Bd. I, S. 71.

[3] Tausch, über einige Conchylien aus dem Tanganyika-See und deren fossile Verwandte. Sitzungsber. d. Wiener Akad. 1884, Bd. 90, Abth. 1, S. 56.

Physaarten kommen den untersten Eocänschichten Europas wie den Intertrappean Beds und der Laramiegruppe zu - und so sehen wir einen innigen Zusammenhang der auf der Grenze von Kreide und Tertiär lebenden Süsswasserconchylien von Europa, Indien und Nordamerika, der noch durch einige weitere Vorkommnisse bestätigt wird (*Melanopsis americana*, *Melania Wyomingensis* im Laramie). Ja, *Goniobasis* sowohl als *Tulotoma* treten in Europa im Wealden auf.[1]

In den jüngeren Tertiärschichten Europas verstärken sich die Anklänge an Nordamerika immer mehr und erreichen ihr Maximum im mittleren Pliocän Südosteuropas, in den schon mehrfach genannten Paludinenschichten, aber auch die pontischen und miocänen Ablagerungen dieser Region enthalten mehrere amerikanische Typen. Es ist nicht nur das amerikanische Element, welches hier so stark vertreten ist, sondern dazu gesellen sich auch chinesische Typen in bedeutender Zahl, und ebenso zeigt die lebende Binnenfauna von China die auffallendsten Beziehungen zu Nordamerika. Auf anderen Gebieten genügt es, auf das Vorkommen eines Alligators in China, auf das Auftreten von Magnolien, Tulpenbäumen u. s. w. in beiden Gebieten hinzuweisen. Wenn wir uns aber auch auf die Süsswassermollusken beschränken, so finden wir hier allein schon überreiche Bestätigung der nahen Verwandtschaft zwischen den jetzt lebenden Faunen von Nordamerika und China und der Neogenfauna Südosteuropas. Eine kurze Aufzählung ergibt dieses am deutlichsten.

Tulotoma in den Paludinenschichten Europas, im See von Talifu in Yünnan (China) und im Coosaflusse in Nordamerika.

Campeloma, Miocän und Pliocän von Europa, lebend in Nordamerika.

Gewisse Gruppen von *Paludina*, in den Paludinenschichten sehr verbreitet; lebend in China.

Bithynia Podwinensis aus den Paludinenschichten von Slavonien, in China vertreten durch eine verwandte Art.

Bithynia adnata aus den Paludinenschichten Siebenbürgens, in China vertreten durch eine verwandte Art.

Lithoglyphus aus rumänischen Paludinenschichten, in China vertreten durch *Lith. Kreittneri*.

Tropidina aus den Paludinenschichten Slavoniens und Siebenbürgens, lebend in Nordamerika.

Prososthenia aus den Melanopsidenmergeln Dalmatiens, lebend in China.

Fossarulus aus den Melanopsidenmergeln Bosniens und Dalmatiens, lebend in China.

Carinifex aus dem Miocän von Steinheim, aus den Paludinenschichten von Siebenbürgen und lebend in Californien.

Acella in den Paludinenschichten von Slavonien und lebend in Nordamerika.

Unio, mehrere übereinstimmende Gruppen in beiden Gebieten.

Zu dieser Liste ist zu bemerken, dass in dieselbe nur solche Formen aufgenommen sind, welche jetzt nur in China und Nordamerika oder einem dieser beiden Gebiete vorkommen, sonst aber nirgends auf der ganzen Erde mehr zu finden sind. Es geht aus dieser im höchsten Grade auffallenden Übereinstimmung in Verbindung mit den überaus zahlreichen damit harmonirenden Thatsachen in der Verbreitung anderer Thiere und der Pflanzen hervor, dass wir es mit Trümmern eines ehemals zusammenhängenden Faunen- und Florengebietes zu thun haben, ein Schluss, der so sicher begründet ist, als überhaupt eine Folgerung aus der geographischen Verbreitung gesichert sein kann; es muss ein Landzusammenhang zwischen dem westlichen Nordamerika und dem nordöstlichen Asien bestanden haben, und von hier aus eine annähernd homogene Bevölkerung sich bis in das südöstliche Europa ausgebreitet haben. Wenigstens eine Etappe auf diesem Wege haben wir in den Unionen-führenden Schichten von Omsk in Sibirien.

Es ist dies durchaus keine neue Auffassung und sie dürfte kaum angezweifelt werden. Gehen wir nun einen Schritt weiter, so finden wir, dass die analogen Arten aus den Tertiärschichten Südeuropas ihren Verwandten in der jetzigen Fauna Nordamerikas grösstentheils näher stehen als diese den Formen aus den Laramieschichten. So steht *Paludina (Tulotoma) Zelebori* aus Slavonien der recenten *Tulotoma magnifica* aus Amerika sehr viel näher, als diese der *Tulotoma Thompsoni* aus den Laramieschichten, und mit einzelnen

---

[1] Sandberger, Land- und Süsswasserconchylien der Vorwelt, pag. 57.

Unionen verhält es sich ebenso; *Tropidina Eugeniae* und *Acella aenaria* aus den europäischen Paludinenschichten stehen den lebenden Arten *Tropidina tricarinata* und *Acella gracilis* aus Amerika so nahe, dass es überhaupt schwer wird, Unterschiede anzugeben.

Dieses Verhalten wäre immerhin noch sehr wohl zu erklären; man brauchte nur anzunehmen, dass die Formen der Laramieschichten ebenso gut die Stammeltern der analogen Arten in den osteuropäischen Paludinenschichten sowohl, als auch der lebenden Faunen von China und Nordamerika darstellen. Allein bei dieser Annahme gerathen wir in vollständigen Widerspruch mit den Thatsachen. Für die Tulotomen der Paludinenschichten von Slavonien und Kos lässt sich mit vollster Schärfe der Beweis führen, dass sie sich im Verlaufe des mittleren Pliocän aus Formen entwickeln, welche sich von normalen europäischen Viviparen nicht wesentlich unterscheiden[1] und erst in einer Reihe übereinander folgender Horizonte sich umgestalten. Ebenso hat Penecke gezeigt, dass auch die auffallend gestalteten Unionen von chinesisch-nordamerikanischem Typus in derselben Weise aus gewöhnlichen Unionenformen im Laufe des Pliocän hervorgehen, und dass die gekielten Tropidinen von Valvaten abstammen, welche mit der noch jetzt lebenden *Valvata piscinalis* identisch oder doch nahe verwandt ist.[2]

Stellen wir diese Thatsachen zusammen, so finden wir, dass die Untergattung *Tulotoma* viermal im Verlaufe der geologischen Geschichte auftaucht, zuerst in den Wealdenbildungen Norddeutschlands, dann in den Laramieschichten Nordamerikas, ferner in den Paludinenschichten Südosteuropas und endlich in der recenten Fauna von China und Nordamerika. Im Wealden tritt sie schon so eigenthümlich ausgebildet auf, dass wir die Laramieformen nicht auf diese Wurzel zurückführen können; in den Paludinenschichten sehen wir Tulotomen aus Paludinen entstehen, und zwar selbstständig und unabhängig voneinander in verschiedenen Gegenden. Ebenso sehen wir nahe miteinander verwandte Unionentypen einmal in den Laramieschichten auftreten und dann in den Paludinenschichten wiederkehren, und zwar entwickeln sich in den letzteren die dickschaligen Typen neuerdings aus indifferenten Formen.

Es sind das Thatsachen von grosser theoretischer Bedeutung; ich habe an einem anderen Orte darauf hingewiesen, dass bei den organischen Formen in jedem Merkmale eine beschränkte Anzahl von Abänderungsrichtungen gegeben und möglich ist, welche allerdings mit unendlicher Mannigfaltigkeit in Einzelnen immer wiederkehren, und zwar vermuthlich als die Ergebnisse der Einwirkung bestimmter äusserer Factoren.[3] Die Erscheinungen, welche wir hier kennen gelernt haben, gehören zu den auffallenden Bestätigungen dieser Auffassung, da wir z. B. sehen, dass dreimal zu ganz verschiedenen Zeiten am Paludinenstamme Formen mit denjenigen Merkmalen auftreten, welche zur Aufstellung der Gattung *Tulotoma* geführt haben. Man kann dem gegenüber allerdings diese drei Erscheinungsgruppen mit drei verschiedenen Gattungsnamen bezeichnen oder sie alle zu der Gattung *Vivipara* oder *Paludina* einreihen, das sind aber nur formelle Nebendinge, die wirkliche Bedeutung der Thatsachen wird dadurch nicht berührt.

Was die Frage der Herkunft der nordamerikanischen Binnenmollusken oder vielmehr desjenigen Theiles derselben anlangt, welcher nahe Beziehungen zu den europäischen Pliocänformen zeigt, so müssen wir berücksichtigen, dass diese Anknüpfungspunkte viel zahlreicher und inniger sind, als diejenigen, welche zu den Laramieschichten hinführen. Wir müssen daraus folgern, dass in dem zusammenhängenden Faunengebiet, welches, wie erwähnt, um die Mitte der Pliocänzeit vom pannonischen Becken durch den gemässigten Theil Asiens bis nach Nordamerika sich erstreckte, die Tulotomen, die Tropidinen und zahlreiche Typen von Unionen sich herausgebildet haben und erst seit dieser Zeit persistiren; für diese Typen ist eine Abstammung von den Laramieformen nicht wahrscheinlich, was aber durchaus nicht ausschliesst, dass andere Formen,

---

[1] Neumayr und Paul, Congerien- und Paludinenschichten u. a. O. — Neumayr, der geologische Bau der Insel Kos. Denkschr. Akad. Wiss. Wien, Bd. 40.
[2] Penecke, Beiträge zur Kenntniss der slavonischen Paludinenschichten. Beiträge zur Palaeontologie Österreich-Ungarns. Bd. III, S. 87. Bd. IV, S. 35.
[3] Vergl. Stämme des Thierreiches, Bd. I, S. 111 ff.

namentlich die specifisch amerikanischen Melaniden (Strepomatiden), z. B. *Goniobasis*, seit Ende der Kreidezeit auf dem nearktischen Continente einheimisch sein können.

Nun sollten wir uns nach Betrachtung der wichtigsten Thatsachen, welche sich auf die geologische und geographische Verbreitung der Unioniden beziehen, der Prüfung ihrer morphologischen Verhältnisse und der Frage nach der Herkunft dieser reichen Gruppe von Arten zuwenden. Nachdem ich jedoch diesen Gegenstand bereits vor einiger Zeit ausführlich behandelt habe, glaube ich mich auf den Hinweis auf meine frühere Schrift beschränken zu dürfen, wobei nur erinnert werden mag an die massgebenden Aufschlüsse, welche sich aus der Vergleichung des Trigonienschlosses mit jenem von *Castalia cordata* ergeben haben.[1] An jener Stelle habe ich auch versucht, zu zeigen, dass die bei gewissen Unionen in höchst auffallender Weise erscheinende *Trigonia*-Sculptur nicht durch directe Vererbung, sondern durch atavistischen Rückfall hervorgebracht ist. Auch hier sehen wir, ähnlich wie bei den Limnocardien, unter der Einwirkung äusserer Lebensverhältnisse eine excessive Veränderlichkeit auftreten. Es ist, als wären die Bande gelöst, als würden alle Merkmale ins Schwanken gerathen. Es ist ein förmliches Suchen nach neuen Gestaltungen, und unter diesen Umständen erscheint die atavistische Sculptur.

An dieses Auftreten einer alle Grenzen übersteigenden Veränderlichkeit knüpft sich noch eine andere Frage von Bedeutung; wir haben gesehen, dass diese Variabilität auch eines der Merkmale ergreift, welche sonst zu den allerbeständigsten bei den Muscheln zählt, nämlich das Schloss; neben dem typischen Schizodontenschlosse finden wir auch aberrante Bildungen, welche Heterodonten- oder Taxodontencharaktere annehmen, oder die Zähne verschwinden ganz. Es ist das als ein Grund angeführt worden, weshalb die verschiedenen Zahntypen nicht zur Charakterisirung der einzelnen grösseren Abtheilungen der Muscheln verwendet werden sollten. Wir haben aber gesehen, dass es sich dabei nicht um wahre Heterodonten- oder Taxodontenentwicklung handelt, sondern dass man in allen diesen Fällen nachweisen kann, dass diese Gebilde nur durch abnorme Variabilitätsvorgänge sich aus dem Schizodontenschlosse entwickelt haben, und dass in allen den bekannten Fällen die Gesammtheit aller Merkmale trotz der Abweichung im Einzelnen stets die wahre Natur dieser Formen leicht zu erkennen gestattet. Unter diesen Verhältnissen wäre es durchaus verfehlt, dem vereinzelten Auftreten einer derartigen abnormen Bildung so grosse Tragweite beizumessen, und ein solcher Vorgang würde dem allgemeinen Gebrauche in der Zoologie durchaus widersprechen. Niemand denkt daran, das Vorhandensein von zwei Gliedmassenpaaren nicht mehr als charakteristisch für die Wirbelthiere zu betrachten, weil bei gewissen Coelacanthinen Spuren eines dritten Flossenpaares vorkommen, oder weil die Schlangen keine Füsse haben. Das Auftreten eines Fleischzahnes wird noch immer als bezeichnend für die Raubthiere angenommen, obwohl bei *Proteles* eine Rückbildung des Gebisses eingetreten ist. Bei den parasitischen Cirripediern und Copepoden gehen die Extremitäten verloren, und trotzdem wird die Beschaffenheit der letzteren noch immer als das wesentlichste Kennzeichen bei den verschiedenen Crustaceenordnungen angesehen, und der Mangel an Flügeln bei Chionen und bei den Flöhen hindert Niemand, die Fliegen nach Zahl und Beschaffenheit der Flügel zu charakterisiren. Allerdings wäre eine Eintheilung und Charakterisirung nach dem Schlosse allein ebenso einseitig und verfehlt, wie jede andere Classification nach einem einzigen Merkmale; allein ein solcher Versuch ist durchaus nicht beabsichtigt.

Die Anisomyarier (unvollendet).

Während Desmodonten, Heterodonten, Taxodonten, Schizodonten und soweit wir wissen auch die Palaeoconchen mit zwei annähernd gleichen Schliessmuskeln ausgestattet sind, finden wir bei den Anisomyariern andere Verhältnisse; der hintere Muskel ist stark vergrössert und gegen die Mitte der Schale gerückt, während

---

[1] Über die Herkunft der Unioniden. Sitzungsber. 1889, Bd. 98, Abth. I, S. 5—23; 3 Taf.

Eintheilung der Bivalven.

der vordere Muskeleindruck entweder sehr stark reducirt ist (Heteromyarier) oder ganz fehlt (Monomyarier).[1] Dabei rückt aber der schliesslich allein zurückbleibende hintere Muskel nicht genau bis ins Centrum der Schale, sondern bleibt etwas hinter demselben und liefert hiedurch in manchen sonst sehr schwierigen Fällen wichtige Anhaltspunkte zur Bestimmung von Vorder- und Hinterseite.

Es gehören hieher die Aviculiden, Mytiliden, Prasiniden, Pectiniden, Limiden, Spondyliden, Anomiiden und Ostreiden. Diese Formen haben nicht nur die Entwicklung der Adductoren miteinander gemein, sondern sie bilden auch sonst eine sehr natürliche, eng zusammengehörige Gruppe, welche durch eine Anzahl wichtiger Merkmale charakterisirt ist. Alle Anisomyarier haben vier annähernd gleiche Kiemen, die Mantelränder sind von sehr seltenen Ausnahmen abgesehen *(Dreyssena)* nicht miteinander verwachsen, und es sind weder Siphonen vorhanden (Ausnahme *Dreyssena*), noch Mantelbucht (Ausnahme *Dreyssenomya*); das Ligament ist stets amphidet, Schalen fast immer angewachsen oder mit Byssus versehen (Ausnahme *Lima* zum Theil). Schloss mit verkümmerten Taxodontenzähnen, zahnlos oder isodont; weil dasselbe mit keinem der sonst verbreiteten Typen genau übereinstimmt und bei der grossen Mehrzahl der Formen in Rückbildung und Verfall begriffen ist, habe ich bei einer früheren Gelegenheit diese Entwicklung als dysodont bezeichnet, ein Name, der nur diese negative Seite der Sache, nicht aber in positiver Richtung ausdrücken sollte, dass die Schlossbildung der Anisomyarier einem gemeinsamen Schema folgt.

Die Entwicklung der Muskulatur bildet das hauptsächlichste Merkmal der Anisomyarier, sie gibt uns aber auch die Mittel an die Hand, diese Ordnung in zwei allerdings nicht ganz scharf geschiedene Unterabtheilungen zu bringen; man unterscheidet Heteromyarier mit zwei sehr ungleichen Muskeln (Aviculiden und Mytiliden)[2] und Monomyarier mit nur einem Schliessmuskel (Pectiniden, Limiden, Spondyliden, Anomiiden und Ostreiden), eine Trennung, die entweder unter diesem oder unter einem andern Namen wohl von der Mehrzahl der Forscher angenommen wird. Diese beiden Gruppen zeigen nicht nur in ihrer Gestalt, sondern auch in ihrer geologischen Verbreitung sehr erhebliche Unterschiede. Die Heteromyarier sind schon im unteren Silur vorhanden und dürften im oberen Silur und im Devon überhaupt ihre stärkste Entwicklung finden; es tritt aber dann keine rasche Abnahme ein, sondern sie sind auch in den jüngeren palaeozoischen Bildungen und in den Ablagerungen der mesozoischen Periode noch sehr reichlich entwickelt, und erst von Beginn des Tertiär findet ein etwas stärkerer Rückgang statt; immerhin sind sie auch heute noch durch eine Reihe wichtiger Gattungen, wie *Mytilus*, *Modiola*, *Avicula*, *Pinna* und einige andere vertreten. Jedenfalls fällt die Blüthezeit der Heteromyarier in die erste Hälfte der palaeozoischen Zeit. Die Monomyarier dagegen sind in der ganzen palaeozoischen Zeit nur schwach vertreten; nur die Gattung *Aviculopecten*, welche aber noch eine Übergangsform von den Heteromyariern darstellt, ist vom Silur an in allen palaeozoischen Formationen häufig; typische Monomyarier, wenn sie auch mit der Gattung *Pecten* schon im Devon vorhanden zu sein scheinen, sind doch in allen palaeozoischen Ablagerungen überaus selten und schwach vertreten. Erst in der mesozoischen Periode nehmen sie gewaltig überhand und machen hier nicht weniger als 27% der ganzen Bivalvenfauna aus; schon im Tertiär sind sie entschieden im Rückgange begriffen und stellen heute nur mehr etwa 9% der lebenden Muscheln dar.

Jedenfalls sind die Heteromyarier geologisch älter als die Monomyarier, und dadurch wird es schon sehr wahrscheinlich, dass die erstere Familie die ursprünglichere ist. Diese Annahme wird durch die morphologischen Verhältnisse bestätigt; da alle anderen Muscheln zwei gleiche Schliessmuskel haben und eine Herausbildung der Anisomyarier aus solchen an sich sehr wahrscheinlich ist, so muss man auch für die den gleichmuskeligen Formen noch näher stehenden Heteromyarier höheres geologisches Alter voraussetzen als für die Monomyarier.

---

[1] Allerdings ist die Charakterisirung der Heteromyarier durch das Vorhandensein zweier, sehr ungleicher Muskeleindrücke eine wenig präcise, da der kleine vordere Muskeleindruck nicht immer dieselbe Bedeutung hat. Während derselbe nämlich bei manchen Formen wirklich einem schwachen Schliessmuskel zum Ansatze dient, heftet sich bei anderen nur ein Fussmuskel an dieser Stelle an.

[2] Ich befasse mich nicht mit den Prasiniden: die recente Gattung *Prasina* stellt einen sehr abweichenden und hoch modificirten Typus dar; dagegen sind verschiedene fossile Gattungen, wie *Modiolopsis*, *Myoconcha* u. s. w. mit Unrecht zu den Prasiniden gestellt worden.

Suchen wir nun in der palaeozoischen Fauna nach einem Anknüpfungspunkte für die Heteromyarier, so sind Heterodonten, Schizodonten und Desmodonten als geologisch verhältnissmässig junge Gruppen von vorne herein ausgeschlossen und wir können nur an Palaeoconchen und Taxodonten denken, welche beide bis in cambrische Ablagerungen zurückgreifen. Allein auch gegen die Annahme einer Abstammung von den Palaeoconchen sprechen gewichtige Gründe: bei den lebenden Heterodonten fehlen Zahnbildungen entweder ganz oder sind auf schwache Andeutungen beschränkt; aber schon einige mesozoische Formen, wie *Gerrillia* und *Hoernesia* zeigen Zähne, und besonders verbreitet treten solche bei palaeozoischen Gattungen auf, wie bei *Pterinea*, *Myalina*, *Ambonychia*, *Gosseletia*, *Myalinodonta*, *Actinodesma* u. s. w. Wir können daraus schliessen, dass bei den Anisomyariern ursprünglich Zähne vorhanden waren und allmälig im Laufe der Zeit verschwanden sind, und können also nicht wohl eine Anlehnung an die zahnlosen Palaeoconchen annehmen. Wenn also überhaupt eine nähere Beziehung zu irgend einer Abtheilung der gleichmuskeligen Formen vorhanden sein soll, so könnte sie nur bei den Taxodonten gesucht werden und in der That finden sich hier auch ganz ausgezeichnete Übergänge.

Taxodonten und Heteromyarier sind durch zwei wichtige Merkmale geschieden, nämlich durch die Schliessmuskeln und durch die Schlossbildung; wenn wir nun in dem letzteren Merkmale nach Zwischenformen suchen wollen, so müssen wir diejenigen Heteromyarier ins Auge fassen, bei welchen die stärkste Entwicklung der Zähne stattfindet. Wir werden in erster Linie an die Gattung *Pterinea* gewiesen, welche überdies einen uralten Typus darstellt. Die Pterineen, welche im Silur, Devon und im Kohlenkalke sehr verbreitet vorkommen, sind gleichklappige, sehr ungleichseitige, schiefe Formen mit weit nach vorne geschobenem Wirbel und langer gerader Schlosslinie, an welcher vorne ein kleines Ohr, hinten ein stark entwickelter langer Flügel vorhanden ist. Über der Schlosslinie erhebt sich, wie bei vielen geologisch alten Avieuliden, eine ziemlich hohe, dem Schlossrande parallel begrenzte Ligamentfläche, welche mit parallelen Streifen bedeckt ist. Die Adductoren sind allerdings in der Regel stark ungleich, aber der vordere Eindruck ist doch erheblich grösser, als er sonst bei den Heteromyariern zu sein pflegt, und in einzelnen Fällen so entwickelt, dass er nicht viel mehr hinter dem rückwärts gelegenen Eindrucke zurückbleibt, als das bei gewissen Typen der gleichmuskeligen Formen der Fall zu sein pflegt (z. B. bei *Cypricardia*). Das Schloss besteht aus wenigen kleinen, schrägen Zähnen, welche vor dem Wirbel stehen, und einigen langen Lamellenzähnen, welche vom Wirbel nach rückwärts verlaufen.

Man fühlt sich zunächst versucht, an den Heterodontentypus zu denken und die vorderen Zähne als cardinale, die hinteren als laterale zu betrachten; allein in erster Linie ist die Zahl der Zähne grösser, als sie je bei Heterodonten vorzukommen pflegt, und dann stehen die vorderen Zähne nicht so, dass der Wirbel die Mitte derselben bezeichnet, sondern sie sind mehr nach vorne geschoben und reichen höchstens bis zum Wirbel zurück. Eine solche Anordnung ist mit dem Heterodontentypus ganz unvereinbar, dagegen finden wir eine ähnliche unter den Taxodonten bei *Macrodon* und den Verwandten; in der That ist in der Schlossbildung kein tiefgreifender Unterschied zwischen *Macrodon* und *Pterinea* vorhanden. Überdies hat *Macrodon* oder wenigstens die Mehrzahl der hierher gehörigen Formen keine ausgesprochen dreieckige Area, wie sie sonst bei den Arciden Regel ist, sondern sie ist ähnlich wie bei *Pterinea*, ja bei manchen sogar vollständig übereinstimmend und ausserdem findet sich sogar bei manchen palaeozoischen Heteromyariern eine leicht dreieckige Bandfläche mit geknickten L´gamentlinien, ganz wie bei den Arciden.[1] Da nun auch in den Muskeln, wie oben hervorgehoben wurde, kein durchgreifender Unterschied vorhanden ist, so können wir *Pterinea* und *Macrodon* als nahe verwandte Typen bezeichnen, welche zusammen den Übergang von den Taxodonten zu den Heterodonten herstellen. Darüber, dass in diesem Falle die Taxodonten als die ursprüngliche, die Heteromyarier als die abgeleitete Gruppe betrachtet werden müssen, kann angesichts des höheren geologischen Alters der Taxodonten und der Reductionserscheinungen im Schlosse der Heteromyarier keinerlei Zweifel herrschen. In der That lassen sich alle Zahnbildungen bei Aviculiden und Mytiliden leicht auf den *Macrodon*-Typus beziehen.

[1] Vergl. z. B. *Orbipecten (Isqriopecten) orbiculatus* Hall a. a. O. Taf. IV, Fig. 7. 9.

Die Gattung *Pterinea* bildet den Ausgangspunkt für die überaus formenreiche Familie der Aviculiden[1], welche in etwa 40 verschiedenen Gattungen weit über 1000 fossile Arten umfasst und auch heute noch in bedeutend abgeschwächtem, aber doch nicht unbeträchtlichem Maasse vertreten ist. Wir können nicht auf alle die einzelnen Formen eingehen, deren Schilderung Sache eines systematischen Handbuches ist, sondern können nur die wichtigsten Entwicklungslinien bezeichnen und auf einige bemerkenswerthe Erscheinungen aufmerksam machen.[2]

An *Pterinea* schliessen sich zunächst einige palaeozoische Formen an, welche ebenfalls noch wohl entwickelte Zähne haben und in dem Vorhandensein von Ohren den normalen *Avicula*-Charakter zur Schau tragen (z. B. *Actinodesma*).

Von diesen Formen, die man nach dem Vorgange von P. Fischer als eine Unterfamilie der Pterineen zusammenfassen mag, ergibt sich der Weg zu den echten Aviculinen durch Reduction des vorderen Muskeleindruckes, durch Veränderung des Bandansatzes und durch Obliterirung der Zähne. Während wir bei *Pterinea* eine verhältnissmässig breite, von parallelen Rändern begrenzte Bandfläche sehen, befindet sich bei den typischen *Avicula*-Arten der elastische Theil des Ligamentes innerlich in einer schiefen Grube, während der epidermale Theil äusserlich längs der ganzen Schlosslinie ausgedehnt ist. Der Übergang ist aber gerade in dieser Hinsicht, wie Frech hervorhebt, ein so allmäliger, dass es nicht einmal durchführbar ist, Untergattungen für die Zwischenformen festzuhalten (*Actinopteria, Leiopteria*). Die Schlosszähne sind äusserst undeutlich geworden, man kann meist einen oder zwei derselben unter dem Wirbel und eine längere nach hinten verlaufende Leiste unterscheiden. Äusserlich ist für *Avicula* die schiefe Gestalt und das Vorhandensein der Ohren charakteristisch, von denen die hinteren gross und lang sind. Von Nebenformen mögen einige erwähnt werden, welche geologisches Interesse haben, so die stark gewölbten, gedrehten und ungleichseitigen Formen der Trias (*Cassianella*), welche namentlich in den Schichten von St. Cassian verbreitet sind und denen wahrscheinlich auch die als Leitfossil der oberen Trias so viel genannte *Avicula contorta* beizuzählen sein dürfte. Eine andere Gattung von Bedeutung ist *Pseudomonotis*,[3] welche im Devon zu beginnen und in der oberen Kreide auszusterben scheint. Von *Avicula* unterscheidet sich diese ihr nahe verwandte Gattung durch starke Ungleichklappigkeit, indem die linke Schale stark gewölbt ist, und durch die Gestalt des vorderen Byssusohres, einer sehr schmalen, weit vorspringenden Schalenlamelle, welche durch einen sehr tiefen Einschnitt vom Körper der Muschel getrennt ist. *Pseudomonotis* ist durch ihr Vorkommen von Wichtigkeit; eine Reihe wichtiger Leitfossilien gehört dieser Gattung an, so *Ps. speluncaria* aus dem Zechstein, *Ps. Clarai* aus der unteren Trias der Alpen und mehrere andere, vor allem aber die Gruppe der *Ps. ochotica*, welche im höchsten Grade bezeichnend für die Triasablagerungen der Länder um den pacifischen Ocean ist; man kennt jetzt diese Formen von Werchojansk an der Jana in Ostsibirien, ferner von der Südküste des Ochotzkischen Meerbusens, aus Japan, aus Neu-Caledonien und Neu-Seeland, aus Californien und Britisch-Columbien, endlich aus den Anden von Südamerika.

---

[1] Die Aviculiden mögen etwa folgendermassen charakterisirt werden: Gleichklappig oder schwach ungleichklappig, in letzterem Falle ist die linke Schale meist stärker gewölbt; ungleichseitig, mit gerader Schlosslinie, welche häufig Ohren trägt; Ohr der rechten Klappe vorne mit einem Byssusausschnitt versehen, oder Schale überhaupt vorne etwas klaffend. Band einfach oder vielfach; Schloss zahnlos oder mit wenigen kurzen vorderen und langen hinteren Zähnen. Mantellinie ganzrandig, hinterer Muskeleindruck subcentral; vorderer Eindruck klein, von wechselnder Stellung. Äussere Schalenschicht deutlich faserig, innere Schalenschicht perlmutterglänzend (nach Fischer und Zittel). Fischer unterscheidet folgende Unterfamilien: Avieulinen, Vulsellinen, Perninen, Aucellinen, Pterineinen, Ambonychiinen, Pinniinen. Diese Gruppirung, welche sich von derjenigen Zittel's namentlich durch die Abtrennung der Pterineinen und Aucellinen unterscheidet, dürfte in der ersten der beiden Neuerungen das Richtige treffen, während eine Abtrennung der Aucellinen von den Perninen oder Inoceramiden kaum durchführbar sein dürfte.

[2] Für die Auseinandersetzungen über palaeozoische Heteromyarier vergl. von neuerer Literatur namentlich Hall Palaeontology of New York. Bd. V. und F. Frech, über devonische Aviculiden und Pectiniden. Zeitschr. d. deutsch. geol. Gesellsch. 1888, pag. 360.

[3] Beyrich, über zwei neue Formengruppen aus der Familie der Aviculiden. Zeitschr. d. deutsch. geol. Gesellsch. 1862, pag. 9. — Teller, die Pelecypodenfauna von Werchojansk in Ostsibirien. In Mojsisovics, Arctische Triasfauna. Mémoires de l'Acad. de St. Petersbourg. Ser. VII, Bd. 33, Nro. 6, S. 103. — Hier auch die übrige Literatur.

Es wurde oben erwähnt, dass die Gattungen *Posidonomya*, *Daonella*, *Halobia* und *Monotis* ein zusammenhängendes Formengebiet darzustellen scheinen, welches sich durch die geologisch alte Grundform *Posidonomya* an die Palaeoconchen anzuschliessen scheint; andererseits ist die in der Trias auftretende *Monotis salinaria* gewissen *Pseudomonotis*-Formen in Umriss und Verzierung überaus ähnlich. Diese Verhältnisse wurden oben eingehend geschildert; hier mag es genügen, darauf hinzuweisen, dass in diesen verzweigten Beziehungen eine bedeutende Schwierigkeit liegt, deren Erklärung erneuerte Untersuchungen erfordern wird.

Eine eigenthümliche Gruppe der Aviculiden bilden diejenigen Gattungen, bei welchen der elastische Theil des Ligamentes in mehreren durch grössere oder geringere Abstände von einander getrennten viereckigen Gruben längs der Schlosslinie äusserlich angebracht ist (Inoceraminen oder Perninen); diese Abtheilung scheint mit *Bakewellia* in der permischen Formation zu beginnen, *Hoernesia* ist ausschliesslich triadisch, *Gervillia* ist eine in allen mesozoischen Ablagerungen sehr verbreitete Gattung, dann folgen *Inoceramus*, *Perna* und *Crenatula*, von denen die beiden letzteren noch in der Jetztwelt verbreitet sind.

Jedenfalls bilden *Bakewellia*, *Hoernesia* und *Gervillia* eine innig zusammengehörige Gruppe, welche sich den anderen Formen gegenüber dadurch auszeichnet, dass die Faserstructur der Schale nicht stark entwickelt ist, dass die einzelnen Ligamentgruben des Schlossrandes nicht eng nebeneinander stehen, sondern durch Zwischenräume von einander getrennt sind, endlich dadurch, dass Schlosszähne vorhanden sind, welche ganz dem Pterineenschema folgen; bei vollständiger Entwicklung finden sich vorne wenige kurze Zähne, während hinten einige lange Lamellenzähne auftreten. Durch die Schlossmerkmale schliessen sich diese Formen entschieden an die Pterineen an, doch fehlt es an vollständigen Übergängen in der Entwicklung des Ligamentes. Nur bei gewissen Arten der im nordamerikanischen Devon auftretenden Gattung *Glyptodesma*, welche von Freech als synonym mit *Actinodesma* bezeichnet wird, findet sich eine grosse Zahl senkrechter schwacher Furchen auf der Bandfläche[1], in welchen man den ersten Beginn der Grubenbildung bei *Gervillia* u. s. w. vermuthen kann, doch ist der Abstand zu gross, als dass man irgend eine bestimmte Behauptung aufstellen könnte. Von den hierher gehörigen Gattungen ist vor allem *Gervillia* von Bedeutung, mit ihrer langen, schmalen spitz verlängerten Gestalt, ferner *Hoernesia* aus der Trias, kenntlich durch ihre stark ungleichklappige, gedrehte Form, wie sie an manchen bekannten Leitfossilien auftritt, z. B. *Hoernesia socialis* aus dem Muschelkalke, *H. Johannis Austriae* von St. Cassian u. s. w.

In Gegensatz zu diesen Typen steht die von der Trias bis zur Jetztwelt sich fortpflanzende Gattung *Perna* mit ihrer kurzen, hohen Gestalt, der auffallend fasrigen Schale, dem zahnlosen Schlosse und der grossen Zahl von schmalen, sehr eng zusammengedrängten Ligamentgruben auf dem Bandfelde. Ebenso bildet die Gattung *Inoceramus* einen abgesonderten Typus; sie scheint schon in der Triasformation aufzutreten, kommt im Jura in einigen, meist kleinen dünnschaligen Arten vor, und erreicht in der Kreideformation und namentlich in deren nördlichem Verbreitungsbezirke ihre stärkste Entwicklung. Mit ihrer meist ovalen, häufig durch breite concentrische Falten ausgestatteten Schale, der grobfasrigen Beschaffenheit der äusseren Schalenschichte und den überaus zahlreichen Ligamentgruben des langen, aber sehr niedrigen Bandfeldes, stellt *Inoceramus* eine Gruppe für sich dar, von der aus weder zu *Perna* noch zu *Gervillia* eine Verbindung hinüberführt. Dagegen ist es gelungen, innerhalb der Gattung genetische Formenreihen nachzuweisen, wie das durch H. B. Geinitz geschehen ist[2]

Vermuthlich schliesst sich hier die im obersten Jura und in der untersten Kreide auftretende Gattung *Aucella*[3] an, der allerdings die zahlreichen kleinen Ligamentgruben zu fehlen scheinen, doch wäre es immerhin

---

[1] Hall, a. a. O. Tab. XIII, Fig. 7. — Mit dieser Streifung sind nicht zu verwechseln die Schlosszähne, welche bei Actinodesma unter dem Bandfelde liegen. Ob bei den europäischen Actinodesmen eine ähnliche Streifung vorkömmt, wage ich nicht zu entscheiden, doch ist es mir wahrscheinlich.

[2] Geinitz, Elbthalgebirge. — Geinitz, Über Inoceramen der Kreideformation. Neues Jahrb. 1873, pag. 7. — Schlüter, Verbreitung der Gattung *Inoceramus* in den Zonen der norddeutschen Kreide. Zeitschr. d. deutsch. geol. Gesellsch. 1877. XXIX, S. 735. — Schlüter, Inoceramen der norddeutschen Kreide. Palaeontographica. 1877. Bd. XXIV.

[3] Keyserling, Wissenschaftliche Beobachtungen auf einer Reise in das Petschoraland. 1846. — Lahusen, über die russischen Aucellen. Mémoires du Comité Géologique Russe. Vol. VIII, Nr. 1. Petersburg. 1888. Hier ist die ganze Literatur verzeichnet.

möglich, dass derartige sehr zarte Gebilde bisher der Aufmerksamkeit entgangen sind; die Ungleichheit der Klappen, von denen die linke, grössere, mit zierlich umgebogenem Wirbel versehen ist, die leichte, concentrische Faltung der Oberfläche, charakterisiren diese Formen, deren verschiedene Arten, z. B. *Aucella Mosquensis, Pallasi, Bronni, Keyserlingi* u. s. w. zu den bezeichnendsten Fossilien der nordischen Malm- und Neocombildungen gehören. Auch unter diesen Formen ist es den Untersuchungen von Lahusen gelungen, die Abstammung der einzelnen Formen zu verfolgen.

Wie bezüglich der eben besprochenen Formen, gelingt es auch bezüglich der Gattung *Pinna* und ihrer Verwandten nicht, die Abstammung von anderen Typen nachzuweisen; diese grossen Muscheln, welche vom Kohlenkalke bis auf den heutigen Tag in allen Horizonten vorkommen, sind durch dreieckige, gleichklappige, sehr ungleichseitige Gestalt mit ganz endständigen Wirbeln, gerader Schlosslinie und ohne Flügel ausgezeichnet; die Schalen klaffen unten und hinten sehr stark; Schlosszähne fehlen, das Ligament ist äusserlich in einer Furche angebracht. *Pinna* weicht in vielen Beziehungen so weit von den echten Aviculiden ab, dass man für sie eine selbständige Familie der Pinniden gebildet hat. Ob man diese als berechtigt anerkennen will oder nicht, ist ziemlich gleichgiltig, sicher steht nur, dass die Arten aus dem Kohlenkalke [1] den jetzt lebenden Arten schon sehr ähnlich sind und von den gleichzeitig lebenden palaeozoischen Aviculiden sehr erheblich abweichen, so dass *Pinna* einen isolirten Typus darstellt, den man vielleicht mit der Zeit an *Myalina* oder an eine verwandte Form wird anknüpfen können, der aber vorläufig noch nicht auf eine ältere Stammform zurückgeführt werden kann.

Während es so innerhalb der grossen Familie der Aviculiden durchaus nicht an ziemlich isolirt dastehenden Formen fehlt, zeigen sich andererseits mehrfache Bindeglieder, welche die Familie und speciell deren ursprünglichste Typen, die Pterineen an eine andere Familie, an die Familie der Mytiliden knüpfen; [1] ja wie Frech sehr richtig hervorhebt, stehen diese mit den Aviculiden während der palaeozoischen Zeit in so innigem Zusammenhange, dass man sie überhaupt kaum trennen kann; die Differenzirung hat erst in späterer Zeit stattgefunden.

Den ersten Schritt in der Richtung von den Aviculiden zu den Mytiliden führt uns die Gattung *Ambonychia*, welche noch nahe mit *Pterinea* verwandt ist und sich von dieser Gattung namentlich durch sehr excentrische, ganz an das vordere Ende gerückte Wirbel, den Mangel eines vorderen Ohres und Schwäche des hinteren Flügels unterscheidet. Unter dem Wirbel befinden sich zwei kleine Zähne und einige divergirende lange Lamellenzähne erstrecken sich nach hinten. Die Oberfläche ist meist radial gerippt. Von dieser silurischen Gattung, deren äussere Gestalt sich gerade durch das Fehlen des vorderen Ohres und die Schwäche der Flügel auf der Hinterseite den Mytiliden nähert, gelangen wir zunächst zu *Gosseletia*, welche *Pterinea* und *Ambonychia* in manchen ihrer Arten noch sehr nahe steht, die keinen Ausschnitt für den Durchtritt des Byssus am Vorderrande der Schale mehr zeigen und damit den wichtigsten Charakter der Aviculiden verloren haben. Andere Arten der Gattung *Gosseletia* nähern sich wieder in allen ihren Merkmalen dem ursprünglichsten Vertreter der Mytiliden, der Gattung *Myalina*, von der sie sich nur durch das Vorhandensein von Zähnen unter dem Wirbel unterscheiden; allein auch in dieser Beziehung kommen, wie Frech angibt, Übergänge vor. Sowohl bei *Gosseletia* als bei *Myalina* treten am Schlossrande gegen hinten Leisten wie bei *Pterinea* und ihren Verwandten auf. [2]

---

[1] Neumayr, zur Morphologie des Bivalvenschlosses. A. a. O. S. 15. — Frech, über devonische Aviculiden und Mytiliden. Zeitschr. d. deutsch. geolog. Gesellsch. 1888. S. 361.

[2] Diese Leisten werden bei *Myalina* und *Gosseletia* in der Regel in anderer Weise gedeutet; man gibt an, dass bei ihnen Furchen für das innere Ligament vorhanden sind.